ZUR MOBILISIERUNG LÄNDLICHER ARBEITSKRÄFTE IM ANFÄNGLICHEN INDUSTRIALISIERUNGSPROZESS

BEITRÄGE ZUR SÜDASIENFORSCHUNG
SÜDASIEN - INSTITUT
UNIVERSITÄT HEIDELBERG

BAND 12

FRANZ STEINER VERLAG · WIESBADEN
1975

ZUR MOBILISIERUNG LÄNDLICHER ARBEITSKRÄFTE IM ANFÄNGLICHEN INDUSTRIALISIERUNGSPROZESS

EIN VERGLEICH DER BERUFSSTRUKTUR IN AUSGEWÄHLTEN INDUSTRIENAHEN UND INDUSTRIEFERNEN GEMEINDEN NORDINDIENS

VON

ERHARD W. KROPP

FRANZ STEINER VERLAG · WIESBADEN
1975

2. unveränderte Auflage der 1968 im Harrassowitz-Verlag, Wiesbaden, erschienenen Dissertation mit gleichem Titel.

ISBN 3-515-01976-6

Alle Rechte vorbehalten
Ohne ausdrückliche Genehmigung des Verlages ist es auch nicht gestattet, das Werk oder einzelne Teile daraus nachzudrucken oder auf photomechanischem Wege (Photokopie, Mikrokopie usw.) zu vervielfältigen © 1975 by Franz Steiner Verlag GmbH, Wiesbaden Satz und Druck: Druckerei Wolf, Heppenheim
Printed in Germany

To set up industry and introduce new technology is not only a matter of acquiring capital and a knowledge of techniques. Modern industry calls into being its own kind of society. It requires attitudes towards work different from those of traditional rural communities; it functions at a different pace and makes people organise their lives in a different way; it challenges old values and creates new ones. This social transformation which must accompany industrialisation affects, indeed, a man's whole view of the meaning and purpose of life and of his relations to his fellow men. In this sense it places a special charge upon moral or spiritual qualities of men.

         David A. Morse

Vorwort

Der Anlaß zu der vorliegenden Studie war durch Vorbehalte gegeben, die gegenüber den Ergebnissen der amtlichen Statistik über die berufsmäßige Aufgliederung der indischen Landbevölkerung geltend gemacht wurden. Es würde noch eine große Zahl von Erwerbspersonen der Landwirtschaft zugerechnet werden, die aber inzwischen einem nichtlandwirtschaftlichen Haupt- oder Nebenerwerb nachgehen. Daran ließ sich die zentrale Frage dieser Arbeit anknüpfen, welche Bedeutung die beginnende Industrialisierung für die wirtschaftliche Mobilisierung der ländlichen Arbeitskräfte hat. Darüber sollte eine Fallstudie in ausgewählten Dörfern einen detaillierten Aufschluß geben.

Die vorliegende Arbeit ist das Ergebnis meiner 12-monatigen Feldforschungen in 6 Gemeinden Nordindiens, die dank der Bemühungen von Herrn Professor SCHILLER im Rahmen eines Forschungsauftrages des Südasien-Instituts durchgeführt werden konnten. Während meiner Tätigkeit an dem von Herrn Professor SCHILLER geleiteten Institut für international vergleichende Agrarpolitik und Agrarsoziologie am Südasien-Institut hatte ich Gelegenheit, mich mit der sozialökonomischen Problematik des Untersuchungsraumes vertraut zu machen. Hier erfolgte auch die abschließende Auswertung der Arbeit. Es war mir weiterhin eine große Hilfe, daß Professor SCHILLER dieses Forschungsvorhaben bei einem Studienaufenthalt in Indien persönlich mit dem Institute of Economic Growth der Universität Delhi als Partnerschaftsforschungsprogramm vorbereitete und mit den indischen Behörden abstimmte. Er förderte den Fortgang der Arbeit durch Anregungen, die er dem Verfasser anläßlich zweier Besuche während der Erhebungsphase in Indien gab. Dafür, daß er sich sowohl meiner Sache als auch meiner Person angenommen hat, möchte ich ihm hier an erster Stelle meinen aufrichtigen Dank sagen.

Mein Dank gilt ferner dem Südasien-Institut für die vielfältige materielle Hilfe, und seinen Mitarbeitern für die Bereitschaft, mein wissenschaftliches Anliegen in fruchtbarer interdisziplinärer Zusammenarbeit zu erörtern. Hierbei verdanke ich besonders den Herren Dr. F. W. FUSS, Dr. K. H. JUNGHANS und Professor Dr. D. ROTHERMUND manche im Gespräch geäußerte Anregung.

Auch in Indien stieß ich bei meinem Forschungsvorhaben auf Entgegenkommen. Die Zahl der öffentlichen Stellen, die durch Überlassung von Dokumentationsmaterial, durch Auskünfte und Unterredungen zur Abfassung der Arbeit beigetragen haben, ist zu groß, um allen namentlich zu danken. Aber einigen wenigen Persönlichkeiten, die mir über zunächst unüberwindlich scheinende Hindernisse hinweg geholfen haben, sei in Vertretung für die vielen gedankt: den Professoren Dr. V. K. R. V. RAO, Dr. DHARM NARAIN, Dr. A. M. KHUSRO, Dr. Ashish BOSE vom Institute of Economic Growth, Dr. S.C. GUPTA vom Agro Economic Research Centre (Delhi), Dr. CARPENTER von der Agricultural University Ludhiana und Dr. D. S. CHAUHAN von der School of Economics and Sociology (Agra).

Besonders verbunden fühle ich mich meinen indischen Partnern J. K. GAUTAMA (M. A. Econ.), Chaman SINGH, Rajander KISHORE und der Bevölkerung in den Dörfern, deren bereitwillige Mitarbeit und Gastfreundschaft mir eine Fülle von Einblicken in das Leben der Menschen auf dem Lande ermöglichten, die neben ihrem besonderen Wert für mein wissenschaftliches Anliegen auch eine große persönliche Bereicherung darstellten. Die bei solchen Danksagungen üblichen Worte können dem Leser, der die oft schwierigen aber auch anregenden Situationen nicht miterlebt hat, wenig sagen; die Genannten selbst aber mögen der Aufrichtigkeit meines Dankes versichert sein.

INHALTSVERZEICHNIS

Seite

Vorwort

Verzeichnis der Schaubilder

Einleitung 1

Teil I:
Grundsätzliche Betrachtungen zur Mobilisierung der ländlichen Arbeitskräfte in einer unterentwickelten Volkswirtschaft mit Arbeitskräfteüberschuß am Beispiel Indiens 5

A. Soziale Funktion der Landwirtschaft im Zuge raschen Bevölkerungszuwachses 5

B. Ansätze zur Mobilisierung des unterbeschäftigten ländlichen Arbeitspotentials zur Kapitalbildung 11

  I. Intensivierung des Arbeitseinsatzes in der Landwirtschaft 12
  II. Transfer von ländlichen Arbeitskräften in die expandierende Industrie 15

C. Untersuchungsaufgabe 23

D. Inhaltliche Abgrenzung der Untersuchung, Auswahl der Gemeinden und Untersuchungsmethode .. 31

Teil II:
Sozialökonomische Struktur der Untersuchungsgemeinden: Der empirische Befund 38

A. Lage der Gemeinden im Wirtschaftsraum 38

B. Bevölkerungsentwicklung, Landausstattung und Bodennutzung 41

C. Erwerbsgrundlagen der dörflichen Bevölkerung und traditionelle Berufsstruktur 45

  I. Die sozialökonomische Stellung der selbständigen Landbewirtschafter innerhalb des Dorfes 46

	Seite
1. Die Bedeutung des Landbesitzes	46
2. Der Einfluß der Bodenreform auf die Bodenbesitzverteilung und auf die Arbeitsverfassung	50
II. Die sozialökonomische Stellung der Handwerker und Dienstleute innerhalb der dörflichen Wirtschaft	59
1. Die einzelnen Berufsarten	62
2. Kastenordnung und Berufsordnung ...	68
3. Die Kasten und ihre vertikale Interaktion auf Dorfebene: das JAJMANI-System	71
a) Die gewohnheitsrechtliche Zuordnung der Berufskasten gegenüber landbesitzenden hohen Kasten	73
b) Entlohnungsformen	75
c) Die Arbeitsbeziehungen der Berufskasten untereinander	82
4. Die Bedeutung der traditionellen Berufstätigkeit für den Lebensunterhalt der Haushalte innerhalb jeder Kaste zum Untersuchungszeitpunkt	83
III. Die unselbständigen landwirtschaftlichen Berufsgruppen	85
D. Unterschiede in der sozialökonomischen Struktur der Untersuchungsgemeinden von UTTAR PRADESH	99
I. Die Verteilung der Rechte am Land und ihr Einfluß auf das JAJMANI-System	99
II. Der Status der unselbständigen landwirtschaftlichen Berufsgruppen	106
E. Zusammenfassung: Die Arbeitsverhältnisse in den PATTIDARI-Dörfern	109

Seite

Teil III:
Einfluß der Industrialisierung auf die ländliche Erwerbs- und Berufsstruktur: Ein Vergleich zwischen industriefernen und industrienahen Gemeinden 113

A. Industrialisierungsprozeß und das Entstehen neuer Berufe 113

B. Veränderung der Erwerbsstruktur der Haushalte in den Untersuchungsgemeinden 118

    I. Der Wandel der Erwerbsstruktur der Haushalte innerhalb der einzelnen Kasten 119

    II. Die Bedeutung des landwirtschaftlichen Haupt- und Nebenerwerbs für die Haushalte 126

        1. Die nichtlandwirtschaftlichen Haushalte und ihr landwirtschaftlicher Nebenerwerb 129

        2. Die landwirtschaftlichen Haushalte und ihr außerlandwirtschaftlicher Nebenerwerb 130

        3. Die Zusammensetzung der Erwerbstätigkeit landbewirtschaftender Haushalte insgesamt 133

C. Prozeß des beruflichen Wandels und seine Ursachen 139

    I. Die Berufsstruktur in den einzelnen Gemeinden 140

    II. Der Strukturwandel bei landwirtschaftlichen Berufsgruppen unter Industrieeinfluß 143

        1. Die Abwanderung aus der Landwirtschaft 143

        2. Motive der in der Landwirtschaft verbleibenden Arbeitskräfte 153

	Seite
III. Der Strukturwandel bei traditionellen dörflichen Handwerks- und Dienstleistungskasten	155
IV. Der Einfluß der Schulbildung auf die Mobilität der Arbeitskraft	161
V. Die Bedeutung außerdörflicher Arbeitsplätze	
VI. Zusammenfassung	170

Teil IV:

Schlußfolgerungen...........................	172
Summary	177
Literaturverzeichnis	183
Tabellenanhang	191
Erhebungsbogen	215

XIII

Verzeichnis der Schaubilder und Tabellen

Schaubilder   Seite

    I   Zusammenhang zwischen Anteil der Haushalte
        mit landwirtschaftlichem Haupterwerb an der
        Gesamtzahl der Haushalte und durchschnitt-
        liche Landausstattung pro landbesitzenden
        Haushalt nach Gemeinden   131

   II   Einsatz männlicher Arbeitskräfte aus land-
        bewirtschaftenden Haushalten (nach Betriebs-
        größenklassen) in Abhängigkeit von deren Ar-
        beitskräftebesatz und Landausstattung in den
        einzelnen Untersuchungsgemeinden (1963/64)   135

  III   Verteilung der Erwerbstätigen (männl.) auf
        die einzelnen Wirtschaftsbereiche   142

  IV   Verteilung der Erwerbstätigen (männl.) auf
        die einzelnen Wirtschaftsbereiche (in %)
        nach Altersgruppen in Gemeinden mit unter-
        schiedlicher Entfernung zum Industriestand-
        ort LUDHIANA (1963/64)   148

   V   Verteilung der Erwerbstätigen (männl.) auf
        die einzelnen Wirtschaftsbereiche (in %)
        nach Altersgruppen in Gemeinden mit glei-
        cher Entfernung zum Industriestandort AGRA   150

Tabellen

Tab. 1 Lage der Untersuchungsgemeinden im
       Wirtschaftsraum   39

Tab. 2 Bevölkerungsentwicklung in den einzelnen
       Gemeinden (1951 - 1964) und Landausstattung   42

			Seite
Tab.	3	Gemarkung der einzelnen Gemeinden und ihre landwirtschaftliche Nutzung	44
Tab.	4	Anbauverhältnisse in den einzelnen Gemeinden (1963/64)	45
Tab.	5	Kaste, Beschäftigung und finanzieller Status von Gläubigern und Schuldnern an Früchtepfandrechten am Land in SAKRALI (1963/64)	52
Tab.	6	Eigentumsformen am Land und seine Nutzung in SAKRALI (1964/65)	54
Tab.	7	Landbesitzende und landbewirtschaftende Haushalte nach Kastenzugehörigkeit in SAKRALI (1963/64)	56
Tab.	8	Landbesitzende und landbewirtschaftende Haushalte nach Kastenzugehörigkeit in den Untersuchungsgemeinden des PUNJAB (1963/64)	58
Tab.	9	Die einzelnen Kasten, ihre traditionellen Berufe und ihre Verteilung in den einzelnen Untersuchungsgemeinden (PUNJAB)	60
Tab.	10	Die einzelnen Kasten, ihre traditionellen Berufe und ihre Verteilung in den einzelnen Untersuchungsgemeinden (U.P.)	61
Tab.	11	Haushalte nach Kastenzugehörigkeit und die Bedeutung der traditionellen Berufsausübung für deren Lebensunterhalt in den 4 Untersuchungsgemeinden des PUNJAB (1963/64)	84
Tab.	12	Landbesitzende und landbewirtschaftende Haushalte nach Kastenzugehörigkeit in den Untersuchungsgemeinden von UTTAR PRADESH (1963/64)	102

			Seite
Tab.	13	Landbesitzende Haushalte nach Kastenzugehörigkeit und ihre Rechtsverhältnisse am Boden in der Untersuchungsgemeinde SUNARI (1963/64)	104
Tab.	14	Haushalte nach Kastenzugehörigkeit und die Bedeutung der traditionellen Berufsausübung für deren Lebensunterhalt in den 4 Untersuchungsgemeinden des PUNJAB (1963/64)	120
Tab.	15	Kastenhaushalte nach Kastenzugehörigkeit und die Bedeutung der traditionellen Berufsausübung für deren Lebensunterhalt in den 2 Untersuchungsgemeinden von UTTAR PRADESH (1963/64)	122
Tab.	16	Ausgewählte Haushalte der Untersuchungsgemeinden nach ihrem Haupterwerb (1963/64)	128
Tab.	17	Landwirtschaftlicher Nebenerwerb von außerlandwirtschaftlichen Haushalten nach Untersuchungsgemeinden (1963/64)	129
Tab.	18a	Außerlandwirtschaftlicher Nebenerwerb von landwirtschaftlichen Haushalten nach Untersuchungsgemeinden (1963/64)	132
Tab.	18b	Die Zusammensetzung des Einkommens landbewirtschaftender Haushalte nach der Größe des bewirtschafteten Landes (in ha LN) in den einzelnen Untersuchungsgemeinden (1963/64)	137
Tab.	19	Die Beschäftigung landwirtschaftlicher Erwerbspersonen in Arbeitstagen nach Wirtschaftsbereichen und Untersuchungsgemeinden (1963/64)	144
Tab.	20	Die Entlohnung der Landarbeiter mit fester Anstellung in den einzelnen Untersuchungsgemeinden (1963/64)	145

Seite

Tab.	21	Ständiger familieneigener und familienfremder Arbeitskräftebesatz in landwirtschaftlichen Betrieben nach Betriebsgrößengruppen und Gemeindegruppen (1963/64)	146
Tab.	22	Erwerbstätige in der Landwirtschaft und ihre Stellung im Beruf in den einzelnen Untersuchungsgemeinden (1963/64)	152
Tab.	23	Die Tagesentlohnung für Handwerker in den einzelnen Untersuchungsgemeinden in Rupien (1963/64)	159
Tab.	24	Der Anteil der Erwerbstätigen ohne Schulbesuch (Analphabeten) und der Erwerbstätigen mit abgeschlossener Grundausbildung an der Gesamtzahl der Erwerbstätigen nach Berufsgruppen (1963/64)	163
Tab.	25	Erwerbspersonen mit Haupterwerb außerhalb des Dorfes (1963/64)	166
Tab.	26	Einkommensbeitrag von außerhalb des Dorfes Beschäftigten in Rupien (1963/64)	167
Tab.	27	Die Ab- und Zuwanderung in den Untersuchungsgemeinden von 1951-1963	169

<u>Tabellenanhang</u>

Tab.	I	Die Verteilung der männlichen Beschäftigten auf die verschiedenen Wirtschafts- und Berufsgruppen in ausgewählten Staaten in den Jahren 1951 und 1961	193
Tab.	II	Bevölkerungs- und Beschäftigtenzuwachs zwischen 1951 und 1961 in Indien und seine Aufteilung auf die einzelnen Wirtschafts- und Berufsgruppen	194

		Seite
Tab. III	Vergleich zwischen Beschäftigungswachstum und Einkommenswachstum in Indien von 1951 bis 1961	195
Tab. IV	Industriebetriebe (Distrikt LUDHIANA) nach Produktionszweig und Beschäftigung (1963)	196
Tab. V	Vergleich der von Angehörigen ausgewählter Haushalte im Jahre 1947 und zum Untersuchungszeitpunkt 1963/64 ausgeübten Berufe nach Untersuchungsgemeinden	197
Tab. VI	Haupterwerbstätigkeit der Kastenhaushalte nach Berufsabteilungen in den Untersuchungsgemeinden des PUNJAB und von UTTAR PRADESH	202 205
Tab. VII	Die Untersuchungshaushalte nach überwiegenden Lebensunterhalt, Wirtschaftsbereichen und Untersuchungsgemeinden im PUNJAB und in UTTAR PRADESH 1963/64	207 208
Tab. VIII	Männliche Erwerbspersonen nach Berufsgruppen und Untersuchungsgemeinden	209
Tab. IX	Entlohnung traditioneller Berufe nach Untersuchungsgemeinden (1963/64)	210
Tab. X	Arbeitskräftebesatz in landwirtschaftlichen Betrieben nach Betriebsgrößengruppen in SAKRALI 1964/65	212
Tab. XI	Ständiger Arbeitskräftebesatz in landwirtschaftlichen Betrieben nach Betriebsgrößengruppen: zusammengefaßte Ergebnisse einer Stichprobe in 3 Untersuchungsgemeinden im LUDHIANA-Distrikt (1964/65)	213

Einleitung

Die Analyse der Veränderung der Berufsstruktur ergibt einen Einblick in die sich ändernde Beteiligung der Bevölkerung am Produktionsprozess. Unter Berufsstruktur soll die zahlenmäßige Aufteilung des berufstätigen Teiles der Bevölkerung auf die verschiedenen Wirtschaftsbereiche nach ihrer jeweiligen Berufsausübung verstanden werden. Colin Clark hat aus der Entwicklung des quantitativen Anteils der Erwerbspersonen in den einzelnen Wirtschaftssektoren eine gewisse Gesetzmäßigkeit für den wirtschaftlichen Fortschritt in einer Volkswirtschaft abgeleitet[1].

In dieser Arbeit handelt es sich vorwiegend um die Analyse der Berufsstruktur im ländlichen Wirtschaftsraum Indiens. Diese stellt insofern nur einen Ausschnitt aus der Gesamtberufsstruktur dar, als sie die Erwerbstätigkeit einer geographisch und administrativ abgegrenzten Wohnbevölkerung - nämlich die des nichtstädtischen Bereichs - zum Gegenstand hat. Die ländliche Berufsstruktur in Indien ist einmal geprägt von der Kastenordnung, deren Identität mit der Berufsordnung von Interesse ist. Die ländliche Berufsstruktur in Indien ist weiterhin von der überragenden Bedeutung der Landwirtschaft gegenüber anderen Wirtschaftssektoren bestimmt.

Die Landwirtschaft bietet aber nicht allen ländlichen Arbeitskräften eine volle Beschäftigung. Die produktivere Verwendung dieser brachliegenden ländlichen Arbeitskräfte ist eines der zentralen Anliegen der bisherigen Entwicklungsbemühungen in Indien. Hierbei stellt sich die Frage, ob sich mit der Schaffung außerlandwirtschaftlicher

---

1) CLARK, Colin: The Conditions of Economic Progress, 3. ed. London 1960, S. 492

Erwerbsmöglichkeiten im Zuge der Industrialisierung eine Herauslösung von Arbeitskräften aus ihren bisherigen ländlichen bzw. landwirtschaftlichen Arbeitsverhältnissen bewerkstelligen läßt. Das hängt einmal von Art und Umfang der neu geschaffenen Arbeitsplätze ab. Der Aufbau kapitalintensiver Groß- und Schwerindustrien in wenigen Zentren industrieller Agglomeration trägt erfahrungsgemäß weniger zur Lösung des ländlichen Beschäftigungsproblems bei als die Expansion arbeitsintensiver Dorf- und Heimindustrien und des traditionellen Dorfhandwerks. Andererseits mag diese dorfgerichtete Industrialisierung zwar der allgemeinen Immobilität der Landbewohner entgegenkommen. Ihre Lebensfähigkeit ist aber dadurch begrenzt, daß die Produktionsverfahren bei forciertem industriellem Wachstum rasch veralten. In der vorliegenden Untersuchung wird deshalb das Hauptaugenmerk auf den Aufbau von modernen Kleinindustrien in regionalen Zentren (wie z.B. in Kleinstädten) gerichtet sein, die sich teilweise aus der traditionellen Dorfindustrie weiterentwickelt haben und bei denen moderne Produktionstechniken zum Einsatz kommen.

Hierbei stellt sich die Frage, ob dieses Industrialisierungsprogramm einen dauerhaften Beitrag zur Mobilisierung des ländlichen Arbeitskräftepotentials leisten kann. An Hand empirischer Erhebungen in ausgewählten Dörfern wird nachgewiesen, in welchem Umfang ein Transfer ländlicher Arbeitskräfte an solche Arbeitsplätze stattgefunden hat, die einmal außerhalb der Landwirtschaft und zum anderen außerhalb des Dorfes liegen. Hierbei geht es vor allem darum, die Faktoren zu verdeutlichen, die diesen Abwanderungsprozess beeinflussen bzw. hemmen.

Die Arbeit ist in 3 Teile gegliedert. Im Teil I werden die Einsatzmöglichkeiten der reichlich vorhandenen unterbeschäftigten ländlichen bzw. landwirtschaftlichen Arbeitskräfte in Erwägung gezogen. Hierbei stellen die Intensivierung des Arbeitseinsatzes in den landwirtschaftlichen Betrieben und die Umlenkung dieser Arbeitskräfte in die

Industrie über den freien Arbeitsmarkt die eigentlichen Alternativen in der gegenwärtigen entwicklungstheoretischen und -politischen Diskussion dar. Gegen die Vorschläge, diese Arbeitskräfte beim Industrieaufbau in Indien zu verwenden, werden produktionstechnische, ernährungspolitische und soziologische Einwände geltend gemacht. Diese beziehen sich auf die Brauchbarkeit der ländlichen Arbeitskräfte im industriellen Fertigungsprozeß, auf ihre Nahrungsmittelversorgung außerhalb der Landwirtschaft und auf ihre Immobilität aufgrund überkommener Bindungen, Abhängigkeiten und Verhaltensweisen.

Im Teil II der Arbeit werden mit Hilfe empirischer Untersuchungen und Beobachtungen in 6 ausgewählten Gemeinden Nordindiens ausführlich die Elemente der dörflichen Arbeitswelt als Teil der übergeordneten Wirtschafts- und Sozialordnung im Dorfe dargestellt. Nur solche ethnographischen Details lassen mit genügender Schärfe die eigentlichen Probleme hervortreten, die beim Übergang von der traditionellen dörflichen Arbeitswelt in die industrielle Arbeitswelt auftauchen. Es wird hier vor allem gezeigt, welche institutionellen Starrheiten, veränderungsfeindliche Verhaltensweisen und Wertordnungen den Berufswechsel erschweren.

Im Teil III wird der im Zuge der Industrialisierung beginnende Prozeß des sozialökonomischen Wandels in 6 Untersuchungsgemeinden dargestellt, von denen 4 im Bundesstaat PUNJAB und die restlichen 2 in dem angrenzenden Bundesstaat UTTAR PRADESH liegen. Es wird hierbei von der Hypothese ausgegangen, daß mit zunehmender Entfernung vom Industriezentrum der Industrialisierungseinfluß abnimmt. Die PUNJAB-Gemeinden wurden deshalb so ausgewählt, daß sie zwar vergleichbare sozialökonomische und infrastrukturelle Verhältnisse aufweisen, sich aber durch ihre Lage zu einem städtischen Industriezentrum voneinander unterscheiden. In diesem Zentrum wurde mit staatlicher

Unterstützung eine textil- und eisenverarbeitende Industrie aufgebaut, die z.T. aus dem traditionellen dörflichen Textilgewerbe und dem Grobschmied- und Schlosserhandwerk hervorgegangen ist, wobei man auf das vorhandene Reservoir von angelernten Arbeitskräften zurückgreifen konnte. Die beiden Untersuchungsgemeinden in UTTAR PRADESH dagegen befinden sich in gleicher Entfernung zu einem Zentrum der lederverarbeitenden Industrie. Dieses Vorgehen bei der Auswahl der Dörfer machte es möglich, den Prozess des beruflichen Wandels in Gemeinden zu analysieren, die im einen Falle sehr unterschiedlich vom Industrialsierungsprozeß erfaßt wurden und im anderen Falle dem Industrialisierungsprozeß in gleichem Maße ausgesetzt waren. Als weitere Faktoren wurden für die Analyse der Berufsstrukturveränderung in den einzelnen Gemeinden neben der Entfernung zur industriellen Arbeitsstätte das Alter, die Schulbildung, die bisher ausgeübte Tätigkeit usw. und die Haushaltszugehörigkeit der einzelnen Erwerbstätigen untersucht, wobei sowohl die ökonomische als auch die soziologische Verankerung dieser Haushalte innerhalb der dörflichen Wirtschafts- und Gesellschaftsordnung berücksichtigt wurden.

Die Ergebnisse des beobachteten berufsstrukturellen Wandels in den einzelnen Gemeinden zeigen, welche Bedeutung der Aufbau von Kleinindustrien an zentralen ländlichen Orten - im Gegensatz zu der kapitalistischen Schwerindustrie und zu der arbeitsintensiven Dorf- und Heimindustrie - für die Mobilisierung ländlicher Arbeitskräfte und damit für die Weiterentwicklung der ländlichen Wirtschaft hat.

Teil I Grundsätzliche Betrachtungen zur Mobilisierung der ländlichen Arbeitskräfte in einer unterentwickelten Volkswirtschaft mit Arbeitskräfteüberschuß am Beispiel Indiens

A. Soziale Funktion der Landwirtschaft im Zuge raschen Bevölkerungszuwachses

Als im Juli 1951 die indische Planungsbehörde den ersten Entwurf eines auf 5 Jahre bemessenen Entwicklungsplanes vorlegte, mit dem die allumfassende wirtschaftliche und soziale Entwicklung des Landes eingeleitet werden sollte[1], lebten noch etwa 83 % der Gesamtbevölkerung in ländlichen Regionen[2]. Für etwa 70 % der Bevölkerung war die Tätigkeit in der Landwirtschaft die Haupteinnahmequelle[3]. In der Landwirtschaft selbst wurden etwas mehr als 48 % des indischen Volkseinkommens erzielt[4]. Dieser Anteil der Landwirtschaft am Sozialprodukt war während der vergangenen 50 Jahre ständig gesunken, ohne daß dieser Rückgang von einem ähnlichen Rückgang bei den landwirtschaftlichen Erwerbstätigen begleitet war. Die rasche Zunahme der Bevölkerung in den Grenzen der heutigen Indischen Union während der ersten Hälfte des 20. Jahrhunderts (1901 - 1951) von 236.3 Millionen auf 361.1 Millionen[5] führte vielmehr zu einem leichten Anstieg des Anteils der in der Landwirtschaft Beschäftigten an der gesamten Erwerbsbevölkerung von 67,5 % (1901) auf 69,7 % (1951)[6].

In dieser Periode des anwachsenden Bevölkerungsdrucks blieb die Arbeitsproduktivität in der Landwirtschaft hinter derjenigen anderer Wirtschaftszweige immer mehr zurück. Damit vergrößerte sich auch der Unterschied im Lebensniveau der ländlichen und städtischen Bevölkerung.

---

1) Govt. of India, Planning Commission: The First Five Year Plan, New Delhi, 1960
2) Govt. of India: The First Five Year Plan, a.a.O.,S.12
3) Govt. of India: The First Five Year Plan, a.a.O.,S.12
4) Govt. of India: Ministry of Labour and Employment:Agricultural Labour in India, Labour Bureau Pamphlet Series 7, Simla 1963, S.3.
5) Census of India: 1961 Census, Paper No. 1 of 1962, Final Population Totals, S. X.
6) Census of India: 1961 Census, a.a.O., S.397

Nach einer Erhebung des National Sample Survey im Jahre
1951 waren die monatlichen Konsumausgaben in der Stadt im
Durchschnitt um 45 % höher als auf dem Lande[1]. Die Industrialisierung vollzog sich nicht so rasch, daß es möglich
gewesen wäre, den gesamten Zuwachs der ländlichen Bevölkerung in gewerbliche Beschäftigungen umzulenken. Nach Angaben
der Planungskommission hatte sich in den Grenzen der heutigen Indischen Union die Zahl der im gewerblichen Bereich
Beschäftigten zwischen 1901 und 1951 kaum verändert[2]. Es
blieb also keine andere Wahl, als die Existenz der zuwachsenden Menschen in der Landwirtschaft notdürftig zu
sichern. Die erwerbsfähigen Personen mußten im Rahmen ihrer
ländlichen Familie auch dann mitunterhalten werden, wenn ihr
produktiver Beitrag zum Haushaltsbudget nicht ihre Unterhaltskosten deckte. SCHILLER hat diese Schwammfunktion der
Landwirtschaft als entwicklungshemmendes Strukturelement
hervorgehoben und mit besonderem Nachdruck auf die sozialen
Gefahren aufmerksam gemacht, die mit dem ständig wachsenden
Mißverhältnis zwischen Erwerbsmöglichkeiten und der Zahl
der erwerbsfähigen Menschen in der Landwirtschaft verbunden
sind[3].

Nach seiner Ansicht war bereits seit der 2.Hälfte des
vorigen Jahrhunderts noch ein weiterer Faktor für den Anstieg des Anteils der in der Landwirtschaft Beschäftigten
an der gesamten Erwerbsbevölkerung verantwortlich. Der von

---

[1] National Sample Survey, August-November 1951, zitiert nach Govt. of India, Ministry of Labour and Employment: Agricultural Labour in India, Labour Bureau Pamphlet Series 7, Simla 1963, S.3.
[2] Govt. of India: The Second Five Year Plan, New Delhi 1956, S. 316
[3] Vergl. hierzu: SCHILLER, Otto: Das Agrarproblem der übervölkerten Gebiete Südasiens, Berichte über Landwirtschaft. Bd. 32, Heft 2, 1954, S. 313-330;
Ders.: The Significance of the Soviet Agrarian System in Asian Countries, International Affairs, Vol. 32, No. 3, London 1956, S. 298-307, bes. S. 300;
Ders.: Die Agrarfrage in den Ländern Süd- und Ostasiens, Heft 2 der Schriftenreihe des Institutes für Asienkunde, Hamburg 1958, bes. S.20-22; ders.: Probleme der Landwirtschaft und Agrarstruktur, in: Die wirtschaftlich und gesellschaftlich unterentwickelten Länder und wir, Berner Beiträge zur Soziologie, Bd. 7, 1961, Bern-Stuttgart, S. 196-212.

der britischen Kolonialmacht mit der Leichtindustrie in
Gang gesetzte Industrialisierungsprozeß hatte solch ungünstige
Auswirkungen auf das Dorfhandwerk und das Heimgewerbe,
"daß eine Großzahl von Angehörigen dieser Berufsgruppen
sich notgedrungen... der Landwirtschaft zuwenden
mußte".[1]. Damit wuchs die Unterbeschäftigung bei der
Agrarbevölkerung an.

Die Vorstellungen von dem Umfang der Unterbeschäftigung
bei der ländlichen Bevölkerung in Indien weichen weit
voneinander ab[2]. Das ist insbesonders darauf zurückzuführen,
daß Unterbeschäftigung sehr unterschiedlich definiert
und demnach geschätzt werden kann[3]. DANTWALA
sieht den spezifischen Charakter dieser Unterbeschäftigung
in dem Fehlen eines kontinuierlichen Arbeitsanfalls
bei denjenigen, die ihr eigenes Land bewirtschaften und
die sich auf dem Arbeitsmarkt nicht nach anderen Tätigkeiten
umsehen, aus Furcht, bei Aufgabe der Landbewirtschaftung
arbeitslos zu werden[4]. Der Umfang des brach-

---

1) SCHILLER, Otto: Die Überbevölkerung in der Welt - ein
   Ernährungsproblem, dargestellt am Beispiel asiatischer
   Entwicklungsländer, Tagungsbericht, Beiträge zur Begegnung
   von Kirche und Welt, Nr. 52-55, 1960, S.43;
   ebenso: RAO, Ch.U. Small Scale Industries, Some Economic
   Aspekts, Bombay 1965, S.125.
2) Ruthenberg, H.: Landwirtschaft und anfängliche Kapitalbildung,
   Zeitschrift für ausländische Landwirtschaft,
   Sonderheft 1, Frankfurt-Main, 1964, S.35 ff.;
3) Eine Dokumentation über die unterschiedlichen Ansätze
   zu diesem Problem in der wissenschaftlichen Diskussion
   findet sich bei: RUTHENBERG, H.: Ländliche Arbeitslosigkeit
   in Entwicklungsländern, in: Agrarwirtschaft,
   Jhg.9, H.5, 1960, S.157 ff; MUJUMDAR, N.A.: Überlegungen
   zur Unterbeschäftigung, Zeitschrift für ausländische
   Landwirtschaft, Frankfurt-Main, Jhg.2, 1963;
   COALE, A.J. and HOOVER, E.M., Population Growth and
   Economic Development in Low-income-Countries, Princetown,
   1958, S.116; OSTERKAMP, H.: Zum Problem der
   ländlichen Unterbeschäftigung in den Entwicklungsländern,
   Zeitschrift für ausländische Landwirtschaft, Materialsammlungen
   Heft 8, Frankfurt-Main, 1967.
4) Vergl. DANTWALA, M.L.: Notes on Some Aspects of Rural
   Employment, in: Selected Readings, Ind. Journal of Agri.
   Ec. 1940-1964, Bombay 1965, S.273.

liegenden Arbeitspotentials ist einmal durch diejenige Unterbeschäftigung bestimmt, die mit der saisonalen Natur des Produktionsprozesses und dem sporadischen Arbeitsanfall verbunden ist. Im Vordergrund steht aber vielmehr die versteckte Arbeitslosigkeit unter den Landbewirtschaftern, die sich auf jene Arbeitskräfte bezieht, "who are so numerous relative to the resources with which they work that if a number of them were withdrawn for work in other sectors of the economy, the total output of the sector from which they are withdrawn would not be diminished even though <u>no significant reorganisation occurred in this sector</u>, and no substitution of capital"[1].

Es wird allerdings in Frage gestellt, ob eine partielle Abwanderung von Arbeitskräften ohne eine rationelle Reorganisation der Betriebe bzw. der in ihnen anfallenden Arbeitsprozesse möglich ist, wenn nicht gleichzeitig eine fundamentale Veränderung der Produktionstechnik stattfinden soll[2]. Nach einer Schätzung der Planungskommission hätte in Indien zu Beginn des 2. Fünfjahresplanes die landwirtschaftliche Produktion bei unveränderter Produktionstechnik auch mit 25 - 30 % weniger Arbeitskräften aufrechterhalten werden können, wenn man die bestehenden Betriebe in der Weise umstrukturiert hätte, daß jeweils das Arbeitsvolumen einer durchschnittlichen Familie voll ausgelastet worden wäre[3].

Bisher ist es der indischen Wirtschaftsplanung nicht gelungen, durch Schaffung neuer Arbeitsmöglichkeiten die ständig hinzuwachsenden und die vordem bereits Unterbeschäftigten in das Erwerbsleben voll einzugliedern und

---

1) UNO, Measures, for the Economic Development of Underdeveloped Countries, zitiert nach: DANTWALA, Notes... a.a.O., S.274.
2) DANTWALA, M.L. Notes... a.a.O., S. 274
3) Govt. of India, The Second Five Year Plan, a.a.O., S.315

gleichzeitig die Berufsstruktur mit dem hohen Anteil der in der Landwirtschaft Tätigen zu verändern. Trotz der erheblichen Vorbehalte gegen die Genauigkeit und Vergleichbarkeit der Daten der erstellten Erwerbstätigenstatistiken[1] sind folgende Merkmale für die Entwicklung seit 1951 kennzeichnend:

(1) Die Zahl der geschaffenen Vollarbeitsplätze reichte bisher nicht aus, um allen Arbeitskräften im Erwerbsalter eine ausreichende Beschäftigung zu bieten. Der Census 1961 weist bis zum Februar 1961, d.h. unmittelbar zu Beginn des dritten 5-Jahresplanes - ohne Berücksichtigung der Zahl der Unterbeschäftigten - 1.41 Millionen Arbeitslose aus. Im National Sample Survey (Juli 1960 - Juni 1961) wurden 5.8 Millionen ländliche und 0.7 Millionen städtische Arbeitslose erfaßt, während es nach Berechnungen der Planungskommission zu diesem Zeitpunkt bereits 9 Millionen Arbeitslose gab, d.h. 3.7 Millionen mehr als zu Beginn des zweiten 5-Jahresplans[2]. Obwohl der dritte 5-Jahresplan eine geringere Höhe der Investitionen pro Arbeitsplatz vorsah (8000 Rs gegenüber 11000 Rs im zweiten Plan), wird die Arbeitslosenzahl um weitere 3 Millionen zunehmen und soll 1975/76 16 Millionen Arbeitslose betragen[3].

(2) Nimmt man die Entwicklung der männlichen Arbeitskräfte als unmittelbaren Maßstab für die Veränderung der Berufsstruktur, dann deutet der Rückgang des Anteils der auf die

---

1) Vergl. hierzu: KALRA, B.R.: The 1961 Census and its Implication in Terms of Labour Force Growth and Income, in: Ind. Journal of Agric.Econ., Vol.XX, No. 3, 1965,S.40 ff.
2) Planning Commission (Labour and Employment Division): Employment Perspectives for the forth Plan, unveröff. Manuskripte: U.O. No. L. u. E (E) 12-1/63 vom 30.4.63, S.1 u. Cir. No. L u. E (E) 12-2/63 vom 22.5.64, S.15
3) Vergl. RUDRA, A.: The Indian Economy in 1975, in: Planning and Economic Development, Studies on developing countries, Vol. I. Warszawa 1964, S. 45.

Landwirtschaft entfallenen Arbeitskräfte an der Gesamtzahl der Beschäftigten im Census von 1961 von 69,2 auf 68,6 noch keineswegs auf einen beginnenden Berufsstrukturwandel hin[1]. Der Gesamtanteil der in der Landwirtschaft Beschäftigten hat sich bei einer Gesamtbevölkerung von 439,2 Millionen mit 69,5 % kaum verändert[2].

(3) Die land-man-ratio hat sich von 1951-1961 weiter verschlechtert. Im Jahre 1961 kamen auf 100 acres LN 41 (männliche und weibliche) landwirtschaftlich Beschäftigte gegenüber 35 im Jahre 1951[3].

(4) Während in dieser Phase die durchschnittliche Arbeitsproduktivität in der Landwirtschaft konstant blieb, nahm sie beim produzierenden Gewerbe und im Dienstleistungssektor - mit Ausnahme bei den häuslichen Diensten - relativ stark zu (vgl. Tabelle III Anhang S.184). Wegen der spezifischen Verteilung der einzelnen Wirtschaftszweige auf Stadt und Land hat sich die eingangs beschriebene Diskrepanz zwischen städtischen und ländlichen Einkommen weiter verschlechtert. Nach Berechnungen von V.K.R.V. RAO nahm in der Zeit von 1951-1961 das städtische Durchschnittseinkommen um 72,15 % und das ländliche um nur 39 % zu[4]. "The conclusion emerges therefore that in spite of ten years of economic planning the disparity between the urban und rural sectors has widened significantly with urban per capita domestic product standing at Rs 607 in 1960-1961 as against Rs 261 of its rural counterpart or more than 2.3 times the rural per capita domestic product as against 1.8 in 1950-1951"[5]. Wichtig ist hierbei, die Tatsache festzuhalten, daß trotz der überproportionalen Zunahme der Einkommen in der Industrie und im Dienstleistungssektor die landwirtschaftlichen bzw. ländlichen Arbeitskräfte nicht in nennenswertem Maß in Wirtschaftszweige mit hoher Produktivität und hierbei vor allem in städtische Regionen abwanderten.

---

1) Vgl. Tabelle I, Anhang S.
2) Census of India, 1961 Census, a.a.O., S. 397
3) Census of India, 1961, Paper No. 1 of 1962, S. 434.
4) RAO, V.K.R.V.: Economic Growth and Rural-Urban Income Distribution 1950/51-1960/61, in: The Economic Weekly Vol.XVII, 1965, N.8, S.375
5) RAO, V.K.R.V.: Economic..., a.a.O., S. 375

(5) Der Umfang der Unterbeschäftigung in der Landwirtschaft nahm zu. Der Census von 1961 weist aus, daß von 47 Millionen neu in den Erwerbsprozeß hinzugekommenen Personen 32 Millionen in der Landwirtschaft beschäftigt werden mußten[1]. Die Planungskommission aber schätzt, daß während dieser Phase nur noch rund 5.5 Millionen zusätzliche Vollarbeitsplätze in der Landwirtschaft entstanden sind. Die darüber hinaus gehende Zahl sei zu erklären als "just a sharing of available limited work in agriculture by increased number of persons in rural families. It would imply that a larger number of agricultural workers became underemployed"[2]. Zwischen den beiden landwirtschaftlichen Berufsgruppen (Landwirte und landwirtschaftliche Lohnarbeiter) verschärft sich der Wettbewerb um Arbeitsplätze, wie es im Anfangsstadium des wirtschaftlichen Wachstums in den westlichen Volkswirtschaften beobachtet wurde. Dabei werden Lohnarbeitskräfte freigesetzt[3]. In der zweiten "Agricultural Labour Enquiry" wurde für den Zeitraum von 1951-1956 eine Zunahme der Unterbeschäftigung bei den landwirtschaftlichen Arbeitern oder ein Rückgang des Zuerwerbs aus landwirtschaftlicher Lohnarbeit festgestellt[4].

B. Ansätze zur Mobilisierung des unterbeschäftigten ländlichen Arbeitspotentials zur Kapitalbildung

Damit tritt die Frage in den Vordergrund, in welcher Weise das überschüssige Arbeitspotential im ländlichen Sektor für den Prozeß der wirtschaftlichen Entwicklung nutzbar gemacht werden kann. Dieser Prozeß ist vorwiegend durch die Knappheit des verfügbaren Kapitals beschränkt. Die Mobilisierung des vorhandenen brachliegenden Arbeitspotentials sollte deshalb den Kapitalbildungsvorgang beschleunigen.

---

1) Census of India, 1961 Census, Paper No. 1 of 1962, S.XXI.
2) Vergl. hierzu: Planning Commission, Report of the Working Group on Employment and Training, unveröff. Manuskript, Cir. No. L. u. E(E) 12-2/63 vom 22.5.1964, S. 16.
3) Vergl. Census of India, 1961, Paper No. 1 of 1962, S. 436.
4) Govt. of India, Labour Bureau Pamphlet Serie 7, 1964, S. 14.

Das entwicklungspolitische Konzept zur Heranziehung dieser Arbeitsreserven für die Kapitalbildung lieferte NURKSE[1]. Er ging davon aus, daß der volkswirtschaftliche Kapitalbildungsprozeß verstärkt werden könne, wenn es gelänge, den in einem bestimmten Zeitpunkt in der Landwirtschaft vorhandenen Überschuß an ungenutzten Arbeitskräften in produktive Beschäftigungen umzulenken, ohne daß sich durch diesen Abzug von Arbeitskräften die Nahrungsmittelproduktion verringert: "If the productive peasants were to send their useless dependants - their cousins, brothers and nephews who now live with them - to work on capital projects and if they continued to feed them there, then their virtual saving would become effective saving. The unproductive consumption of the surplus farm population would become productive consumption"[2]. Diese elementare Konzeption läßt offen, ob der Einsatz der brachliegenden Arbeitskräfte im ländlichen oder städtischen Bereich oder im landwirtschaftlichen oder außerlandwirtschaftlichen Bereich stattfinden soll. Sie geht nur von der Vorstellung aus, daß in dem vorgegebenen Entwicklungsstadium ein zusätzlicher Arbeitsaufwand erbracht werden könnte, ohne daß die landwirtschaftliche Produktion zurückgeht und der Nahrungsmittelkonsum ansteigt.

I. Intensivierung des Arbeitseinsatzes in der Landwirtschaft.

Dieses Ziel läßt sich am raschesten erreichen, wenn nicht der Transfer der brachliegenden Arbeitskräfte in den städtisch-industriellen Sektor, sondern deren Verwendung zur Kapitalbildung in der Landwirtschaft im Vordergrund steht. Vor allem RUTHENBERG macht diesen naheliegenden Vorschlag,

---

1) NURKSE, R.: Problems of Capital Formation in Underdeveloped Countries, Oxford 1962.
2) NURKSE, R.: Problems of..., a.a.O., S.37-38; NURKSE weist zu Recht darauf hin, daß "the theory of disguised unemployment is a static but nonetheless legitimate and significant view of the population resources available for capital formation. It is a view that stresses a factor on the supply side of the problem of capital formation. Labour is the real source of wealth and the supply of capital can be increased by making use of unemployed labour", vergl. NURKSE. R.: Problems of Capital Formation in underdeveloped countries, Oxford, 1962, S. 48.

die unterbeschäftigten Arbeitskräfte im bäuerlichen Betrieb zur unmittelbaren Förderung der innerbetrieblichen Kapitalbildung (Meliorierung, Terrassierung, Planierung, Anlage von Baumkulturen usw.) einzusetzen, wobei die unmittelbare Weiterversorgung dieser Arbeitskräfte aus den dörflichen Haushalten garantiert ist[1]. Diese Verwendung der brachliegenden ländlichen Arbeitskräfte hätte weiterhin den Vorteil, daß die zu ihrem produktiven Einsatz erforderlichen Sachaufwendungen nur relativ geringe Anforderungen an die knappen Kapitalgüter stellen würden, die für Investitionen im außerlandwirtschaftlichen Sektor zur Verfügung stehen. In diesem Zusammenhang werden auch überbetriebliche Maßnahmen für den Einsatz von knappen Kapitalgütern vorgesehen, wie z.B. Erweiterung der Anbaufläche durch die Errichtung von Bewässerungsanlagen, und Urbarmachung von Neuland, Aufforstung erosionsgefährdeter Böden, Bau von dörflichen Gemeinschaftsanlagen und die Durchführung von überregionalen Infrastrukturverbesserungsmaßnahmen wie Straßen-, Kanal- und Brückenbau[2]. Solche Investitionen sind gegenüber jenen im industriellen Bereich auch kurzfristig mit einem größeren Beschäftigungseffekt verbunden.

Diese Form der Kapitalbildung aus den vorhandenen Resourcen setzt voraus, daß die ländlichen Familien durch Mehreinsatz von Arbeitskräften, und - falls diese dabei den dörflichen Haushalt verlassen - durch den Transfer der erforderlichen Nahrungsmittel zur Ernährung der vorübergehend Abwandernden beitragen. Dieser Nahrungsmittelstrom könnte durch die staatliche Besteuerung der ländlichen Haushalte erzwungen werden. Offen bleibt dabei das Problem der Rekrutierung der bisher unterbeschäftigten Arbeitskraft und die organisato-

---

[1] RUTHENBERG, H.: Landwirtschaft und anfängliche Kapitalbildung, Zeitschrift für ausländische Landwirtschaft, Sonderheft 1964, S. 45. Ähnliche Vorschläge finden sich bei MELLOR, J.W.: The Process of Agricultural Development in Low Income Countries, Journal of Farm Economics, August 1962, S. 700-715, und Govt. of India, Ministry of Food and Agriculture: Report on India's Food Crisis and Steps to meet it, New Delhi April 1959, Part II, S.23-70.
[2] BILLERBECK, Klaus: Mobilisierung des asiatischen und afrikanischen Arbeitskräfte-Potentials, Hamburg 1961.

rische Bewältigung des Masseneinsatzes bei der Durchführung größerer Projekte.Dieses Problem stellt sich vor allem dann, wenn die Mitarbeit der Unterbeschäftigten nicht aus eigenem Antrieb erfolgt, was im allgemeinen die Regel ist. Das Vorliegen ländlicher Unterbeschäftigung ist nicht nur das Ergebnis der Ineffizienz der bestehenden Produktionstechnik. Sie ist auch nicht ausschließlich auf das Fehlen von zusätzlichen produktiven Beschäftigungsmöglichkeiten zurückzuführen. Sie hängt vielmehr auch von der Arbeitsenergie der Erwerbsfähigen, der Wertschätzung der Muße und dem begrenzten Streben nach materiellen Gütern ab.

Deshalb lag die Forderung nach einem dirigistischen Eingreifen des Staates sehr nahe, zur Erfüllung der ihm gestellten Entwicklungsaufgaben ländliche Arbeitskräfte zu rekrutieren und in produktive Verwendungsrichtungen zu kanalisieren. Als Instrumente hat man sich hierbei der Produktionsgenossenschaft und der Volkskommune bedient[1]. Unter Berücksichtigung der politischen Konsequenzen solcher Lösungsvorschläge wurde auch ein militärisch organisierter nationaler Arbeitsdienst in Erwägung gezogen, wobei eine Arbeitsdienstpflicht bzw. eine Besteuerung arbeitsfähiger Personen, die in Geld oder in Arbeitsleistungen abgegolten werden könnte, vorgesehen war[2].

In Indien ist man diesen Weg nicht gegangen. In den bisherigen drei 5-Jahresplänen ging man vielmehr davon aus, daß der Schlüssel zu einem raschen wirtschaftlichen Wachstum der indischen Volkswirtschaft in der Entwicklung der Landwirtschaft bei stärkerem Einsatz der in ihr schlummernden Produktionsfaktoren liege[3].

---

[1] Vgl. RUTHENBERG, H.: Landwirtschaft und anfängliche Kapitalbildung, a.a.O., S. 46/47; ebenso BERGMANN, Th.: Funktionen und Wirkungsgrenzen von Produktionsgenossenschaften in Entwicklungsländern, Frankfurt/M. 1967, S. 53 u. S. 189/190.
[2] Vgl. hierzu: Landwirtschaft und Industrialisierung in den Entwicklungsländern, Beihefte der Konjunkturpolitik, Heft 6, Berlin 1960, vor allem die Beiträge von BILLERBECK, K.: Mobilisierung brachliegender Arbeitskräfte in den ländlichen Gebieten asiatischer und afrikanischer Entwicklungsländer, S. 120-140 u. S. 184; BAADE, Fritz: Die Beziehungen zwischen landwirtschaftlicher und industrieller Entwicklung, S. 12/13 u. S. 26/27 u. S. 47/49 und der Diskussionsbeitrag hierzu von WILBRANDT, H.: S. 36/37.
[3] Vgl. die Zusammenfassung der Ziele der ländlichen Entwicklunspolitik in: Govt. of India, Third Five Year Plan, Delhi 1961, S. 23 u. S. 374 ff.

Als Voraussetzung hierzu wurde mit dem ersten 5-Jahresplan eine Bodenreform eingeleitet, mit der man eine Verbesserung der agrarstrukturellen Verhältnisse und die Ablösung der antiquierten Sozialstruktur anstrebte[1]. Das staatliche Community Development Program sollte ohne Anwendung von Zwangsmaßnahmen für die Verbesserung der landwirtschaftlichen Produktionstechnik und für die Heranziehung der ländlichen Arbeitskraftreserven für die wirtschaftliche Entwicklung Sorge tragen. Durch qualifizierte Beratung und durch die Bereitstellung von Hilfsmitteln für die Produktion sollte - bei gleichzeitiger Wiederbelebung traditioneller Selbstverwaltungsorgane (PANCHAYAT) und des Genossenschaftswesens - Eigeninitiative "von unten" angeregt werden. Die Entwicklung von Beschäftigung und Einkommen der ländlichen Bevölkerung hat aber gezeigt, daß mit diesen Maßnahmen die gestellten Aufgaben nicht gelöst werden konnten.

II. Transfer von ländlichen Arbeitskräften in die expandierende Industrie

Diesen wirtschaftspolitischen Ansätzen zu Mobilisierung des ungenutzten ländlichen Arbeitskräftepotentials für die Kapitalbildung in der Landwirtschaft stehen die Betrachtungen vom marktwirtschaftlich gesteuerten Absaugungsprozeß im Zuge des industriellen Wachstums gegenüber, bei dem die unterbeschäftigten Arbeitskräfte nicht künstlich in Bewegung gesetzt werden müßten[2]. Die ländliche Unterbeschäftigung wird hierbei auf das Fehlen von zusätzlichen produktiven Beschäftigungsmöglichkeiten zurückgeführt.

Die Vorstellungen von dem Prozeß der Umlenkung unausgenutzter und unproduktiv eingesetzter Arbeitskräfte aus dem

---

[1] Vergl. hierzu SCHILLER, Otto: Agrarstruktur und Agrarreform in den Ländern Süd- und Südostasiens, Hamburg 1964.
[2] SCHILLER, Otto: Gemeinschaftsformen im landwirtschaftlichen Produktionsbereich, Zeitschrift für ausländische Landwirtschaft, Sonderheft Nr. 5, Frankfurt/M. 1966, S. 25/26.

Agrarsektor in Abhängigkeit von der wirtschaftlichen Expansion der modernen erwerbswirtschaftlich orientierten Wirtschaftssektoren wurden in 2-Sektorenmodellen entwickelt[1]. Diese Form der analytischen Untersuchung des Entwicklungsprozesses geht auf LEWIS zurück, der die Unterbeschäftigung in der Landwirtschaft, die daraus resultierende Angebotsfunktion für Industriearbeit und die damit im Zusammenhang stehenden Gewinne der Unternehmer behandelt[2]. Diese Wachstumskonzeption ist nach ihrer empirischen Überprüfung von BARBER und KINDLEBERGER, die den vorgezeichneten Entwicklungsverlauf in den wesentlichen Punkten bestätigen, von besonderem praktischen Interesse[3].

JORGENSON knüpft in seinem Modell an diese Wachstumskonzeption durch Arbeitskräftetransfer aus der Landwirtschaft an, macht aber diesen Transfer davon abhängig, ob die Landwirtschaft in der Lage ist, mehr zu produzieren und zu vermarkten[4]. Beide Modelle werden von FEI und RANIS weiterentwickelt[5]. Sie machen auch den Transfer der Unterbeschäftigung aus dem traditionellen Agrarsektor zum Ausgangspunkt ihrer Betrachtung, stellen aber die mit dem Transfer der Arbeitskräfte verbundene Einkommenssteigerung (in Form gesparter Nahrungsmittel) in der Landwirtschaft und den daraus finanzierten Kapitaltransfer in die Industrie in den Mittelpunkt.

---

[1] Damit ist ein großer Teil der herkömmlichen aggregierten Wachstumsmodelle für die weitere Betrachtung a priori ausgeschlossen, zumal bei diesen die Probleme der Entwicklungsländer überhaupt ausgeklammert sind und das hier weniger bedeutende Gleichgewicht zwischen Investition und Ersparnis im Vordergrund steht. Gemeint sind damit das Wachstumsmodell von HARROD-DOMAR, das DUESENBERRY-SMITHIES-Modell, das TOBIN-SOLOW-Modell und das Wachstumsmodell von KALDOR.
[2] LEWIS, W.A.: Economic Development with Unlimited Supplies of Labour, in: AGARWALA, SINGH (Ed.) The Economics of Underdevelopment, Oxford 1958; ders.: Unlimited Labour, Further Notes, in: The Manchester School of Economic and Social Studies, Bd. 26, 1958.
[3] BARBER, W.J.: The Economy of British Central Africa, Oxford 1961 und KINDLEBERGER, Ch.:: Europe's Postwar Growth. The Role of Labour Supply, Cambridge, Mass. 1967.
[4] JORGENSON, D.W.: The Development of a Dual Economy, The Economic Journal, March 1961, Vol. LXXI, S. 309-334.
[5] FEI, C.H. und RANIS, Gustav: Development of the Labour Surplus Economy: Theory and Policy, Homewood, 1964.

LEWIS geht in seinem Modell aus von einem Subsistenzsektor, in dem vor allem Nahrungsmittel produziert werden, und einem kleinen, aber wachsenden kapitalistischen Sektor, "where labour is employed for wages for profit making purposes"[1]. Der in der Industrie gezahlte - von LEWIS als Subsistenzlohn bezeichnete Lohnsatz[2] - ist im allgemeinen bis zu 30 % höher als der landwirtschaftliche Subsistenzlohn, um die höheren Kosten des städtischen gegenüber dem ländlichen Leben und die der Abwanderung zu kompensieren. Strukturelle oder versteckte Arbeitslosigkeit liegt dann vor, wenn bei Subsistenzlöhnen das Angebot an Arbeit die Arbeitsnachfrage übersteigt. Für den vorgezeichneten Wachstumsverlauf geht LEWIS von 3 wichtigen Annahmen aus. Die versteckte Arbeitslosigkeit im Subsistenzsektor eines unterentwickelten Landes mit Bevölkerungsüberschuß sei sehr groß und steige durch das rasche Bevölkerungswachstum weiter an, so daß man von dem Vorhandensein eines unbegrenzten Arbeitskräfteangebotes sprechen könne. Im traditionellen Subsistenzsektor entspreche die durchschnittliche Arbeitsproduktivität der Höhe des Subsistenzlohnes. Gleichzeitig könne ein Teil der Arbeitskräfte ohne Verringerung der landwirtschaftlichen Produktion abgezogen werden[3]. Solange Arbeitskräfte bei gleichbleibend niedrigen Löhnen bereit sind, im industriellen Sektor zu arbeiten, was bei dem Umfang der strukturellen Arbeitslosigkeit für längere Zeit zu erwarten ist, wird das eingesetzte Kapital für die Unternehmer hohe Erträge abwerfen. Ihre Investitionsmöglichkeit ist aber

---

1) LEWIS, W.A.: Unlimited Labour: Further Notes, a.a.O., S. 8. Er will mit der Bezeichnung "capitalist-sector" auf die unterschiedliche Kapitalverwendung in einer unterentwickelten Volkswirtschaft hinweisen und meint damit jenen Sektor der Wirtschaft, der reproduzierbares Kapital im Produktionsprozeß verwendet, während der "subsistence sector is by difference all that part of the economy which is not using reproducible capital". Vergl. hierzu: LEWIS, W.A.: Economic Development, a.a.O., S. 410.
2) LEWIS, W.A.: Economic Development, a.a.O., S. 410
3) "Abstracting from population growth assuming that the marginal product of labour is zero, this subsistence income remains constant throughout the expansion, since by definition labour can be yielded up to the expanding capitalist sector without reducing subsistence output". (Vergl. LEWIS, W.A.: Economic Development, a.a.O., S. 418)

durch die Höhe der Kapitalverfügbarkeit begrenzt. Mit der Expansion des kapitalistischen Sektors kommt es zu einem Anwachsen der Arbeitsproduktivität bei konstanten Lohnsätzen (vollkommen elastisches Arbeitsangebot) und damit zu steigenden Gewinnen, die gespart und reinvestiert werden, was wiederum zu erhöhter Nachfrage nach Arbeitskräften führt[1]. Damit verschiebt sich die Einkommensverteilung zugunsten der Kapitaleigentümer[2].

Die Brauchbarkeit dieser modelltheoretischen Vorstellungen von der Absaugung des ländlichen Arbeitskräftepotentials für die indische Entwicklungspolitik wurde aus verschiedenen Gründen in Frage gestellt. Die meisten Einwände konzentrieren sich auf die unrealistische Annahme, daß der mit dem Übergang in die Industrie freiwerdende Nahrungsmittelanteil des Ab-

---

[1] FEI und RANIS weisen in diesem Zusammenhang darauf hin, daß die Höhe des Kapitaleinkommens bei diesem Expansionsprozeß der industriellen Produktion davon abhängt, ob es sich hierbei um eine Kapitalerweiterung bei konstanter Technik oder um einen arbeits- und kapitalsparenden technischen Fortschritt handelt. Siehe FEI, John D.H. und RANIS, Gustav: Development of the Labour Surplus Economy, a.a.O., vor allem Kap. 3.

[2] Die Überlegungen von LEWIS zum Wachstumsprozeß der Entwicklungsländer stimmen im wesentlichen mit den Gedanken der klassischen Nationalökonomie überein, die eine Kapitalakkumulation und damit eine Produktionssteigerung als ein Problem der Einkommensverteilung ansahen. Investitionen können nur getätigt werden, wenn entsprechende Ersparnisse zur Verfügung stehen. Nach Meinung der Klassik ist es also nur möglich, das Investitionsvolumen zu vergrößern, wenn die Ersparnisse aus dem laufenden Einkommen zunehmen; das bedeutet aber eine Steigerung der Ersparnisse auf Kosten des Konsums. Eine Verringerung des Konsums ist aber bei der Masse der Bevölkerung nicht möglich, da sie sich bereits auf der untersten Einkommensstufe befindet. Das Einkommen wird restlos zur Erhaltung der physischen Existenz ausgegeben. Die Zunahme des Volkseinkommens muß deshalb mit einer Einkommensumverteilung zugunsten der Bevölkerungsschichten einhergehen - nämlich der Unternehmer - die in der Lage sind, diesen Einkommenszuwachs zu sparen oder direkt zu investieren. Der gesamte Einkommenszuwachs in Form von Gewinnen muß in die Klassen der Unternehmer zurückfließen und wieder investiert werden. Hiermit wäre die Gleichheit von Investitionen und Ersparnissen wiederhergestellt.
Im Unterschied zur klassischen Auffassung kann nach LEWIS dieser Einkommensumverteilungseffekt zugunsten der Unternehmer nur erreicht werden, wenn die Möglichkeiten des technischen Fortschritts in der Landwirtschaft die abnehmenden Ertragszuwächse kompensieren. Die Bodenrenten steigen unter dieser Voraussetzung nicht überproportional an und hemmen nicht den Akkumulationsprozeß.

wandernden vom bäuerlichen Haushalt konsequent weitergegeben werde[1]. Man kommt deshalb zu dem Schluß, daß die Steigerung der landwirtschaftlichen Produktion von Anfang an eine "unabdingbare Voraussetzung" für den Transfer unterbeschäftigter Arbeitskräfte aus der Landwirtschaft in andere Sektoren darstelle[2].

Ein weiterer Einwand besteht darin, daß die Zahl der Arbeitslosen im städtischen Bereich und die Rate der natürlichen Bevölkerungszunahme sowohl im städtischen als auch im ländlichen Bereich so hoch sei, daß bei der relativ geringen Bedeutung des industriellen Sektors an eine rasche Absorbierung der Unterbeschäftigten in der Landwirtschaft nicht gedacht werden könne[3]. Zum anderen beziehe sich der Überfluß von Arbeitswilligen aus dem ländlichen Bereich nur auf ungelernte Arbeitskräfte; der Einsatz des ohnehin knappen Kapitals in der

---

[1] JORGENSON, D.W.: The Development of a Dual Economy, in: The Economic Journal, a.a.O., S.312. Auch FEI und RANIS beurteilen die reale Möglichkeit zur Überschußbildung von Nahrungsmitteln und damit verbundenem Kapitaltransfer sehr skeptisch: "The India socioreligious inclinations exert pressure toward concentration on large feasts, dowries and funerals for which people will go into debt for years." Vgl. FEI, John C.H. und RANIS, Gustav: Development..., a.a.O. S.46.
LEWIS. W.A.: Notes... a.a.O., S.23

[2] Bleibt nämlich die Nahrungsmittelproduktion zurück, dann verschlechtern sich die Austauschrelationen zu Ungunsten der Industrie, was zu verminderter Kapitalbildung und zur Bremsung des Wachstumsprozesses führt.
JORGENSON, D.W.: The Development of Dual Economy, in: The Economic Journal, March 1961, Vol. LXXI, S. 333/334.
VON URFF, W.: Die Rolle des Agrarsektors im Wachstumsprozeß der Entwicklungsländer, in: Agrarwirtschaft, Heft 1, 1967, S. 6.

[3] Vgl. hierzu: KHUSRO, A.M.: Economic Development with no Population Transfer, Institute of Economic Growth, Occasional Papers No.4, Bombay, 1962, S.27. FEI, RANIS und auch LEWIS haben mit der Einfügung des raschen Bevölkerungswachstums in die dargebotene Modellbetrachtung als exogene Variable gezeigt, daß der vorgezeichnete Entwicklungsprozeß erheblich verlangsamt wird oder ganz zum Erliegen kommt, wenn die Kapitalakkumulation nicht mit den zur Beschäftigung des Arbeitskräftezuwachses erforderlichen Investitionen Schritt hält. Vgl. FEI, John und RANIS, G.: Development..., a.a.O., S. 121/122 und S. 230 ff.
LEWIS, W.A.: Economic Development..., a.a.O., S. 435. Ebenso: SOUTHWORTH, H.M. und JOHNSTON, B.F. (ed.): Agricultural Development and Economic Growth, New York 1967, S. 25.

Industrie für arbeitsintensive Produktionstechniken zur Absorbierung der mit industriellen Fertigungsmethoden wenig vertrauten ländlichen Arbeitskräfte würde bei den gegebenen indischen Verhältnissen keine bedeutende Produktionssteigerung ermöglichen[1]. Deshalb legte auch die indische Regierung ihr Hauptziel auf den Aufbau von Kapitalgüterindustrien in großen Betriebseinheiten mit von außen importierten kapitalintensiven Produktionstechniken[2]. Mit dem Einsatz der relativ wenigen gut ausgebildeten Arbeiter erwartete man kurzfristig eine stärkere Zunahme der industriellen Produktion. Die Absorption von brachliegender Arbeitskraft wurde in diesem Industriebereich als eine "Supplementary strategy"[3] angesehen.

Unter dem Druck zunehmender Unterbeschäftigung und Arbeitslosigkeit hat sich die Regierung im 2. Fünfjahresplan entschlossen, im Zuge des ländlichen Wirtschaftsentwicklungsprogrammes (Community Development Program) die <u>dorfgerichtete Industrialisierung</u> zu verstärken[4]. Dieses Programm sah neben der Errichtung einer Kleinindustrie vor allem die Wiederbelebung der traditionellen Dorf- und Heimindustrie (cottage industry) und des dörflichen Handwerks vor[5]. In diesen Betriebsbereichen ist eine Beschäftigungsausweitung auch mit relativ geringem Kapitalaufwand möglich, während der Ertrag pro investierter Kapital-

---

1) KHUSRO, A,M.: Economic Development...a.a.O., S.2, ebenso: SMITHIES, Arthur: Rising Expectations and Economic Development, in: The Economic Journal, Vol. LXXI, London 1961, S. 225.
2) Govt. of India, Planning Commission, The Third Five Year Plan, Delhi 1961, S. 59; ebenso: Second Five Year Plan, Delhi 1956, S.24 u. S. 393.
3) Govt. of India, The Third Five Year Plan, a.a.O., S.59
4) Govt. of India, The Second Five Year Plan, a.a.O.,S.431; ebenso Govt. of India, Min. of Labour and Employment, Agric. Labour a.a.O., S.9.
5) Govt. of India, The Second Five Year plan, a.a.O., S.443ff.

einheit (income coefficient of capital) relativ hoch ist[1]).
Dieses Programm wurde nicht nur als Stützungsmaßnahme für
Dorfhandwerker angesehen, die durch die zunehmenden Handels-
verflechtungen zwischen Dorf und Stadt einen ständig
wachsenden Anteil der traditionell gesicherten und ererbten
Produktions- und Dienstleistungsverpflichtungen aufgeben
mußten. Es diente auch gleichermaßen zur Schaffung alternativer Einkommensquellen für die in der Landwirtschaft
nicht voll ausgelasteten mithelfenden Familienangehörigen
der Bauern und für unterbeschäftigte landwirtschaftliche
Arbeiter. Im Unterschied zu den landwirtschaftlichen Entwicklungsbemühungen bestand das Ziel hierbei weniger in
einer rationellen Produktion, als vielmehr in einer Beschäftigung möglichst vieler brachliegender Arbeitskräfte
und einer möglichst weiten Streuung über Gebiete, die bisher rein agrarisch orientiert waren.

Es hat sich aber gezeigt, daß die bei der Industrialisierung
des Dorfes zu überwindenden Schwierigkeiten unterschätzt
werden. Die ländlichen Infrastrukturverhältnisse waren zu
wenig entwickelt, es fehlten die Energiequellen, die Be-
schaffungs- und Absatzmöglichkeiten für Rohstoffe und
Fertigprodukte usw. Es war vor allem nicht damit zu rechnen,
daß die Nachfrage nach den Endprodukten im selben Umfang
wie die mögliche Kapazitäts- und Beschäftigungsausweitung
in diesem traditionellen Industriebereich anstieg. Dies
wäre auf die Dauer nur durch Produktionsbeschränkungen
konkurrierender Großbetriebe möglich gewesen, was auf dem

---

1) MAHALANOBIS hat für die einzelnen Wirtschaftssektoren
folgende durchschnittlichen Annäherungswerte errechnet:
Die Kapitalausstattung pro Arbeitsplatz beträgt in der
Investitionsgüterindustrie 20 000 Rs und in der Konsum-
güterindustrie (Fabrikproduktion) 8750 Rs und in der
Heimindustrie und im Handwerk einschließlich der Land-
wirtschaft 2500 Rs und der Ertrag pro investierter Kapi-
taleinheit entsprechend 0,20; 0,35 und 1,25. Vgl.
MAHALANOBIS P.C. Capital for Medium and Small-Scale
Industries in: Khadi Gramodyog, The Journal of Rural
Economy, Annual Number, Vol. 6, No. 1, Oct. 1959, S.104.

Weg der Besteuerung zunächst versucht wurde[1].

Größere Bedeutung erlangt dagegen das Programm zum Aufbau von Kleinindustrien in vorwiegend kleinstädtischen Regionen, das seit dem 3. Fünfjahresplan in den Mittelpunkt des ländlichen Industrialisierungsprogramms rückte. Zur Abgrenzung gegenüber der Großindustrie werden in Indien unter Kleinindustrie solche Betriebe verstanden, deren Arbeiterzahl unter 50 (falls ohne Kraftstrom unter 100) liegt und deren fixes Kapital Rs 500 000 nicht überschreitet[2]. Inzwischen hat man die Beschäftigungsbegrenzung wegfallen lassen. Die Kleinindustrie unterscheidet sich von der traditionellen Dorf- und Heimindustrie und dem Handwerk durch "urban or semi-urban location and use of machines, power and modern techniques"[3].

Im Jahre 1960/61 war das Beschäftigungsverhältnis zwischen Klein- und Großindustrie etwa 2:1 - bei insgesamt 8.15 Mill. Industriearbeitern[4]. Dieses Verhältnis hat sich inzwischen zugunsten der Kleinindustrie verändert, als mit dem 3. Fünfjahresplan durch Errichtung weiterer 300 kleinindustrieller Schwerpunktgebiete (industrial estates) die <u>kleinstadtgerichtete Industrialisierung</u> intensiviert wurde[5]. Bei industrial estates handelt es sich um ein größeres Areal, das von der öffentlichen Hand (oder auch von privaten Gesellschaften) erschlossen und mit einer Straßen- und

---

1) Govt. of India, The Second Five Year Plan, a.a.O., S.432. Ebenso: GOI, Report of the Village and Small Scale Industries (Second Five Year Plan) Committee (Karve Committee) 1956, wo es S.82 heißt: "To some extent the additional labour force may be justified by the fact that the mill production is being frozen."
2) Govt. of India, The Second Five Year Plan, a.a.O., S. 451; eine Darstellung ihrer ökonomischen Vorteile gegenüber der Großindustrie finden sich bei AUBREY, H.G.: Small Industry in Economic Development, in: Social Research, Bd. 18, 1951, S. 296 ff.
3) Govt. of India, The Second Five Year Plan, a.a.O., S.450; vgl. auch die Definition bei RAO, Ch. U.: Small Scale Industries, Bombay 1965, S. 3 ff.
4) National Council of Applied Econ. Research: Income and Structure of Manufacturing Industry 1960-61, New Delhi 1964, S. 42 ff.
5) Govt. of India, The Third Five Year Plan, a.a.O., S. 449.

Eisenbahnverbindung versehen wird. Auf diesem Gebiet werden dann, wiederum von der öffentlichen Hand oder privaten Gesellschaften, Fabrikgebäude in den verschiedenen Größen errichtet, die nach Fertigstellung an einzelne private Unternehmer vermietet oder auf Abzahlungsbasis verkauft werden. Der Träger des Industrial Estates ist dann auch weiterhin für die Verwaltung und Instandhaltung des Estates verantwortlich[1]. Während bis zum Ende des 2.Fünfjahresplanes (30.6.61) in 75 fertiggestellten Estates rund 13 400 Menschen beschäftigt waren, stieg bis zum 30.9.1966 die Zahl der Estates auf 305 und die der Beschäftigten auf 61 775 an[2]. Wegen der zunehmenden Bedeutung der Kleinindustrie für die zukünftige industrielle Entwicklung in Indien und möglicherweise für die Absaugung der ländlichen Arbeitsreserven soll sie im Mittelpunkt der weiteren Betrachtung stehen.

C. Untersuchungsaufgabe

Die bisherigen Einschränkungen zu den Wachstumstheorien von LEWIS und FEI-RANIS (Kapitalmangel und kapitalintensive Produktionstechniken in der Industrie, fehlende berufliche Fähigkeiten der ländlichen Arbeitskräfte, Nahrungsmittelknappheit) machen deutlich, warum es in den ersten drei 5-Jahresplänen (1950-1965) nicht gelang, einen erheblichen Anteil der bereits im ländlichen bzw. landwirtschaftlichen Sektor tätigen unterbeschäftigten Arbeitskräfte zu absorbieren.

Es läßt sich aber auch grundsätzlich die in diesen Theorien vom Arbeitskräftetransfer gemachte Hypothese von der Bereitschaft und Möglichkeit der unterbeschäftigten ländlichen bzw. landwirtschaftlichen Arbeitskräfte zur Abwanderung in die Industrie und damit zum Berufswechsel in Frage stellen. MELLOR deutet diesen Einwand mit der Feststellung an, daß die Theorien von der Absaugung der überschüssigen

---
[1] BREDO, W.: Industrial Estates, Tool for Industrialisation Clencoe 1960, S. 9 ff.
[2] Govt. of India, Ministry of Industrial Development and Company Affairs, Development Commissioner (Small Scale Industries), Industrial Estates in India, New Delhi 1967, S.14

ländlichen Arbeitskräfte die sozialökonomischen Verhältnisse im landwirtschaftlichen Sektor nicht hinreichend berücksichtigen[1]. Es gibt gerade im ländlichen Indien eine Reihe von institutionellen und sozialpsychologischen Widerständen, die das Angebot von Arbeitsleistungen der Dorfbevölkerung in der Industrie und damit das reibungslose Funktionieren des intersektoralen Arbeitskräftemarktes im Lewis'schen Sinne beeinflussen. Sie finden sich im Verhalten der Menschen im indischen Dorf, den Normen, Ideologien und Institutionen, die innerhalb ihres sozialen Systems anzutreffen sind und die Art und Weise ihres gesellschaftlichen Zusammenlebens bestimmen. Damit ergibt sich eine zweifache Fragestellung: Sind die Menschen in ihrer traditionellen ländlichen Umgebung bereit, die erforderlichen Anstrengungen zur Hebung ihres Versorgungsniveaus auf sich zu nehmen, und ist unter diesen Voraussetzungen ein Ansatz zu beruflicher Mobilität gegeben? Damit eng verbunden ist die Frage nach der Breite des Spielraums, die die dörfliche Gesellschaft und ihre Institutionen denen läßt, die den Wunsch haben, durch Berufswechsel ökonomisch voranzukommen[2].

Mit dieser Fragestellung muß man sich in erster Linie auseinandersetzen, wenn die Auswirkung der Industriali-

---

[1] MELLOR, J.W.: "Toward a Theory of Agricultural Development", in SOUTHWORTH, H.M. and JOHNSTON, B.F. (ed,): Agricultural Development a.a.O., S.23; vgl. auch: JOHNSTON, B. F. und MELLOR, J.W.: Die Rolle der Landwirtschaft in der wirtschaftlichen Entwicklung, in: Zeitschrift für ausländische Landwirtschaft, Jhg.1, Heft 1, 1962, S. 18.

[2] Zwischen beiden Fragestellungen besteht nach Auffassung von LEWIS eine gegenseitige Abhängigkeit: "Sind nämlich die Institutionen günstig, so wird der Wille zur wirtschaftlichen Anstrengung ermutigt und wächst; und ist umgekehrt die Bereitschaft zur Anstrengung stark, so werden die vorhandenen Institutionen entsprechend umgewandelt"; vgl. LEWIS, W.Arthur: Die Theorie des wirtschaftlichen Wachstums, Tübingen 1956, S. 56. Institutionen sind nach PARSONS, Talcott gleichzeitig Resultanten und Steuerungsfaktoren des Handelns von Menschen in der Gesellschaft; vgl. PARSONS, Talcott: Soziologische Theorie, Neuwied 1964, S. 56

sierung auf die Berufsstruktur von Dorfgemeinschaften
analysiert werden soll. Dies gilt vor allem dann, wenn der
Nachweis zu erbringen ist, daß mit der Industrialisierung
unterbeschäftigtes ländliches Arbeitspotential für den
Kapitalbildungsprozeß mobilisiert werden kann. In der sozialwissenschaftlichen Literatur finden sich genügend Hinweise,
daß die ländliche Arbeitskraft in Indien weitgehend immobil
sei[1]. So könne trotz herrschender Arbeitslosigkeit und Abwanderungsbereitschaft deshalb kein Berufswechsel stattfinden, weil der einzelne an bestimmte Personen und Institutionen gebunden sei, die den bisherigen Arbeits- und
Lebensbereich regelten. Hierzu gehöre die Zugehörigkeit
zu einer Kaste, durch die die Berufsausübung weitgehend
vorgeschrieben sei[2]. Diese Kasten standen auf Dorfebene
in einer strengen arbeitswirtschaftlichen Kooperation mit
genau fixierten Dienstleistungsverpflichtungen und Entlohnungsformen[3]. Die als Alternative zu einer spezialisierten Kastentätigkeit ausübbare unselbständige Arbeit
in der Landwirtschaft führte zu einer starken Abhängigkeit
von einem Dienstherrn. Anstelle der Einschränkung der
Freizügigkeit durch die traditionelle Bindung an das
Kastensystem trat deren rechtliche Einschränkung, die

---

1) Vgl. hierzu vor allem die Darstellung bei: MUKHERJEE, Ramkrishna: The Dynamics of a Rural Society, Berlin 1957, Kap. II: Social Organisation and Economic Structure, S. 59 ff,, insb. S. 69
In einem Bericht der ILO heißt es: "Labour is tied to the soil by law, or... caste restrictions prevent labour from moving to new occupations". Vgl. ILO, Preparatory Asiatic Regional Conference, Report IV, The Economic Background of Social Measures for the economic development of underdeveloped countries, as a Policy including Problems of Industrialisation, New Delhi 1947, S. 157
2) "Ideally, each caste enjoys a monopoly of an occupation.. the members resent other castes taking over this occupation (this is not true of agriculture though) and secrets of the occupation are closely guarded among the members". Vgl. SRINIVAS, M.N., India's Villages, Bombay, 1963, S.7. MUKHERJEE spricht von occupational guilds". Vgl. MUKHERJEE: The Dynamics of a rural society, a.a.O., S. 64 ff.
3) Vgl. hierzu BHATTACHARJEE J.B.: Agricultural Economics and the Agriculturist, in: Indian Journal of Agricultural Economics, Vol. XXI, No.1, S. 11

durch Schuldabhängigkeit begründet wurde[1]. SRINIVAS zählt zu diesen Bindungen "the relationship of landlord and tenant master and servant, creditor and debtor and patron and client (which) ignore caste barriers to bind together people who are unequal[2]. Meist stellten sich diese Bindungen dar als Abhängigkeit der Landlosen von den landbesitzenden Reichen und den Händlern.

Daneben seien die einzelnen Familienmitglieder der Kontrolle der Großfamilie (extended family) unterworfen, deren Mitglieder auch Schwiegertöchter und Enkel umfassen und die nicht selten unter einem Dach zusammenwohnen und aus einer Küche versorgt werden (joint family)[3]. Auch wenn die Söhne bei Verheiratung vorzugsweise einen eigenen Hausstand gründen und - mit Ausnahme bei den Bauern-Haushalten - nicht mehr bei den Eltern wohnen, lassen die persönlichen Bindungen an die Großfamilie kaum nach. Im dörflichen Bereich fügt man sich in der Regel dem an der Spitze der

---

[1] So sagt LORENZO: "There are, then, the landless labourers hiring out their labour from plot to plot, involved in debt, and eking out a miserable existence verging on starvation. Even more pathetic is the condition of the serfs! Bound hand and foot from generation to generation and restricted in their movements..."Vgl. LORENZO,A.M.: Agricultural Labour Conditions in Northern India, Bombay, o.Jahresangabe, S.6.
Ebenso: THORNER, Daniel and Alice: Land and Labour in India, London 1962, S. 21, 38 und S.139 ff. und THORNER, Daniel: The Agrarian Prospect in India. Delhi 1956, S. 76.
Ebenso: PATEL, S.J.: Agricultural Labourers in Modern India and Pakistan, Bombay 1952, S.48 ff.
[2] SRINIVAS, M.N.: India's Villages, a.a.O., S.7
[3] Nach einer Definition von MANDELBAUM, versteht man unter der indischen 'joint family' "...a set of men, related as fathers and sons, or brothers, together with their wifes and children. The several nuclear families thus grouped together from a single unit of consumers and often also a single producing unit. The property of all is held in common under the trusteeship of the senior male; every male child is entitled to a share of the joint family property".
MANDELBAUM,D.G.: Social Organisation and Planned Culture Change in: SRINIVAS, M.N.: India's Villages, a.a.O., S.15

Familie stehenden und mit autoritärer Führungsrolle bedachten männlichen Oberhaupt nicht nur bei der Verheiratung und den Konsumgewohnheiten (Alkohol, Nikotin), sondern auch bei der Berufswahl. Die heutigen Ausbruchsbemühungen der Söhne gehören als normale Konflikte in die traditionelle Familie hinein. Andererseits setzt sich der isolierte Einzelne, der sich dem Willen der Familie nicht beugt, der Gefahr aus, keine Verankerung in der Gesellschaft und im Arbeitsprozeß zu finden.

Damit wird deutlich, daß ein Berufswechsel oder Arbeitsplatzwechsel im ländlichen Indien dadurch eingeschränkt sein könnte, daß die einzelne Arbeitskraft in ein Netzwerk von sozialökonomischen Beziehungen verwoben ist, die teils institutionell (Kaste, Familie), teils personell (Dienstherr, Gläubiger, Familienoberhaupt) gestaltet sind.

Neben dieser institutionellen Einschränkung der beruflichen Freizügigkeit könnten auch sozialpsychologische Widerstände einen Berufswechsel erschweren, wie z.B. die emotionale Bindung an die traditions- und sittengeleitete Arbeitswelt und die Abneigung vor der mehr abstrakt rationalen industriellen Arbeitswelt mit all ihren Risiken, die nicht ausschließlich durch kurzfristig bessere Verdienstmöglichkeiten aufgewogen werden, die Ablehnung von manueller Arbeit innerhalb eines bestimmten sozialen Milieus[1] usw.

Die beharrende Haltung der Dorfbevölkerung in traditionellen Beschäftigungen und damit die berufliche Immobilität könnte daneben aber auch durch folgende Faktoren bedingt sein:

---

[1] "The fact is that in India there is an age-old feeling that manual labour, physical work, is degrading; wherever possible, such work should be left to the lowly, to inferior persons. In the village there is one sure sign by which successful cultivators tend to show that their economic condition is improving and that they now wish to raise their social standing: they, and the members of their families, stop doing the field work; instead, they engage others to do it for them, or they give the land out to tenants or cropsharers". Vgl. THORNER, Daniel and Alice: Land and Labour in India, London 1962, S. 6.

durch ungenügende Ausbildung, fehlendes technisches Verständnis und Organisationsvermögen, geringe Arbeitsausdauer, Armut, Selbstgenügsamkeit und Mangel an sozialen Kontaktmöglichkeiten in der neuen Arbeitswelt.

Diese Kennzeichen weitgehender Immobilität des Produktionsfaktoreinsatzes im Produktionsprozeß führten zu der Annahme, daß der fortschrittliche Sektor und der zurückgebliebene **wachstumsfeindliche Sektor weitgehend isoliert nebeneinanderstehen**[1]. Man spricht von dem dualen Charakter solcher Volkswirtschaften und bringt damit zum Ausdruck, daß der Produktionsprozeß in einem der Sektoren, nämlich in der Landwirtschaft, weniger durch ökonomische Faktoren als vielmehr durch soziale Normen bestimmt ist[2]. Daraus ergeben sich Folgerungen hinsichtlich der institutionellen Organisation des traditionellen Agrarbereichs, in dem solche Betriebsformen vorherrschen, für die das Grenzproduktivitätsprinzip beim Arbeitskräfteeinsatz nicht gilt[3]. Daraus wird aber auch der Schluß gezogen, daß der ökonomische Ausgleichsmechanismus der Faktorpreise zwischen dem landwirtschaftlichen und außerlandwirtschaftlichen Sektor nur unvollständig wirksam sein könne. Das gelte insbesondere

---

[1] Vgl. BHATTACHARJEE, J.P.: Agricultural Economics and the Agriculturist, in: Indian Journal of Agricultural Economics, Vol. XXI, Nr.1, S.11-13; so sagt auch BARBER, die traditionelle Landwirtschaft habe "an independent and autonomous status which Lewis choice of terms obscures. Traditional agriculture is an economy in its own right not just a segment of a larger whole". Vgl. BARBER, W.A.: Disguised unemployment in underdeveloped countries, in Oxford Economic Papers 1961, Bd.13, S.107.

[2] Zum Begriff des Dualismus vgl. die Darstellung bei BOEKE, J. H.: Economics and Economic Policy of Dual Societies, New York 1953 und JOCHIMSEN, R.: Theorie der Infrastruktur-Grundlagen der marktwirtschaftlichen Entwicklung, Tübingen 1966, S. 79-85; als kritische Anmerkung zur Verwendung dieses Begriffs in der Wirtschaftswissenschaft vgl. HIGGINS, B.: The Dualistic Theory of Underdeveloped Areas, Economic Development and Cultural Change, Vol. 4, 1956, S. 99-115. Dagegen verwenden CHENERY, CLARK, MANDELBAUM, ROSENSTEIN-RODAN und SINGER den Begriff der "dual economy" uneingeschränkt.

[3] GEORGESCU-ROEGEN, N.: Economic Theory and Agrarian Economics in: "Oxford Economic Papers, Vol. 12, 1960, S.1-40.

für den intersektoralen Austausch von Arbeitskräften.
Mit den verstärkten Anstrengungen zur Industrialisierung
und zur Beschleunigung des wirtschaftlichen Wachstums stellt
sich in erster Linie die Aufgabe "of transforming the environment and the working and living habits of a large
proportion of the people from life on the farm and in small
artisan and trading communities to life in factories and
urban areas"[1]. Nach Auffassung von K.SCHILLER gibt es zwei
Möglichkeiten, um das für den Übergang von einer agrarischen in eine industrielle Arbeitswelt erforderliche Entwicklungsverhalten der Bevölkerung zu beeinflussen. Einmal
meint er, die "sofortige radikale Transformation der gesamten Gesellschaft, die Zertrümmerung aller Schichtungen,
Abhängigkeiten und Werte, die Umschmelzung der Bevölkerung
in ein industrielles Arbeitsheer"[2]. Diesem chinesischen
Weg stellt er den indischen gegenüber. Dieser bestehe in
einer schrittweisen Auflösung des Dualismus, bei dem sich
der Übergang in eine industrielle Arbeitswelt aus den überkommenen Bindungen und Verhaltensweisen allmählich ergibt
und vergrößert.

<u>Das Ziel dieser Untersuchung besteht darin, anhand einzelner Fallstudien zu klären, ob sich mit der Schaffung außerlandwirtschaftlicher Erwerbsmöglichkeiten im Zuge der Industrialisierung eine Herauslösung von Arbeitskräften aus ihren bisherigen ländlichen bzw. landwirtschaftlichen Arbeitsverhältnissen bewerkstelligen läßt und welche sozialökonomischen Faktoren dabei von Bedeutung sind.</u>
Aus der Interpretation der indischen Erwerbstätigenstatistiken für die zurückliegenden Jahre ließen sich keine Hinweise dafür ableiten, daß es bisher gelungen ist, den
Dualismus zu überwinden und die landwirtschaftlichen und

---

1) PUNEKAR, S.D.: Labour in Asia, in: United Asia, Special Number on Labour in Asia, Vol. 12, No.3, 1960, S. 197.
2) SCHILLER, K.: Zur Wachstumsproblematik der Entwicklungsländer, Kieler Vorträge, N.F. 15, Kiel 1960, S. 12.

ländlichen Arbeitskräfte auf außerlandwirtschaftliche Erwerbsmöglichkeiten hinzulenken. Die verallgemeinernde Darstellung der Mängel in der institutionellen Umwelt sowie die veränderungsfeindlichen Verhaltensweisen als begrenzende Faktoren des Berufswandels auf dem Lande deuten zwar darauf hin, daß die Modellbetrachtungen von LEWIS und FEI - RANIS für die indische Wirtschaftspolitik auch deshalb ungeeignet sind, weil sie von der vollständigen beruflichen Mobilität der ländlichen Arbeitskräfte ausgehen. Diese sowohl durch quantitative als auch durch qualitative Merkmale bedingte relative Starrheit der ländlichen Berufsstruktur soll als Arbeitshypothese zugrunde gelegt werden, die im weiteren an empirischen Beispielen getestet werden soll. Es kommt hierbei darauf an zu zeigen, <u>welche Auswirkung der Aufbau von Kleinindustrien an zentralen Orten (Klein-bzw.Distriktstädte) in ländlichen Räumen auf die Mobilität der ländlichen Arbeitskraft und damit auf die ländliche Berufsstruktur hat.</u> Für diese Begrenzung des Themas sprechen zwei Gründe. Einmal waren die Industrialisierungsbemühungen in der Großindustrie nur auf wenige Zentren gerichtet und stagnierten andererseits im Bereich der Dorf- und Heimindustrie, so daß man von beiden Maßnahmen keine Schaffung permanenter Arbeitsplätze für die breite Masse der ländlichen Arbeitskräfte in größerem Umfang erwarten konnte. Dagegen ist von Interesse, welchen Beitrag die arbeitsintensive Kleinindustrie zur Verminderung des ländlichen Beschäftigungsproblems leistet, da dieser Industriezweig weitgehend aus der traditionellen Dorfindustrie hervorgegangen ist und zum Teil auf das Reservoir von gelernten Arbeitskräften aus der ländlichen Umgebung zurückgreifen konnte.

D. Inhaltliche Abgrenzung der Untersuchung, Auswahl der Gemeinden und Untersuchungsmethode

Mit der Veränderung der Wirtschaftsstruktur eines ländlichen Raumes im Zuge der Industrialisierung ist im allgemeinen auch eine Veränderung der erwerbswirtschaftlichen Orientierung seiner Bevölkerung verbunden. Zur ökonomischen Kennzeichnung des erwerbstätigen Teils der Bevölkerung einer ländlichen Gemeinde wird im allgemeinen die Berufsstruktur herangezogen.

Inhaltliche Abgrenzung und Definitionen

Unter Beruf werden diejenigen Arbeitsfertigkeiten verstanden, die zur Ausübung einer auf Erwerb gerichteten produktiven Beschäftigung erforderlich sind[1]. Zur beruflichen Klassifizierung werden die Erwerbstätigen den Wirtschaftsbereichen zugeordnet, in denen die Tätigkeit erfolgt. (vgl. S. 139). Übt eine Person mehrere, von einander abgrenzbare Tätigkeiten aus (z.B. selbständige Landbewirtschaftung und unselbständige Landarbeit oder Fabrikarbeit) dann gilt diejenige als Hauptberuf, aus der der Erwerbstätige in der Berichtsperiode den größten Teil seines Einkommens erzielt hat[2]. Der Begriff Berufsstruktur als Aufteilung des produktiv beschäftigten bzw. berufstätigen Teils der Bevölkerung nach Wirtschaftsbereichen ist nicht mit dem Begriff der Erwerbsstruktur identisch, da bei letzterer auch solche Personen miterfaßt werden, die nur Pacht-, Zins-, Miet- oder sonstige Einkommen beziehen, ohne daß eine Beschäftigung vorliegt.

Bei der Erfassung der Berufsstruktur konnten nur männliche Erwerbspersonen im Alter von 15 und mehr Jahren berücksichtigt werden, die innerhalb der Berichtzeit von April 1963 bis Mai 1964 eine Tätigkeit ausgeübt haben. Die Dauer der Tätig-

---

1) Vgl. dazu die Abgrenzung der Begriffe Beruf, Beschäftigung und Haupterwerb bei PETROW, A.J.: Grundriss der Wirtschaftsstatistik, Berlin 1954, S. 51.
2) Die in einer Periode in verschiedenen Beschäftigungsrichtungen geleisteten Arbeitsstunden eignen sich deshalb nicht als Zuteilungskriterium bei alternativ ausgeübten Tätigkeiten, weil über die während eines Jahres aufgewandte Arbeitszeit noch weniger präzise Vorstellungen vorhanden sind als über die erzielten Einkommenshöhen.

keit wurde nicht berücksichtigt. Arbeitswillige Arbeitslose - mit Ausnahme solcher mit physischen Gebrechen - wurden bei der Erhebung nicht angetroffen. Schüler und Studenten über 15 Jahre wurden ohne Rücksicht auf ihre gelegentliche Mithilfe als nicht berufstätig klassifiziert.

Diese Begrenzung der Untersuchungsaufgabe wurde deshalb notwendig, weil es für einen Fremden, der mit den ländlichen Verhältnissen Indiens nicht vertraut ist, sehr schwierig ist, Art und Umfang der Erwerbstätigkeit von Frauen und Kindern genau zu erfassen. Dies hängt einmal mit der subsistenzwirtschaftlichen Orientierung und dem hauswirtschaftlichen Charakter der landwirtschaftlichen Produktionseinheiten zusammen, in denen Haushaltsführung und Arbeit im Betrieb weitgehend miteinander verschmolzen sind[1]. Zum anderen müßte bei der Erfassung der Frauenarbeit in den ausgewählten Regionen eine psychologische Barriere durchbrochen werden. Bei den traditionellen Landbewirtschaftungskasten (JAAT) wird nämlich das Sozialprestige eines Mannes und seiner Familie vor allem danach bemessen, ob seine Frau Arbeiten außerhalb des Hauses verrichtet oder nicht. Bei den erfaßten mohammedanischen Bevölkerungskreisen gilt es grundsätzlich als unschicklich, daß Frauen außerhalb des Hauses einer Arbeit nachgehen.

Zur Erfassung der produktiven Beiträge von Frauen und Kindern wurde deshalb der <u>Haushalt</u> als ökonomische Einheit in den Vordergrund gestellt, in dem die Verdienste aller Mitglieder zusammenfließen und zur Bestreitung des Lebensunterhalts aller Mitglieder - mithelfender und nicht mithelfender - verausgabt werden. Unter <u>Haushalt</u> wird eine Gruppe von Personen verstanden, die in einer Wohneinheit zusammenwohnen

---

[1] So heißt es im Lewis-Report von 1911: "It is very difficult to say, at what particular point the line is to be drawn. Is a woman to be regarded as worker because she husks the rice eaten by her family, or weaves cloth to be so regarded because he occasionally looks after his father's cattle and assists in minor agricultural operations, such as weeding?"
Vgl. CENSUS OF INDIA 1911, ALL INDIA REPORT, S. 526.

und aus einem gemeinsamen Haushaltsbudget mitversorgt werden. Daneben werden aber auch alle diejenigen Personen zu einem Haushalt gerechnet, die vorübergehend abwesend sind, aber regelmäßig zum Haushaltsbudget in Form von Einkommenszuwendungen beitragen. Damit werden vor allem auch diejenigen Mitglieder der Familie eingeschlossen, die aus beruflichen Gründen nicht unmittelbar der Wohngemeinschaft "Haushalt" im Dorf angehören, aber durch Einkommenstransfer mit ihm verbunden sind.

Mit der Erfassung der <u>Erwerbsstruktur der Haushalte</u> läßt sich verdeutlichen, wie sich im Zuge der Industrialisierung ländlicher Räume die Zusammensetzung der Einkommensquellen verändert, aus denen ländliche Haushalte ihren überwiegenden Lebensunterhalt bestreiten.

<u>Auswahl der Gemeinden</u>

Die Darstellung der Veränderung der Berufsstruktur macht eine Querschnittsbetrachtung erforderlich, weil ein Zeitvergleich nicht möglich war. Diese könnte darin bestehen, innerhalb einer Gemeinde die gegenwärtige Berufsstruktur mit derjenigen zu vergleichen, die vor Einsetzen des Industrialisierungsprozesses gegeben war. Es stehen aber in den beiden Bundesstaaten weder aus der amtlichen Statistik (mit Ausnahme der Bevölkerungszahlen des CENSUS) noch aus einzelnen sozialökonomischen Dorferhebungen früherer Jahre detaillierte Angaben zur Verfügung, die einen intertemporalen Vergleich der Berufsstruktur innerhalb einer Gemeinde ermöglichen. Der Versuch, die Berufsstruktur einer Gemeinde zu einem, in die Vorstellungswelt der Dorfbewohner zurückrufbaren Zeitpunkt (z. B. Tag der Erlangung der indischen Unabhängigkeit, Tod von GANDHI) zu erfassen, ermöglichte nur eine Wiedergabe der damals ausgeübten Berufe ohne die Häufigkeit ihres Auftretens (vgl. S. 115). Bei dieser Untersuchung wurde deshalb ein Vergleich der gegenwärtigen Berufsstrukturen verschiedener Gemeinden in der Vordergrund gestellt, die vom Industrialisierungsprozeß unterschiedlich erfaßt wurden. Hierbei wurde von der Hypothese ausgegangen, daß die Nähe

zu einem städtischen Industriezentrum die Stärke des
Industrialisierungs- und Urbanisierungseinflußes bestimmen
würde. Aus diesem Grunde wurden im Untersuchungsgebiet des
PUNJAB 4 Gemeinden mit unterschiedlicher Entfernung zum
Industriezentrum LUDHIANA ausgewählt. Damit sollte getestet
werden, ob sich mit der nach Gemeinden getrennten Darstellung der Berufstruktur ein bestimmter Entwicklungsverlauf der ländlichen Berufsstruktur unter Industrieeinfluß
ergibt. Die Gemeinden wurden mit Unterstützung der Land-
wirtschaftsbeamten der Community Development Behörde in
LUDHIANA und BIJPURI (AGRA) so ausgewählt, daß sie hinsichtlich ihrer Infrastruktur, ihrer sozialökonomischen (einschließlich ethnischen) Struktur und der natürlichen Ertrags-
fähigkeit des Bodens gleichartige Verhältnisse aufwiesen.
Dasselbe gilt auch für die beiden benachbarten Untersuchungsgemeinden im AGRA-District (UTTAR PRADESH), die ausgewählt
wurden, um die Auswirkung der Industrialisierung in zwei
Nachbargemeinden mit gleicher Entfernung zum Industriezentrum zu zeigen.

Untersuchungsmethode

Zum Verständnis des weiteren methodischen Vorgehens sollte
man folgende Schwierigkeiten berücksichtigen:

1) Dem Verfasser standen nur ein beschränkter materieller
   und zeitlicher Aufwand (ein halbes Jahr, das später um
   ein weiteres Halbjahr ergänzt wurde) zur Verfügung.
2) Der Verfasser hatte keinerlei Erfahrung in der empirischen Sozialforschung.
3) Der Verfasser besaß keinerlei Einblicke in die sozialökonomischen Gegebenheiten der beiden Untersuchungsge-
   biete und verfügte nur über geringe allgemeine Landes-
   kenntnisse.
4) Der Verfasser konnte die Sprache der Dorfbevölkerung
   zunächst nicht verstehen.

Die Untersuchung wurde in das Partnerschaftsforschungsprogramm eingefügt, das der Direktor des Südasien-

Institutes, Prof. O. Schiller, mit dem Institute of Economic Growth der Universität Delhi in Gang gebracht hatte[1]. Damit war es möglich, an die Erfahrungen anzuknüpfen, die dieses Institut und das benachbarte Agro Economic Research Centre bei empirischen Dorfuntersuchungen gemacht hatten. Auf diese Weise war es möglich, in ständigem Kontakt mit Kennern der ländlichen Wirtschafts- und Sozialverhältnisse die Fragestellungen, Forschungsansätze und Hypothesen zu präzisieren und die Fragebogen für die Formalbefragung auszuarbeiten. Der Verfasser hatte mit dem vom Institute of Economic Growth zur Verfügung gestellten Dolmetscher einen ausgebildeten und mit den dörflichen Verhältnissen sehr vertrauten Interviewer, dessen aufrichtige Kooperationsbereitschaft für die Durchführung der Untersuchung besonders wertvoll war:

1) Er war bereit, mit dem Verfasser auch längere Zeit im Dorf zu wohnen.

2) Er stellte über die bestehenden Verbindungen des Verfassers zu der landwirtschaftlichen Universität in LUDHIANA (PUNJAB) und dem AGRICULTURAL COLLEGE BIJPURI (AGRA) Kontakte mit angesehenen Männern im Dorf her und vermittelte auf diese Weise - ohne Einschaltung politischer Instanzen - eine Einladung ins Dorf.

3) Er verstand es, das anfänglich verschiedenartig motivierte Mißtrauen der Dorfbevölkerung auszuräumen und das ausschließlich wissenschaftliche Interesse an solchen Dorfuntersuchungen verständlich zu machen.

4) Er vermittelte dem Verfasser den Kontakt mit allen Bevölkerungsschichten und sicherte ihm die Achtung der Dorfbevölkerung.

5) Er scheute keine Mühe, den Verfasser in den Tagesablauf der Dorfbevölkerung einzuführen, ihn zu den Wohnstätten,

---

[1] SCHILLER, O.: Die Feldforschung in Entwicklungsländern - ihre Möglichkeiten und Probleme, in: Jahrbuch des Südasien-Institutes der Universität Heidelberg 1966, Wiesbaden 1967, S.145

auf die Felder und auf den BAZAR zu begleiten und bis spät in die Nacht für informelle Gespräche und Gruppendiskussionen zur Verfügung zu stehen.

6) Er war bemüht, als Dolmetscher die gestellten Fragen und die gegebenen Antworten ohne Informationsverlust wiederzugeben, was hohe Anforderungen an die Geduld - und an die den Asiaten eigene Höflichkeit - stellte.

Die untersuchten Dörfer waren relativ klein und überschaubar. Ihre sozialökonomische Struktur wurde nur insofern erfaßt, als sie für das Verständnis des vorhandenen sozialen Systems und der Form und Ausgestaltung der arbeitsteiligen Beziehungen notwendig waren.

Die angewandte Erhebungs- und Datenbeschaffungstechnik folgte weitgehend dem von KUHNEN vorgezeichneten Weg[1]. Hierbei stellten - nach der Reihenfolge ihrer Bedeutung - die Gruppendiskussion, die informellen Gespräche, die eigentliche Formalbefragung und schließlich die täglichen Beobachtungen die wichtigsten Informationsmöglichkeiten dar. Die informellen Gespräche und die teilnehmende Beobachtung wurde vor allem bei der breit angelegten Fallstudie in der industriefernen Agrargemeinde SAKRALI angewandt, um die Details der traditionellen Arbeitsverfassung zu erfassen.

Während einer zweimonatigen Erhebungszeit wurden in dieser Gemeinde alle Haushalte in eine Formalbefragung einbezogen. In den restlichen Gemeinden wurden - in Zusammenarbeit mit des Kastenältesten und Gemeinderatsmitgliedern - für jede Kaste die Haushalte nach ihrem überwiegenden Lebensunterhalt in eine Haushaltsliste aufgenommen. Davon wurden dann jeweils ein Drittel der Haushalte ausgewählt und in die Formalbefragung einbezogen. Auf diese Weise wurden in den 6 Gemeinden 721 Haushalte erfaßt, davon wurden 276 Haushalte

---

1) KUHNEN, F.: Landwirtschaft und anfängliche Industrialisierung, Sozialökonomische Untersuchung in 5 pakistanischen Dörfern, Göttingen 1965, unveröffentlichtes Manuskript, S. 18

mit insgesamt 573 männlichen Erwerbspersonen direkt befragt.
Die Erhebung in den einzelnen Gemeinden fand in folgenden
Monaten statt:

Gemeinde	Primärerhebung	Nacherhebung
DUGRI	Febr. 1964	Januar 1965
JHAMAT	Jan.auf Febr.1964	Januar 1965
PANGLIAN	Febr.auf März 1964	Januar 1965
SAKRALI	Dezember 1963 März,April 1964	Februar 1965
SUNARI	Januar 1964	Dezember 1965
JOGUPURA	Januar 1964	Dezember 1965

Damit sollte zusammenfassend auf folgende Begrenzungen
des Aussagewertes dieser Studie hingewiesen werden:

1) Weder bei der Auswahl der Untersuchungsregion noch bei
   der Auswahl der Dörfer wurden statistische Auswahlverfahren zugrunde gelegt. Der dargestellte Entwicklungsverlauf der Berufsstruktur im Zuge der Industrialisierung
   ist also weder für eine größere Region noch für Gesamtindien repräsentativ.

2) Die Ergebnisse dieser Fallstudie entstammen einer geschichteten Stichprobe (n=1/3), bei der die Haushalte
   nach ihrer Kastenzugehörigkeit gruppiert wurden. Nur
   die Gesamtergebnisse aus SAKRALI und die dargestellte
   Erwerbsstruktur der Haushalte sind das Ergebnis einer
   Gesamterhebung.

3) Trotz der Überprüfung der Antworten bei den Formalbefragungen durch Kontrollfragen müssen Konzessionen an
   die Exaktheit der Daten gemacht werden, die aus dem begrenzten Erinnerungsvermögen und der Vorstellungskraft
   der Befragten, dem vereinzelt aufgespürten bewußten Verschweigen von Fakten und den teilweise angewandten
   Schätzverfahren resultieren.

Teil II Sozialökonomische Struktur der Untersuchungsgemeinden: Der empirische Befund

    A. Lage der Gemeinden im Wirtschaftsraum

Die Untersuchungsgemeinden in den beiden Distrikten LUDHIANA (PUNJAB) und AGRA (UTTAR PRADESH) liegen an den südlichen Ausläufern des engen und fruchtbaren Gürtels, der sich im Nordosten des PUNJAB von den Himalayabergen hin zur Gangesebene erstreckt. Der LUDHIANA-Distrikt wird im Norden von dem SUTLEY-Fluß und im Westen von dem PATIALA-Distrikt begrenzt. Der Distrikt AGRA (U.P.) grenzt unmittelbar an das südlichste Randgebiet des PUNJAB an und wird von dem YAMUNA-Fluß durchzogen. Beide Regionen haben sehr günstige landwirtschaftliche Ertragsvoraussetzungen. In einer vergleichenden Standortanalyse wurde das Untersuchungsgebiet wegen seiner überdurchschnittlich guten natürlichen Ertragsvoraussetzungen für die landwirtschaftliche Produktion als "high productivity region" klassifiziert[1]. Das ist vor allem einer günstigen durchschnittlichen Regenmenge von über 1 m (einschließlich Winterregen in den Monaten Dezember bis Februar) und dem ausgedehnten Kanalsystem zur künstlichen Bewässerung zuzuschreiben, das durch die Schmelzwasser des Himalayas gespeist wird.

Die ausgewählten Gemeinden weisen gegenüber den beiden Industriestandorten LUDHIANA (1961 etwa 244 000 Einwohner) und AGRA (1961 etwa 508 000 Einwohner)[2] folgende Lage und Verkehrsverbindungen auf (vgl. Tabelle 1):

---

[1] National Council of Applied Economic Research: Techno-Economic Survey of Punjab, New Delhi 1962, S.13
[2] Census of India, 1961 Census, Paper No. 1 of 1962, S.225 und 236.

TAB. 1   *Lage der Untersuchungsgemeinden im Wirtschaftsraum*

Name des Dorfes	Zum Industriestandort auf befestigter Strasse (Pucca Road)		Zu befestigter Strasse in km	zur Bushalte-stelle in km	zum Markt (Mandi) in km	zum Dorfentwicklungsprogramm Zentrum(Community Development Program-Block Office) unter Beratungs-dienst(Extension Service) seit
	Industriestand-ort	Entfernung in km				
DUGRI	LUDHIANA (Punjab)	2	1	2	3	1955
JHAMAT	"	11	0,5	5	11	1959
PANGLIAN	"	19	0,5	0,5	8	1960
SAKRALI	"	60	0,5	0,5	3	1957
SUNARI	AGRA	10	1,5	1,5	10	1959
JOGUPURA	(Uttar Pradesh)	11	2,0	2,0	11	1959
						2,5

Daraus wird deutlich, daß in allen Dörfern günstige Transportmöglichkeiten und ein Zugang zu öffentlichen Verkehrsmitteln gegeben ist, auch wenn keine der Gemeinden unmittelbar an einer Hauptverkehrsstraße liegt. Die Gemeinden haben weiterhin miteinander gemeinsam, daß sie alle in das Dorfentwicklungsprogramm einbezogen sind, mit modernen landwirtschaftlichen Produktionsmitteln (Saatgut, Düngemittel, Pflanzenschutzmittel usw.) versorgt werden und eine funktionierende Dorfverwaltung und eine dörfliche Kredit- bzw. Dienstleistungsgenossenschaft besitzen. Keines der Dörfer ist elektrifiziert. Daneben weisen die einzelnen Gemeinden folgende Besonderheiten auf:

DUGRI: liegt als einzige Gemeinde im unmittelbaren Urbanisierungs- und Industrialisierungssog von LUDHIANA. Ein Teil der landwirtschaftlichen Fläche wurde von ihren Eigentümern zur Lehm- und Sandausbeute an eine Ziegelei gegen eine jährlich zu zahlende Entschädigungssumme übertragen. Unter dem Einfluß des industriellen Fortschritts in LUDHIANA gründeten Dorfbewohner einzelne Handwerks- und Fertigungsbetriebe in- und außerhalb des Dorfes, ebenso eine Getreide- und Ölmühle. Die landwirtschaftliche Produktion wurde nach erfolgter Flurbereinigung und unter Anwendung moderner Produktionsmittel und -techniken erheblich gesteigert.

JHAMAT: gilt ebenso als ein landwirtschaftlich progressives Dorf. Dies ist auf den Fortschrittswillen einzelner, aus Pakistan geflohener Flüchtlingsbauern und auf die Demonstrationswirkung des in Dorfnähe gelegenen Mustergutes der landwirtschaftlichen Universität LUDHIANA zurückzuführen. In diesem Dorf mit seinen vergleichsweise größeren Betrieben werden neben modernen Produktionsmethoden auch Traktoren (1964 insgesamt 5) für die landwirtschaftliche Produktion verwendet. Der von einer Weber-Großfamilie gebildete genossenschaftliche Zusammenschluß zum Betrieb einer Weberei im Dorf war trotz staatlicher Unterstützung wegen Absatzschwierigkeiten erfolglos.

PANGLIAN: verfügt über eine relativ geringe landwirtschaftliche Nutzfläche, deren Ertrag durch Überflutung z.T. beeinträchtigt wird. In diesem Dorf fanden wegen der beherrschenden Stellung eines konservativen Landlords und Geldverleihers, der mit den Pacht- und Zinserträgen

Mietwohnungen in LUDHIANA errichtet hat, fortschrittliche Maßnahmen zur Steigerung der landwirtschaftlichen Produktion erst sehr spät (1960) Eingang.

SAKRALI: ist die industriefernste Gemeinde, die aber nur 2 Meilen von dem Marktflecken BHADSON entfernt liegt, wo seit 1962 Bemühungen zur Ansiedlung von Kleinindustrie im Gange sind. Die 17 km entfernt liegende Kleinstadt NABHA gilt als Umschlagplatz für Baumwolle, daneben gibt es dort 3 Spinnereien. In der Gemeinde selbst gibt es weder einen modernen Handwerks- noch einen Kleinindustriebetrieb. Mit der Urbarmachung von 74 ha Land im Jahre 1954 wurde eine Phase der Intensivierung der landwirtschaftlichen Produktion eingeleitet. Diese wurde ermöglicht durch Ausdehnung der Kanalbewässerung, Erstellung zusätzlicher Rohrbrunnen, Verwendung verbesserter Betriebsmittel einschließlich Düngemittel und Traktoreinsatz durch ein benachbartes Lohnunternehmen.

SUNARI: liegt im AGRA-Distrikt und zwar etwa 4 km von dem Versuchsgut des Agricultural College BIJPURI entfernt. Die Bauern dieser Gemeinde haben aus dem Versuchsgut den Gemüseanbau übernommen und beziehen von dort Weizensaatgut (P. 591) und Zuckerrohrsetzlinge. Die landwirtschaftliche Produktionstechnik ist in dieser Region wie auch im Dorf trotz Kanalbewässerung relativ unterentwickelt (Persische Schöpfräder anstelle von Rohrbrunnen, keine Eisenpflüge, usw.). Eine Ziegelei in unmittelbarer Nähe des Dorfes bietet saisonweise etwa 20 Arbeitern zusätzliche Erwerbsmöglichkeiten.

JOGUPURA: ist die Nachbargemeinde von SUNARI und wie diese von der Hauptstraße aus über einen breiten Feldweg zu erreichen. In dieser Gemeinde wohnen relativ mehr Angehörige der traditionellen Schuhmacherkaste, von denen einige während arbeitsruhiger Zeiten im Dorf eine Beschäftigung in der Schuhindustrie in AGRA suchen. Wegen schlechter Erfahrung mit "verbessertem" Saatgut werden die traditionellen Produktionsmethoden in der Landwirtschaft nur zögernd aufgegeben.

B. Bevölkerungsentwicklung, Landausstattung und Bodennutzung

Die für den gesamtindischen Subkontinent beobachtete Bevölkerungsentwicklung zeichnet sich auch in den einzelnen

Untersuchungsgemeinden ab. Die personelle Überbesetzung der Dörfer nahm zu, wenn man darunter das ungünstige Verhältnis von Dorfbevölkerung zur Größe der landwirtschaftlichen Nutzfläche[1] einer Gemeinde versteht. Der Aufbau der Bewässerungssysteme und andere technische Maßnahmen (Drainage usw.) haben aber in den Untersuchungsgemeinden zu einer Ausweitung des bewirtschafteten Landes in der Weise geführt, daß ein mehrmaliger Anbau ermöglicht wurde. Aus diesem Grunde wurde die Bevölkerung zu der Größe des tatsächlich in einem Jahr bebauten Ackerlandes, d.h. der BRUTTOANBAUFLÄCHE (total cropped area) in Beziehung gesetzt. Im Gegensatz dazu soll unter NETTOANBAUFLÄCHE (net area sown) das landwirtschaftlich genutzte Land einschließlich Brache verstanden werden, auf dem der mehrmalige Anbau auf ein und derselben Fläche innerhalb eines Jahres unberücksichtigt bleibt.

Danach ergibt sich in den einzelnen Gemeinden folgendes Bild von der Zunahme der Bevölkerung und der Bodenverfügbarkeit (vgl. Tab. 2):

TAB. 2 Bevölkerungsentwicklung in den einzelnen Gemeinden (1951 - 1964) und Landausstattung

Gemeinden	Bevölkerung 1951	Bevölkerung 1964[3]	% Veränderung	Bruttoanbaufläche in ha pro Kopf der Bevölkerung 1963/64
DUGRI	1113 [1]	1316	18,2	0,20
JHAMAT	450 [1]	536	19,1	0,28
PANGLIAN	418 [1]	481	15,1	0,19
SAKRALI	573 [1]	678	18,3	0,35
SUNARI	482 [2]	570	18,3	0,28
JOGUPURA	702 [2]	862	22,8	0,24

Quellen: (1) Census of India 1951, Distrikt Census Handbook: LUDHIANA DISTRICT, 1958, S. 261, 263, 268.
(2) Auskunft des PRADHAN (Dorfvorstehers)
(3) eigene Erhebungen

Hierbei fällt auf, daß die Bevölkerungswachstumsrate in den einzelnen Gemeinden ohne Rücksicht auf ihre Lage nur geringfügige Abweichungen aufweist. Die Bevölkerungszunahme ist aber offensichtlich in der Gemeinde mit der niedrigsten Landausstattung am geringsten.

In allen Gemeinden wurde übereinstimmend die Erweiterung der Bewässerungsmöglichkeiten durch Rohrbrunnen- und Kanalbau für die beträchtliche Steigerung der landwirtschaftlichen Produktion und der Hektarerträge verantwortliche gemacht. Erst an zweiter Stelle werden Düngemittelverwendung, verbessertes Saatgut bzw. verbesserte Anbauverfahren (z.B. Aussaat in Reihen) genannt. Dies hat zu einer Ausdehnung der Produktion außerhalb der Hauptregenzeit und zwar in der RABI-Anbausaison geführt, in der ohne künstliche Bewässerung nur Trockenfeldbau mit niedrigen Erträgen möglich war.[1]

Die Bedeutung der Bewässerung und damit der Anbauintensität[2] in den einzelnen Gemeinden wird aus folgender Gegen-

---

Fußnote von S.42:

1) Unter landwirtschaftlicher Nutzfläche (LN) wird neben dem Acker-, Garten- und Dauergrünland das Land mit Obstanlagen und sonstigem Sonderkulturanbau verstanden.

1) In der Untersuchungsregion unterscheidet man 2 Anbauperioden: RABI und KHARIF. Die RABI-Früchte werden im Herbst und im Winter gesät und im Frühjahr (Ende März, April) geerntet. Zu ihnen gehören in allen Gemeinden gleichermaßen: Weizen, Gerste, Gemüse (Kartoffeln, Erbsen, Zwiebeln) und Futter. Die KHARIF-Früchte werden dagegen im Frühsommer gesät und im Spätsommer und Herbst geerntet. Hierzu gehören Mais, Baumwolle, Zuckerrohr und Erdnüsse (meist Ganzjahresfrüchte), Hirse, Gemüse und Futter in den PUNJAB-Gemeinden und Hirse (BAJRA, JOWAR) und ARHAR (Ganzjahresfrucht), Baumwolle und Zuckerrohr in den U.P. Gemeinden.

2) Die Anbauintensität gilt als Maßstab für die Häufigkeit der jährlichen Nutzung des Ackerlandes; man versteht hierunter das Verhältnis der tatsächlich und mehr als einmal im Jahr angebauten Fläche (Bruttoanbaufläche) zur Ackerfläche mit Feldbrache (Nettoanbaufläche), multipliziert mit 100.

überstellung deutlich (vgl. Tab. 3):

TAB. 3 Die Gemarkung der einzelnen Gemeinden und ihre landwirtschaftliche Nutzung (1963/64)

Gemeinden	Nettoanbaufläche in % der Gesamtfläche des Dorfes	Bewässerte Fläche in % der Nettoanbaufläche	Anbauintensität
	(1)	(2)	(3)
DUGRI	79	62	169
JHAMAT	91	71	149
PANGLIAN	82	78	140
SAKRALI	92	84	152
SUNARI	87	68	144
JOGUPURA	76	64	125

Quelle : Angaben der PATWARI und eigene Erhebungen (SAKRALI)

Anmerk.: Die Abweichung zwischen Spalte (2) und (3) sind durch Überflutungen (water logging), Bodenversalzung usw. zu erklären.

Mit der Verbesserung der Bewässerungsmöglichkeiten ergab sich eine Substitution traditioneller Anbaufrüchte (Hirse) durch ertragsfähigere Anbaufrüchte (Weizen, Gerste, Gemüse). Gleichzeitig wurde nach Auskunft der Kastenältesten der Anbau von Futter und von Verkaufsfrüchten (Baumwolle, Erdnüsse, Zuckerrohr, Gemüse) gesteigert[1]. Die folgende

---

[1] In allen Gemeinden werden Nahrungsgetreide als auch Futter am Markt verkauft bzw. ein Teil der Verkaufsfrüchte dem eigenen Konsum zugeführt.

Tabelle zeigt summarisch die Anbauverhältnisse in den einzelnen Gemeinden (vgl. Tabelle 4):

TAB. 4 Anbauverhältnisse in den einzelnen Gemeinden (1963/64)

Gemeinden	in % der Bruttoanbaufläche		
	Nahrungsgetreide (Foodgrains)	Verkaufsfrüchte (Cash Crops)	Futter
DUGRI	70	8	22
JHAMAT	65	15	20
PANGLIAN	75	12	13
SAKRALI	56	18	26
SUNARI	80	10	10
JOGUPURA	80	5	15

Quelle : Nach Schätzungen der PATWARIS und eigene Erhebungen (SAKRALI)

Nahrungsgetreide stellen demnach die Hauptprodukte des Anbaus dar und zwar Weizen in Gemeinden mit günstigen und Hirse in den Gemeinden mit weniger günstigen Bewässerungsmöglichkeiten. Der relativ hohe Anteil des Futteranbaus in den PUNJAB-Gemeinden deutet auf eine größere Bedeutung der Viehzucht hin. Die Erfassung der Hektarerträge der wichtigsten Anbaufrüchte ergab innerhalb der Gemeinden stärkere Schwankungen als zwischen den einzelnen Gemeinden.

C. Erwerbsgrundlagen der dörflichen Bevölkerung und traditionelle Berufsstruktur

Die gegenwärtigen Produktions-und Arbeitsverhältnisse in den Untersuchungsgemeinden sind einmal das Ergebnis der institutionellen Ordnung der Rechte am Boden und den sich daraus ergebenden Bodenbesitz- und Bodenbewirtschaftungsverhältnissen. Daneben sind sie das Ergebnis einer traditionellen dörflichen Sozialordnung, die durch den Hinduismus geprägt wurde. Dieses Zusammenspiel zwischen Bodenbesitzverhältnissen und dörflicher Sozialordnung führte zur Herausbildung einer Berufsstruktur in den Gemeinden, die noch viele gemeinsame qualitative Merkmale aufweist und in der drei Berufsklassen herausragen: die selbständigen Landbewirtschafter, die Handwerker und Dienstleute und die Pächter und Landarbeiter.

I. *Die sozialökonomische Stellung der selbständigen Landbewirtschafter innerhalb des Dorfes*

1. Die Bedeutung des Landbesitzes

Nach Auskunft der Grundbuchbehörden in LUDHIANA und NABHA stellten sich die z. T. in der vorbritischen Zeit bestehenden Eigentumsrechte am Land in den Untersuchungsgemeinden gleichermaßen als "Eigentumsrecht"[1] des Vorstandes eines Familienverbandes oder einer noch größeren Körperschaft, nämlich eines Stammes, dar. Die in weiten Teilen des PUNJAB als Kolonisatoren und in den bereits bestehenden Gemeinden des AGRA-Distrikts (U.P.) möglicherweise als Eroberer auftretenden Stammesclans der JAAT galten als Eigentümer des Dorfes und seiner Gemarkung[2]. Zur Abgrenzung gegenüber den abhängigen Landbewirtschaftern, Handwerkern und Dienstleuten im Dorf werden sie im weiteren als <u>vollberechtigte Gemeindemitglieder</u> bezeichnet.

In den Untersuchungsgemeinden des AGRA-Distrikts wurde ein Teil des Verfügungsrechtes am Land als ökonomisches Privileg

---

1) Unter "Eigentum" sollte eine von unserem Eigentumsbegriff abweichende und durch ein sehr differenziertes Gewohnheitsrecht eingeschränkte Verfügungsmacht verstanden werden. Vgl. GUPTA, S. C.: Agrarian Relations and early British Rule in India, London 1963, S. 48.

2) Über die eigentliche Herkunft der JAAT herrschen noch gegenteilige Auffassungen vor. Nach Ansicht von CUNNINGHAM gehören die JAAT zu den ersten Indo-skythischen Eroberern, die etwa 200 Jahre v. Chr. in Nordindien einfielen. Andere Autoren halten den Teilstaat RAJASTHAN für das eigentliche Stammesgebiet der JAAT, die allmählich die nördlich angrenzenden Gebiete des heutigen PUNJAB in Kultur nahmen. Vgl.: RANDHAWA, M.S. and NATH, P.: Farmers of India Vol. I, Hrsg.: Ind. Council of Agricultural Research, New Delhi 1959, S. 98.

den BRAHMANEN eingeräumt, die mit der Wahrnehmung der Kultfunktionen im Dorf betraut waren. Das Zurückführen des Eigentumsrechts am Land auf die ursprüngliche Kolonisierung bzw. Eroberung oder auf die ständischen Vorrechte einer höheren priesterlichen Kaste ist für die Frage von Bedeutung, ob die vollberechtigten Gemeindemitglieder das Land selbst bewirtschaften oder ob sie die Bewirtschaftung Pächtern überlassen. Das Land der BRAHMANEN wurde noch vor der Bodenreform vorwiegend von Pächtern bewirtschaftet, da diese Kaste nicht selbst Hand an den Pflug legte. Dagegen bewirtschaften die JAAT in der Regel ihr Land unter Hinzuziehung von Fremdarbeitskräften selbst.

Im allgemeinen teilten die Nachkommen der JAAT die Dorfgemarkung einschließlich der Wohnplätze im Dorf in sogenannte PATTI auf. PATTI als soziale Einheit stellte den Teil der Grundeigentümer innerhalb des Dorfes dar, der von einem gemeinsamen Ahnherrn abstammte[1]. Dieser Ahnherr gehörte gleichzeitig zur Dorfgründerfamilie, die das Land durch Rodung in Besitz gebracht hatte[2]. Das Land wurde im ersten Erbgang zu gleichen Teilen unter den Söhnen aufgeteilt, deren Nachkommen jeweils ein PATTI bildeten[3]. Die Mitglieder eines PATTI sonderten dabei ihre in "Pflugeinheiten" gemessenen Ahnenteile zur individuellen Disposition aus. Diese in Nordindien weit verbreitete Dorfgemeinschaft wurde von BADEN-POWELL als "PATTIDARI"-Dorf bezeichnet[4].

Die Landbesitzverhältnisse in den Untersuchungsdörfern mit dominanter JAAT-Bevölkerung waren nach diesem PATTIDARI-Muster gestaltet, was z. B. in der Gemeinde SAKRALI noch zum Untersuchungszeitpunkt deutlich zu erkennen war:

Das Dorf SAKRALI wurde vor 200 Jahren von den JAAT der RATRON-GOTRA kolonisiert. Sie hatten dabei an den damaligen

---

1) INAYAT, ULLAH: Kaste, PATTI und Faktion im Leben eines PUNJAB-Dorfes, in: SOCIOLOGUS, 1958, H. 2, S. 174 ff. HUTTON spricht von exogamen, patrilinearen Gruppen, die man auch als GOTS bezeichnet. HUTTON, J.: Caste in India, a. a. O., S. 48-50.
2) Vgl. hierzu auch: BADEN-POWELL, H.B.: Origin and Growth of Village Communities in India, London 1899, S. 20.
3) Vgl. hierzu: MAINE, H. S.: Lectures on the early History of Institutions, London 1875, S. 77-82.
4) BADEN-POWELL, H. B.: Land System of British India, Vol. I, S. 159

Sikhregenten in dieser Region, S. DASSUNDHA SINGH, der dieses Gebiet im Jahre 1768 von den Mohammedanern erobert hatte, ein "NAZRANA" von 500.00 Rupien bezahlt. Die Arbeit des Rodens und die anschließende Bewirtschaftung des Landes wurde von den fünf Söhnen der Siedlerfamilie vorgenommen, die MANGAL, DANA, DAULU, MANNAN und BHAGU hießen. Im Jahre 1770 erfolgte die Separierung der Gründerfamilie und die Aufteilung der Dorfgemarkung in 5 PATTIs, die nach den Namen der Brüder benannt wurden. Als im Jahre 1823 der Vorstand des PATTI BHAGU kinderlos starb, wurde das Land seines PATTI auf die verbleibenden 4 PATTIs zu gleichen Teilen aufgeteilt. Bei der Felduntersuchung im Jahre 1963/64 wurde folgende Flouraufteilung festgestellt:

Die Aufteilung der Gemarkung von SAKRALI in PATTI (1963/64)

Name des PATTI	Zugehöriges Land in ha	Name des LAMBARDARs[1]	Eigenland des LAMBARDARS in ha
PATTI MANGAL	82,68	KIPRAL SINGH	33,75
" DANA	53,29	BALJIT "	9,72
" MANNAN	62,46	GURDYAL "	25,20
" DAULU	76,16	SURJIT "	31,23
	274,59		99,90

Bei den JAAT wird ein sozialer Unterschied zwischen Ackerbau und Viehhaltung gemacht. Als standesgemäß wird nur die Arbeit auf dem Feld empfunden, zu der aber auch Fremdarbeitskräfte herangezogen werden. Deshalb holten nicht nur die BRAHMANEN, sondern auch die JAAT-Mitglieder andere Bauern- und Schäferkasten zur Bewirtschaftung eines Teiles ihrer Felder und zur Beaufsichtigung des Viehs in das Dorf. Beispiele hierfür sind die Ansiedlungen von GADARIA, KHAYASTHA und DHANOK in den JAAT-Dörfern um AGRA. Diese Bauernkasten gelangten niemals in den Verband der vollfreien Gemeindemitglieder,

---

[1] LAMBARDAR ist eine von Mitgliedern eines PATTI bestimmte Person, die nach dem später eingeführten englischen Steuererfassungssystem für die Abführung der Grundsteuern eines PATTI verantwortlich war.

nahmen auch nicht an deren Rechten teil und mußten sich zunächst mit dem Status von Pächtern mit ungesicherten Besitzrechten abfinden. Nur zwei Familien erwarben sich durch Rodung oder Flußregulierung Eigenland.

Dieses Kollektiveigentum der vollberechtigten Gemeindemitglieder erstreckte sich nicht nur auf das Ackerland, sondern auch auf Ödland, Wiesen, Brachland, Wälder (SHAMLAT-LAND) und auf das Bauland im Dorf (ABADI-LAND). Daneben hatten sie das Recht auf einen Anteil an den überschüssigen Gemeindeeinnahmen, die sich in ihrer Gesamtheit aus dem Verkaufserlös für Beeren, Pflanzen, Holz und Gras von den Gemeindeländereien (SHAMLAT-LAND), den Abgaben der nicht vollberechtigten Gemeindemitglieder für das Weiden des Viehs auf den Gemeindewiesen usw. zusammensetzten. Diese privilegierte Stellung der vollberechtigten Gemeindemitglieder machte es auch verständlich, daß sie durch eine Beschränkung der Verfügungsmacht ihrer Mitglieder über das Land ängstlich darauf bedacht waren, daß kein Dorfland an Fremde verkauft wurde.

Die vollberechtigten Gemeindemitglieder waren andererseits verpflichtet, für die Bewirtschaftung des erblichen Landanteils Sorge zu tragen und die Grundsteuern pünktlich zu entrichten, wofür sie der Staat ursprünglich kollektiv verantwortlich machte[1]. Sie mußten ebenso für den Unterhalt der Dorfhandwerker und Dorfbediensteten aufkommen, deren heutige berufliche Stellung im Dorf noch weitgehend auf die gewohnheitsrechtlichen Beziehungen zu den vollberechtigten Gemeindemitgliedern in der vorbritischen Zeit zurückreichen. Diese Beziehungen haben sich in den Untersuchungsgemeinden des PUNJAB deshalb nicht sehr grundlegend gewandelt, weil die vollberechtigten Gemeindemitglieder trotz verschiedenartiger Beeinträchtigung ihrer Rechte am Land die wesentliche Kontrolle über diese Produktionsmittel und damit die dominierende Rolle im Dorf beibehielten.

---

1) Vgl. RATTIGAN, W. H.: A Digest of Customary Law in the PUNJAB 14th Ed., Allahabad 1966, S. 602 ff.

2) Der Einfluß der Bodenreform auf die Bodenbesitzverteilung und auf die Arbeitsverfassung

Die Grundsteuererhebung und die Kommerzialisierung der Landwirtschaft unter der britischen Herrschaft im 19.Jahrhundert führte in den Untersuchungsgemeinden des PUNJAB zu einer sozialen Differenzierung zwischen den vollberechtigten Gemeindemitgliedern, die sich bis heute erhalten hat. Dieser Prozeß begann mit der Schaffung neuer Ämter im Dorf, dem LAMBARDAR und dem PATWARI. Ein LAMBARDAR, von den Mitgliedern eines PATTI gewählt, regelte die anteiligen Steuerquoten der Teilhaber an den PATTI-Ländereien und die Abführung der Grundsteuern. Die Dorf-PATWARIs führten die Verzeichnisse über Landbesitz- und Landbewirtschaftungsverhältnisse und setzten die von den einzelnen Haushalten zu zahlende Steuerschuld fest. Auf Grund der ihnen eingeräumten Privilegien hoben sie sich ökonomisch vom Kreis der übrigen vollberechtigten Gemeindemitglieder allmählich ab.

In diese Entwicklungsphase fällt auch die Beseitigung der kollektiven Verantwortung für die Steuerzahlung und die Übertragung voller Eigentumsrechte am Land an den Kreis der vollberechtigten Gemeindemitglieder[1]. Das Land wurde damit zu einer "salable commodity", d.h. zu einer Ware, die käuflich und verkäuflich war. Die Grundeigentümer hatten das Recht, ihr Land zu verkaufen und zu verschenken, es mit Hypotheken zu belasten und zu verpfänden und dafür Bargeld zur Einhaltung monetärer Verpflichtungen, zur Finanzierung der Steueraufkommen und des persönlichen Konsums (meist Prestigekonsum) zu erhalten. Damit erklärt sich auch ein beginnender Besitzübergang von Grund und Boden an die reichere Dorfoberschicht und vor allem auch an Nicht-Landwirte, wie Händler und Geldverleiher (BANIA, KHATRI), die ihr Vermögen in Ackerland anlegten[2].

---

1) Die Schaffung von Landeigentümern, d.h. von Privatpersonen mit vertraglich festgelegten Eigentumstiteln erfolgte durch Aufstellung eines Flurplanes mit einem Verzeichnis der Namen der einzelnen Besitzer, der Eintragung der individuellen Bodenanteile ins Grundbuch und die Übergabe der Katasterauszüge an die bisherigen Grundbesitzer.
2) Vgl. hier auch STOKES, E.: The English Utilitarians and India, Oxford 1959, S.83 ff.

Aus all diesen Gründen sah sich die englische Kolonialverwaltung gezwungen, das materielle Eigentumsrecht am Boden einzuschränken; im PUNJAB Land Alienation Act (1900) wurde die Veräußerung des Bodens an Nichtlandwirte untersagt, um das Land dem Zugriff der nichtlandbesitzenden Händler- und Geldverleiherkasten und städtischen Bodenspekulanten zu entziehen. Dazu diente die Aufstellung eines Verzeichnisses aller landbearbeitenden Kasten. Den Angehörigen aller anderen Kasten blieb der Erwerb von Bauernland verschlossen, oft ohne Rücksicht auf ihre tatsächliche Lage. Da aber damit das Land seiner Kreditwürdigkeit nicht beraubt wurde, traten in stärkerem Maße die reicheren Landbesitzer des Dorfes als Geldverleiher auf. Diese hatten im Gegensatz zu städtischen Geldverleiher ein unmittelbares Interesse, das Schuldnerland in ihren Besitz zu bringen, um den eigenen Besitz und damit die Machtstellung im Dorf zu vergrößern. Als mit der Bodenreform nach 1951 die volle Veräußerungsfreiheit wiederhergestellt wurde, traten neben den Händlern auch einzelne wohlhabende Handwerker zum Kreis der Bodeneigentümer im Dorf, wie Tabelle 7/8 zeigt. In SAKRALI bringen seitdem vor allem die Händler (KHATRI), die im Dorf ein Nachfragemonopol bei den Hauptanbaufrüchten Baumwolle, Erdnüsse, Weizen usw. innehaben, einen ständig zunehmenden Anteil des Bodens unter ihre Kontrolle und halten dessen Bewirtschafter in starker Abhängigkeit, wie folgende Zusammenstellung der bestehenden Früchtepfandrechte am Land (usefructuary mortgages) deutlich zeigt (Tabelle 5).

Insgesamt bestehen an 6,6 % der landwirtschaftlich nutzbaren Eigentumsfläche Früchtepfandrechte für aufgenommene Kredite ihrer Eigentümer, die dafür auf ihrem Land zum Pächter werden und zur Rückzahlung der Schuld entweder ein Drittel der Ernte oder Pachtsätze von 290 bis 350 Rs pro ha (25 bis 30 Rs pro Katcha bigha) entrichten müssen, da die Händler dieses Land nicht selbst bewirtschaften und es nicht von den ineffizienteren Pächtern niederer Kasten bewirtschaften lassen wollen.

So wurde ein geringer Teil der ehemals vollberechtigten Gemeindemitglieder zu verarmten, verschuldeten und abhängigen Pächtern (MUSARA). Die MUSARA hatten ihr Land meist nur

Tab. 5 Kaste, Beschäftigung und finanzieller Status von Gläubigern und Schuldnern an Früchtepfandrechten am Land in Sakrali 1963/64

Kaste	Beruf	Fläche in ha, an der Früchtepfandrechte bestellt wurden		Eigenfläche in ha	Kredithöhe in Rupien		Schuld insgesamt
		verpfändet	gepfändet		erhalten	gegeben	
1. Jaat Sikh	Landwirt	-	1.44	8.73	-	500.--	-
2. Jaat Sikh	Landwirt	1.44	-	4.50	500.-	-	908.-
3. Jaat Sikh	Landwirt, Rentenbezieher	-	0.72	14.04	-	-	-
4. Jaat Sikh	Landwirt	9.24	-	2.16	7000.-	2000.-	7000.-
5. Jaat Sikh	Landwirt, Pächter	9.66	-	2.52	7000.-	-	7000.-
6. Khatri	Händler, Geldverleiher	-	18.90	19.44	-	14000.-	-
7. Jaat Sikh	Landwirt, Landarbeiter	0,90	-	1,26	1600.-	-	1600.-
8. Khatri	Händler, Geldverleiher	-	0.90 / 8,82¹⁾	16,74	-	14500.-	-
9. Jaat Sikh	Landwirt	1,80	-	14,31	7000.-	-	7700.-
10. Khatri	Händler, Geldverleiher	-	1.80	4.50	-	7000.-	-
		23.04	32.58¹⁾		23100.-	38000.-	

Quellen: eigene Erhebungen   1) umfasst auch gepfändete Flächen von Landwirten aus Nachbardörfern

verpfändet und gehörten dem Kreis der PATTIDARs wenigstens noch an, d. h. sie hatten noch Ansprüche auf Anteile aus den Gemeindeeinkünften und auf sonstige Privilegien. Ein anderer Teil vollberechtigter Mitglieder der Dorfgemeinde und ihre Amtspersonen wurden zu reinen Rentenempfängern, deren Land von verschuldeten oder landlosen Teilpächtern aus unreinen Kasten bewirtschaftet wurde. Die mit der ländlichen Bevölkerungsvermehrung zunehmende und am meisten unterdrückte Schicht der Unterpächter, die bei der Steuerfestsetzung zu einfachen Pächtern (tenants at will) erklärt wurden, hatten vor der Landreform keine gesetzlich geschützten Rechte[1]. Die Pachtbedingungen konnten vom Besitzer des Landes beliebig ausgestaltet und neu festgelegt werden. Bei nicht rechtzeitiger Bezahlung der Pacht hatte er das Recht, die gesamte Ernte zu beschlagnahmen oder dem Pächter die Parzelle wegzunehmen. Bei höherem Pachtangebot konnte der Pächter jederzeit vertrieben werden.

Die letzte einschneidende Veränderung der Landbesitzverhältnisse, die eine Auswirkung auf die Untersuchungsgemeinden hatten, erfolgte im "PUNJAB Security of Land Tenures Act" 1953 (mit Änderungen in den Jahren 1953, 1955, 1957 und 1959) und im "PUNJAB Occupancy Tenants (Vesting of Proprietary Rights) Act", 1952. Die Landreformgesetzgebung sollte vor allem den tenants-at-will gesicherte Besitzrechte und bessere Pachtbedingungen verschaffen. Dem stand das den bisherigen Landeigentümern eingeräumte Recht entgegen, ihr Eigenland bis zu einem Umfang von 60 acres in persönliche Bewirtschaftung zu nehmen und die darauf ansässigen Pächter zu entlassen. Die Eigentumsfläche, die die Besitzgrenze übersteigt, sollte zum Überschußland erklärt und die vertriebenen Pächter darauf angesiedelt werden. Diesen Pächtern wurde das Recht auf 6jährige Nutzung zu einem Pachtsatz übertragen, der 1/3 des Bruttoertrages nicht übersteigen durfte. Nach Ablauf dieser Frist wurde den Pächtern ein Vorkaufsrecht eingeräumt, das Land gegen 3/4 des Marktwerts, der in 10 Jahresraten zu entrichten war, aufzukaufen. Die Disposition über die gemeine Mark (SHAMLAT-Land) wurde dem

---

1) Vergl.: RATTIGAN, W. H.: A Digest of Customary Law in the PUNJAB, a. a. O., S. 640-643.

Kreis der vollberechtigten Gemeindemitglieder entzogen und dem Dorfrat (PANCHAYAT) unterstellt[1]. Damit ergaben sich in SAKRALI folgende Eigentums- und Nutzungsverhältnisse am Land[2] (vgl.Tabelle 6)

Tabelle 6 Eigentumsformen am Land und seine Nutzung in SAKRALI (1964-1965)

Dorfgemarkung (Kulturfläche)		In Kollektivnutzung (alle Haushalte)	Nutzung der Kulturfläche durch Privathaushalte					
			in Individualnutzung					
			in Selbstbewirtschaftg.		in Verpachtung			
					Geldpacht		Anteilspacht	
Eigentümer	Fläche in ha	Fläche in ha	Fläche in ha	Zahl d.Hh.	Fläche in ha	Zahl d.Hh.	Fläche in ha	Zahl d.Hh.
Staat (KHAS-LAND)		2.05			7,20	2[(1)]		
Dorfgemeinschaft (SHAMLAT-LAND)	4	44.91						
Privat-Haush.	34		274.59[(3)]	34	21.87	7	48.15	15[(2)]
Gesamt	404.09	46.96	274,59	34	29.07	9	48.15	15

(1) beide ohne Eigenland, d.h. reine Pächter

(2) davon 7 ausschließlich Teilpächter (darunter 1 JAAT-Haushalt), während die restlichen Haushalte Land gegen Hergabe von 1/3 der Ernte zugepachtet haben.

(3) weitere 4,32 ha lagen brach (wegen Versalzung)

Quellen: Eigene Erhebungen

---

1) Vgl. PUNJAB Village Common Lands (Regulation) Acts aus den Jahren 1953, 1954, 1961.
2) Wegen der Einbeziehung aller Haushalte in die Gesamterhebung können die Ergebnisse als gesichert angesehen werden. Bei der Haushaltsbefragung wurden Kastenstatus, die Größe

Die Angaben über die gegenwärtigen Bewirtschaftungsverhältnisse in SAKRALI deuten darauf hin, daß die LANDREFORMMASSNAHMEN kaum geeignet waren, die bisherigen Pächter (tenants at will) aus dem Kreis der Handwerker und Dienstleute in die Rechte der traditionellen Landeigentümer-und Bauernschicht der JAAT eintreten zu lassen. Obwohl die Bodenreform in PUNJAB nach dem Prinzip gestaltet war, das Land möge derjenige bewirtschaften, dem es gehört ("land to the tiller"), werden nach wie vor 13,7 % der privaten Eigentumsfläche (=48 ha) im Teilbau und weitere 6,2% (= 22 ha) in fester Geldpacht bewirtschaftet. Die Umverteilung des teilweise neu erschlossenen und bei der Flurbereinigung zusammengelegten Dorflandes, das zu 50 % Haushalten landloser unterer Kasten zugeteilt werden mußte, war gerade im Gange. 12 % des gesamten Pachtlandes im Dorf dienten der Aufstockung bestehender Betriebe, der Rest wurde von 9 reinen Pachtbetrieben bewirtschaftet, von denen 6 unteren Kasten angehörten. Die Haushalte aus den unteren Kasten waren von den Bodenreformmaßnahmen besonders hart betroffen. Es wurden insgesamt 16 Haushalte, die als tenants-at-will früher Pachtland bewirtschafteten, von ihrem Land völlig verdrängt. Nur ein Barbier-Haushalt (NAI) war der eigentliche Nutznießer der Landreform: er erwarb Überschußland des LAMBARDAR ZORA SINGH (jetzt SURJIT) in Höhe von 5.67 ha für 5.000,- Rs, die er in 20 Jahresraten (280 Rs pro Jahr, incl. Zinsen) abtragen muß. Bei den 12 Interviews mit den Kastenältesten und PANCHAYAT-Mitgliedern (Vgl.Fragebogen "Opinions and Views", II, A 1a) wurde übereinstimmend die Meinung vertreten, daß die zuvor übliche Verpachtung des Landes an untere Kastenhaushalte gegen einen festen Ernteanteil (1/3 - 1/2) auf einen Mindestumfang beschränkt wurde.

Forts. Fußnote v.S. 54
des Landbesitzes und die Eigentumsverhältnisse am Land, die Aufteilung des Landes in eigenbewirtschaftete und verpachtete Flächen durch Formalbefragung erhoben. (Vgl.Haushaltsfragebogen,III, Fragen 3 und 10, S.193). Schwierigkeiten ergaben sich nur bei der Erfassung von Eigentums- und Pachtflächen dorffremder Haushalte in der Gemarkung von SAKRALI und bei der Erfassung der Eigentums- und Pachtflächen von Haushalten im Dorf, deren Besitz in dorffremden Gemarkungen liegt. Bei der Überprüfung der von den Haushaltsvorständen gemachten Angaben durch den PATWARI ergaben sich in nur 6 Fällen geringfügige Abweichungen.

Diese Pachtverhältnisse werden gegenüber den Grundbuchbehörden (TEHSILDAR,PATWARI) verschwiegen. Im einzelnen ergibt sich folgendes Bild von der Verteilung der Eigentums- und Bewirtschaftungsrechte am Land unter den einzelnen Kasten in SAKRALI (vgl. Tab. 7)

Tabelle 7   Landbesitzende und landbewirtschaftende Haushalte nach Kastenzugehörigkeit in SAKRALI (1963/1964)

Kaste	traditioneller Kastenberuf	Dorf-haushalte insges.	davon Landeigentümer		davon Landbewirtschafter	
			Haushalte	Fläche LN(ha)	Haushalte	Fläche LN(ha)
BRAHMANEN	Priester, Lehrer	8	4	7,65	5	16,20
KHATRI	Händler, Geldverleiher	5	5	42,93	1	5,94
JAAT SIKH	Landbewirtschafter	34	33	279,63	30	290,43
RAMGARHIA TURKHAN	Grobschmied, Zimmermann	5	2	4,23		
NAI	Friseur	4	2	9,99	2	11,97
KUMHAR	Töpfer, Transporter	2				
TELI	Ölpresser	2				
JHEEWAR	Wasserträger	8			1	3,60
CHAMAR RAMDASIA	Abdecker, Gerber Schuhmacher	10	1	4,50	4	20.07
JULAHA	Weber	1				
CHUHRA	Feger	22			1	3.60
BHAZIGAR	Wanderarbeiter	4				
MEERASI	Sänger, Tänzer	5				
MAHAUL	Mohammed. Tempelpriester	1				
		111	47	348,93	43	351,81

Quelle: Eigene Erhebungen

Hierbei zeigt sich eine sehr auffallende Konzentration des Landbesitzes in den Händen der JAATs (80 %) oder in den Händen der drei dominanten Kastengruppen des Dorfes (94,6%), den BRAHMANEN, den KHATRIs und den JAATs, die nur 42 % der Haushalte im Dorf ausmachen. Von den 5 landbesitzenden Haushalten aus den Handwerks- und Dienstleistungskasten hatten ein durch Brunnenbau wohlhabend gewordener Grobschmied, ein von außen zugezogener NAI und ein CHAMAR ihr Land erst nach 1959 erworben (der CHAMAR erwarb sein Land in einem Nachbardorf). Nur ein RAMGARHIA besaß bereits vor der Bodenreform einiges Land, das er nun teilweise an den Händler des Dorfes verloren hat. Auffallend ist, daß auch die BRAHMANEN des Dorfes als Landbewirtschafter tätig sind und wegen der geringen Eigenfläche mehr als doppelt so viel Land zupachten. Die in dem Dorf um sich greifende Mentalität des bäuerlichen Selbstbewirtschaftens unter den JAAT SIKHs hat auch sie veranlaßt, aus Angst vor einem sozial-ökonomischen Abstieg innerhalb der einzelnen Schichten mit den JAATs Schritt zu halten.

Vergleicht man nun diese Ergebnisse der Bodenbesitz- und Bewirtschaftungsstruktur mit denen der restlichen Untersuchungsgemeinden, so kann man nur geringfügige Unterschiede feststellen (vgl. Tabelle 8).

Allerdings fällt hierbei auf, daß mit wenigen Ausnahmen die niederen Kasten weder als Landeigentümer noch als Landbewirtschafter auftreten und nur JAAT und BRAHMANEN als eigentliche Landbewirtschafter ausgewiesen sind. Hier handelt es sich teils um ein Kaschieren der bestehenden Pachtverhältnisse durch neue Arbeitsvertragsformen (vgl. S. 90), teils um eine Vertreibung der Pächter im Zuge der Bodenreform, teils um eine Abwanderung von Pächtern in die nahegelegene Industrie LUDHIANAS.

TAB. 8 Landbesitzende und landbewirtschaftende Haushalte (Hh) nach Kastenzugehörigkeit in den Untersuchungsgemeinden des PUNJAB (1963/64)

Kaste	Traditioneller Kastenberuf	Untersuchungsgemeinde													
		DUGRI					JHAMAT					PANGLIAN				
		Dorf-Hh insg.	davon Eigentümer Hh	Fläche LN(ha)	Land-Bewirtsch. Hh	Fläche LN(ha)	Dorf-Hh insg.	davon Eigentümer Hh	Fläche LN(ha)	Land-Bewirtsch. Hh	Fläche LN(ha)	Dorf-Hh insg.	davon Eigentümer Hh	Fläche LN(ha)	Land-Bewirtsch. Hh	Fläche LN(ha)
Brahmanen	Priester, Lehrer	2					1	1	6,87	1	6,87	2	1	0,8	1	3,23
Khatri	Händler	1														
Jaat Sikh	Landbewirtschafter	81	77	276,4	55	283,7	21	21	188,18	20	208,82	44	43	124,44	43	127,27
Ramgarhia	Grobschmied	18	1	0,4			3	2	6,07	2	7,65	1				
Nai	Friseur	4					2	1	2,83	1	4,85	2				
Kumhar	Töpfer,Transp.	1					1					2				
Sunar	Goldschmied	6														
Meera	Wasserträger	3										1				
Chamar, Ramdasia	Abdecker Schuhmacher	84					38	1	3,23	1	4,85	11				
Julaha, Kashmiri	Weber						17					2				
Chuhra, Mazhibi	Feger	7					4					3				
Bhazigar	Wanderarbeiter	4														
Saini	Besen-Korb-macher											6				
Meerasi	Sänger,Tänzer	1														
	insgesamt	206	78	276,4	55	283,7	87	26	207,18	25	233,04	74	44	125,24	44	130,50

Hh = Gesamtzahl der Haushalte

II. Die sozialökonomische Stellung der Handwerker und Dienstleute innerhalb der dörflichen Wirtschaft

Nach übereinstimmenden Aussagen der untersuchten bäuerlichen Haushalte war es bisher nicht üblich, daß - abgesehen von wenigen Ausnahmen wie das Mahlen des Getreides und der Gewürze, das Herrichten der Speisen, das Spinnen der Baumwolle usw. - die Weiterverarbeitung agrarischer Rohstoffe und die gewerbliche Produktion durch Familienmitglieder im bäuerlichen Hause vorgenommen wurde. Die vollberechtigten Gemeindemitglieder lösten das Problem der Herstellung von gewerblichen Betriebsmitteln und Konsumgütern und die Beschaffung von Dienstleistungen für den persönlichen und häuslichen Bedarf durch Ansiedlung von Handwerkern und Dienstleuten, die nach Ansicht von BADEN-POWELL nicht als Dienstleute einzelner, sondern der gesamten Dorfgemeinschaft angestellt wurden. Sie wurden für ihre Dienste entweder erblich mit Landparzellen beliehen oder durch feste Ernteanteile oder Deputate in bestimmter Höhe entgolten[1]. Diese Bediensteten erhalten je nach Rangstellung entweder einen Bauplatz im Dorf oder in einem eigens dafür vorgesehenen Außenbezirk des Dorfes.

Das Erscheinungsbild des traditionellen Dorfhandwerks und der Dienstleistungsberufe in den einzelnen Untersuchungsgemeinden ist nicht einheitlich. Größere Abweichungen ergeben sich einmal zwischen den Gemeinden im PUNJAB und in UTTAR PRADESH. Kleinere Unterschiede ergeben sich weiterhin bei unterschiedlicher Größe des Dorfs, der Entfernung zu industriellen Standorten und zum nächsten BAZAR-Markt.(Vgl.Tb.9/10) Trotzdem soll im weiteren versucht werden, die typischen Strukturmerkmale dieser traditionellen beruflichen Tätigkeiten am Beispiel der untersuchten PUNJAB-Gemeinden darzustellen, wobei vor allem die Beobachtungen in der Gemeinde SAKRALI im Vordergrund stehen.

---

1) BADEN-POWELL, H.B.: The Indian Village Community, London 1896, S.16.
Max Weber bezeichnete diese Dorfhandwerker und Dienstleute als "Heloten" der Dorfgemeinschaft und grenzte dieses Helotenhandwerk gegenüber dem Stammeshandwerk, dem OIKEN- und BAZAR-Handwerk ab. Vgl.: Weber, Max: Gesammelte Aufsätze zur Religionssoziologie, II, Tübingen 1963, S. 59.

TAB. 9   Die einzelnen Kasten, ihre traditionellen Berufe und ihre Verteilung in den einzelnen Untersuchungsgemeinden (PUNJAB)

Kastenbezeichnung	tradit. Kastenberuf	Anzahl Haushalte in den Untersuchungsgemeinden							
		DUGRI		JHAMAT		PANGLIAN		SAKRALI	
		Anz.HH	ØHH-Größe	Anz.HH	ØHH-Größe	Anz.HH	ØHH-Größe	Anz.HH	ØHH-Größe
I.obere Kasten									
Brahmane	Priester	2	6,5	1	6,0	2	6,5	8	6,5
Khatri	Händler,Lehrer Geldverleiher	1	5,0	-	-	-	-	5	8,4
Jaat Sikh	Landbewirtschafter	81	7,7	21	7,8	44	7,0	34	5,7
II.Handwerks-u.Dienstleistungskasten									
Lohar,Ramgarhia	Grobschmied u. Zimmermann	18	11,2	3	5,5	1	8,0	4	5,5
Turkhan	Zimmermann	-	-	-	-	-	-	1	6,0
Nai (Raja)	Friseur(Zeremonienmstr.)	4	8,0	2	6,0	2	7,5	4	9,0
Kumhar	Töpfer,Transporter	1	4,0	1	4,0	2	5,0	2	9,0
Sunar	Goldschmied	6	8,5	-	-	-	-	2	8,5
Teli	Ölpresser	-	-	-	-	-	-	8	4,7
Jheewar	Wasserträger	3	6,2	-	-	1	22,0	-	-
Meera	,Korbmacher	-	-	-	-	-	-	-	-
Chamar,Ramdasia	Abdecker,Gerber Schuhmacher	84	7,6	38	8,0	11	15,0	10	5,8
Julaha,Ratia Sikh	Weber	-	-	17	8,2	1	9,0	1	9,0
Kashmiri Muslim	"	-	-	-	-	1	11,0	-	-
Chuthra Mazhibi Sikh	Feger	7	6,9	4	6,2	3	11,0	22	6,3
Bhazigar	Landw.Wanderarb.	4	4,9	-	-	-	-	4	5,5
Saini	Besen-,Korbmacher	-	-	-	-	6	13,0	-	-
Meerasi	Sänger,Tänzer	1	4,0	-	-	-	-	5	4,6
Mahaul	Mohamed.Tempelpriester	-	-	-	-	1	-	1	1,0

Quelle: eigene Erhebungen

TAB. 10 Die einzelnen Kasten, ihre traditionellen Berufe und ihre Verteilung in den einzelnen
Untersuchungsgemeinden (U.P.)

Kastenbezeichnung	traditioneller Kastenberuf	Anzahl der Haushalte in den Untersuchungsgemeinden			
		SUNARI		JOGUPURA	
		Anzahl HH	⌀ HH-Größe	Anzahl HH	⌀ HH-Größe
I. obere Kaste					
Brahmane	Hindu-Priester	6	6,2	1	7,0
Bania	Händler,Geldverleiher	2	4,5		
Jaat(incl.Ahir)	Landbewirtschafter	45	5,8	34	7,4
Rai	"	4	7,2		
Gadaria	Pächter, Viehhirten	1	8,0	9	7,1
II.Handwerks-u. Dienstleistungskasten					
Barahi, Khati	Goldschmied,Zimmermann	1	6,0	2	5,5
Nai	Friseur	3	7,7	8	8,1
Kumhar	Töpfer,Transporter	18	5,0	6	7,3
Dhimar	Hindu-Wasserträger			15	4,8
Sakka (Vishti)	Moham. "			2	6,5
Chamar	Abdecker,Gerber,Schuhmacher	18	4,8	40	5,6
Jatav	Schuhmacher			4	8,2
Mehta	Feger	3	9,9	3	3,9
Fakir	Mohamed.Tempelpriester			6	5,8
Jogi	Hinduist. " Landbewirtschafter				
Bharbuje	Getreideröster			6	4,8
		101		139	

Quelle: eigene Erhebungen

1) Die einzelnen Berufsarten

Zu den in der Erhebung erfaßten Handwerkern und Dienstleuten in den Untersuchungsgemeinden gehören:

a) <u>Grobschmied und Zimmermann</u>

Obwohl sie nicht zu den twice-born, den reinen Kasten, zählen, gehören sie zu den ökonomisch bedeutenden und relativ gutbezahlten Handwerkern. Eine wichtige Stellung nimmt der Zimmermann (TURKHAN) ein. Er fertigt und repariert die landwirtschaftlichen Geräte aus Holz, Wasserschöpfräder, Ochsenkarren, Holzpressen, das Bettgestell und sonstige Wohnungseinrichtungen, Spinnräder und Webstühle und übernimmt das Anfertigen von Holzgerüsten, von Fenstern und Türen beim Hausbau. Das Material dazu muß vom Kunden selbst erbracht werden.

Neben den Zimmerleuten gibt es auch Grobschmiede (LOHAR) als eigenständige Kaste, die die eisernen Spitzen des Holzpflugs, Sicheln, Äxte usw. herstellen und stets einsatzfähig halten. Ihnen obliegt auch die Wartung mechanischer Futterschneidemaschinen und Zuckerrohrpressen, die inzwischen ins Dorf vorgedrungen sind. Beim Hausbau fertigen sie vor allem die Beschläge an Türen und Fenstern an. Das dazu notwendige Material, vor allem die Holzkohle und Eisen, muß vom Kunden selbst gestellt werden. Deshalb ist der Verschuldungsgrad beider Kasten relativ gering. In 3 von 4 Untersuchungsdörfern übernimmt der Grobschmied auch die Zimmerarbeiten. Beide Funktionen zusammen werden von den RAMGARHIA ausgeübt, die zum Sikhismus konvertierte LOHAR- und TURKHAN-KASTEN repräsentieren. Die RAMGARHIA sind traditionell nichtlandbewirtschaftende Kasten, die neben Grobschmied- und Zimmerarbeiten neuerdings auch Maurerarbeiten verrichten.

b) <u>Barbier</u>

Der Barbier, NAI genannte, hat eine sehr bedeutende Funktion im Dorf inne. Dazu gehören einmal die üblichen Aufgaben eines Barbiers: Waschen und Schneiden der Haare, aber auch Kopf- und Körpermassage, Maniküre und Pediküre. Daneben fungiert er als Chirurg, Arzt, Tierarzt, als Brautwerber und Bote für das Überbringen guter Nachrichten von Dorf zu Dorf und vor allem von Glückwünschen anläßlich von Geburten und Hochzeiten. Er vereinbart auch die Bedingungen für das Zustandekommen einer Heirat und übernimmt die Ausgestaltung der Hochzeitsfeierlichkeiten zusammen mit den Brahmanen.

Obwohl sie zu den unreinen Kasten gerechnet werden, rechnen sich die HINDU-NAI selbst zu den KULEEN-Brahmanen und die SIKH-NAI zu den RATTAN RAJPUTS, da sie wegen des engen Kontakts zu ihren Dienstherren eine relativ hohe soziale Position unter den Dienstleuten einnehmen. Sie werden wegen ihres ehrgeizigen Bemühens um soziale Anerkennung innerhalb der Dorfgemeinschaft spöttisch auch als "RAJAS" bezeichnet.

c) <u>Töpfer</u>

Der Töpfer ist ein in allen Untersuchungsgemeinden vorhandener Dorfhandwerker, der KUMHAR bezeichnet wird und sich auf die Herstellung von Tonkrügen und Tongeschirr, neuerdings auch von Lehmziegeln spezialisiert hat. Er besitzt in den meisten Fällen einige Lasttiere (zumeist Esel), mit denen er Lehm und Lehmziegel für den Hausbau zum Dorf transportiert. In den U.P.-Gemeinden SUNARI und JOGUPURA transportiert er auch landwirtschaftliche Produkte zum Dorf oder zum nahegelegenen Markt. Das Transportgeschäft außerhalb der Gemeinde ist aber Beschränkungen unterworfen. Der KUMHAR gehört zu den relativ hoch verschuldeten Handwerkern, da er neben seinen Lasttieren Brennmaterial (Kuhdung und Holz) für seinen Brennofen braucht.

Diese vier Kasten zählen ungeachtet ihrer kastenmäßig niedrigen Stellung gleichsam zur "Oberschicht" innerhalb der Handwerker und sonstigen Gemeindebediensteten, zu denen auch die folgenden zählen:

d) <u>Goldschmied</u>

Der Goldschmied findet sich nur in der größten Gemeinde (DUGRI). Seine Kastenbezeichnung ist SUNAR. Die traditionelle Beschäftigung der SUNAR-Kaste besteht in der Herstellung von Ornamenten aus Silber und Gold. Sie geben vor, Abkömmlinge des RAJPUTEN-Clans zu sein.

e) Ölpresser

Die Ölpresser, die unter der Kastenbezeichnung TELI bekannt sind, pressen für ihre Kundschaft Ölsaaten aus. Sie gehören in allen 4 PUNJAB-Gemeinden zu den Anhängern des Islam.

f) Wasserträger

Ihre traditionelle Beschäftigung bestand im Transport von Wasser von Ziehbrunnen zu den einzelnen Haushalten oder auf das Feld. Sie werden als JHEEWAR bezeichnet und sind ebenfalls Mohammedaner. Ihre Ahnen waren einstmals Fischer und Bootsleute, was von dem Tatbestand hergeleitet wird, daß ein JHEEWAR beim Schöpfen des Wassers vom Brunnen den Segen von KHAJA KHIZAR erbittet, der nach der Moslem-Mythologie einen Wassergott darstellt. Sie rechnen sich wie SUNAR und NAI zum RAJPUTEN-Clan und nennen sich KASHEP-RAJPUTS[1].

Die JHEEWARs werden oft bereits zu der Gruppe der Dienstleute aus den Kasten der "Unberührbaren" gerechnet, die eine weit niederere soziale Position innehatten und entsprechend niedrig entlohnt wurden[2]. Ihnen waren die zahlreichen niederen Dienste, die als rituell unrein gelten, übertragen, die die Land besitzende HINDU- und SIKH-Bevölkerung zu übernehmen ablehnte, wie z.B. den Abtransport und das Enthäuten verendeter Tiere, die Lederverarbeitung, das Waschen der Kleidung, das Reinigen von Haus und Ställen. Sie werden als "Ungenossen" der Dorfbewohner angesehen, die sie nicht mit den JAATs zu-

---

[1] Diese ethnographischen Beobachtungen scheinen die Annahme von Max WEBER zu bestätigen, daß sich das Helotenhandwerk, das das Dorfgewerbe weitgehend repräsentiert, beim Übergang zur festen Siedlungsweise aus dem Stammeshandwerk entwickelt habe. Man kann sich den Prozeß so vorstellen, daß Handwerker aus RAJPUTEN-Stämmen, die die Produkte ihres Hausfleißes oder Stammesgewerbes interlokal vertrieben oder auf der Stör ihre Dienste verrichteten, in das Dorf gerufen und fest angesiedelt wurden. Vgl.: WEBER, Max: Gesammelte Aufsätze..., II, a.a.O., S.94.

[2] Nach WEBER rekrutierten sich diese "Unberührbaren" aus den unterentwickelten Stämmen der Wald- und Berggebiete, die noch nicht in den hinduistischen Verband aufgenommen waren und gegenüber denen der Hinduismus eine absolute rituelle Schranke errichtet hatte.
Vgl.: WEBER, Max: Gesammelte Aufsätze..., II, S.13.

sammen im Dorf, sondern draußen in einem eigenen Weiler ansiedelten. Von Seiten der vollberechtigten Dorfbewohner wurde ihnen nur eine Art Gastrecht zuteil. Ihr gesellschaftlicher Verkehr war stark reglementiert. Sie konnten nicht mit den Bauern des Dorfes verkehren oder sich an den religiösen Festen des Dorfes beteiligen. Von den Rechten in Bezug auf das Gemeindeland (SHAMLAT-Land) waren sie ausgeschlossen. Selbst das ABADI-Land, auf dem sie ihre Hütten errichtet hatten, konnte ihnen von den Gemeindemitgliedern entzogen werden. Sie galten als rituell unrein, weil sie sich entweder mit physisch-schmutzigen Diensten zu befassen hatten (Feger, Abraum- und Fäkalienbeseitigung) oder eine Anzahl solcher Gewerbe versahen, die aus zwingenden rituellen Gründen für den Hinduismus unrein sein mußten (Gerber, Lederarbeiter, Abdecker). Zu diesen Kasten, die manchmal auch als "depressed classes" bezeichnet werden, gehörten:

g) <u>Lederarbeiter und Weber</u>

Diese Handwerkergruppe macht einen Großteil der Gesamtbevölkerung im PUNJAB aus. Sie werden in den vorwiegend hinduisierten Dörfern CHAMAR, in den JAAT SIKH Dörfern RAMDASIA genannt[1].

Die CHAMAR oder RAMDASIA stellen keine homogene Bevölkerungsgruppe mit einheitlicher traditioneller Beschäftigung dar, sondern haben sich in drei bedeutende Unterkasten aufgespalten:

1) die GANWAHA, deren traditioneller Beruf im Enthäuten verendeter Tiere, im Gerben der Häute und Färben des Leders besteht. Der Verkauf der Häute erfolgt auf regelmäßig stattfindenden Ledermärkten in nahegelegenen Marktflecken oder z.B. in AGRA direkt an sogen. BIYADARI, das sind kleinere Händler, die von Dorf zu Dorf ziehen, um Leder aufzukaufen. Diese Produkte werden an mohammedanische Großhändler (KHOJAS) weitergegeben, die die lederverarbeitenden CHAMARs in starker Abhängigkeit halten.

---

[1] Diese Bezeichnung RAMDASIA geht auf den Namen von BHAJAT RAMI DASS zurück, der zu den SIKH-Heiligen gezählt wird und als Vorkämpfer zur Beseitigung der Tyrannei der hohen Kasten gegenüber den CHAMAR und anderen "Unberührbaren" gilt.

2) MUCHHI, die die eigentlichen Lederverarbeiter (Schuhmacher) darstellen und von den GANWAHA kaum zu trennen sind, da beide in Ausnahmefällen selbst gegerbtes Leder zu sogen. DESI-Schuhen weiterverarbeiten. Ihnen obliegt auch die Herstellung von Lederriemen, Zugjochen und Ledersäcken für Ziehbrunnen, mit denen das Wasser hochgezogen wird.

3) CHAMAR haben zumeist nebenberuflich auch das Weben grober Stoffe betrieben. Diese Kastenmitglieder wurden bei den Hindus als JULAHA, bei den SIKHs als RATIA bezeichnet. In einigen Dörfern des PUNJAB wird dieser Beruf auch von DHANAK und KASHMIRI MUSLIM ausgeführt, die sich aber auf feinere Gewebe spezialisiert haben und sich deshalb auch von den CHAMARs in sozialer Hinsicht absetzen.

Aus den Reihen der CHAMAR wurden ursprünglich auch diejenigen bestimmt, die als Dorf- und Feldhüter fungierten und die unentgeltlich die Betreuung und Versorgung von Beamten zu übernehmen hatten, die zu Inspektionszwecken in das Dorf kamen. Diese Art des "Fronens" wurde als 'BEGAR' bezeichnet.

Heute rekrutiert sich aus dieser Kastengruppe das Heer der landwirtschaftlichen Arbeiter, Viehüter und Gelegenheitsarbeiter.

h) <u>Feger</u>

Sie gehören zu der ärmsten und verachtetsten Sektion innerhalb der sozialen Gruppen des Dorfes und sind in PUNJAB unter dem Namen CHUHRA oder BALMIKI bekannt[1]. Die zum Sikhismus konvertierten Kastenangehörigen nennen sich MAZHIBI-SIKH. Sie sind in nahezu allen PUNJAB-Dörfern anzutreffen. Ihre ererbte berufliche Aufgabe besteht im Fegen von Haus, Hof und Straße, im Reinigen der Viehställe, der Anlage von Komposthaufen und der Zubereitung von Kuhmist zu Brennmaterial. Als Nebenerwerb füttern sie von den ihnen überlassenen Abfällen und Exkrementen Schweine, flechten Körbe und Seile und erledigen sonstige Gelegenheitsarbeiten wie das Ausheben von

---

[1]. Sie führen diesen letzteren Namen auf den berühmten Autor des "RAMAYAN", RASHI BALMIK zurück, den sie als ihren GURU (Patron) ansehen.

Anlagen für den Drusch des Getreides usw.

Sie stehen auch als Boten zum Überbringen schlechter Nachrichten, z. B. Todesfällen usw. im Dienst der Gemeinde. Allerdings ist der Charakter der Tätigkeit je nach Religionszugehörigkeit verschieden. Die MAZHIBI, die in ihrem ganzen Gehabe den JAAT SIKH nacheifern (Unterwerfung im Verbot des Tabakrauchens und Haarschneidens), lehnen es kategorisch ab, Unrat wegzuräumen, was aber nicht davor schützt, daß sie weiterhin Kastendiskriminierungen ausgesetzt sind.

i) Daneben gibt es in den Untersuchungsdörfern des PUNJAB noch nicht völlig bodenständige Wandervölker (BHAZIGARS, SAINIS), die sich interlokal, teilweise periodisch wiederkehrend, als Ernte-, Reparatur- und Aushilfsarbeiter oder einmalig als Gelegenheitsarbeiter (vor allem bei Strassenbauprojekten der Regierung) verdingen.

j) Die letzte Gruppe von Gemeindedienern stellen die NATS dar, die sich in eine große Zahl von Clans aufteilen und als Tänzer, Trommler, Sänger, Akrobaten, Schlangenbeschwörer, Tätowierer, Quacksalber und Schausteller bei Dorffestlichkeiten auftreten. Die in den JAAT-Gemeinden angetroffenen **MEERASI** gelten dort als Sänger und Kenner der genealogischen Überlieferungen. Sie treten bei Hochzeiten und bei Geburten auf, erzählen und singen von der Herkunft des Gastgebers und preisen die Heldentaten seiner Vorfahren.

Damit läßt sich als Ergebnis der Analyse der einzelnen Berufsarten festhalten, daß die ökonomischen und sozialen Funktionen in den untersuchten PATTIDARI-Gemeinden relativ einheitlich auf spezialisierte Familiengruppen verteilt sind, die jeweils einer bestimmten Kaste angehören. Wie weit wird aber Beruf und Beschäftigung jedes Einzelnen durch seine Kastenzugehörigkeit bestimmt?

2) Kastenordnung und Berufsordnung

Unter Kaste wird ein endogamer und sozialer Teilverband verstanden, in den man hineingeboren wird und der die Einhaltung bestimmter traditionell fixierter Verhaltensregeln bedingt[1]. Dabei ist es wichtig, die seit den indischen Bevölkerungserhebungen übliche Unterscheidung zwischen Stammes- und Berufskasten zu machen.

Die <u>Stammeskasten</u> sind an der Art des Namens erkenntlich, der auf einen gemeinsamen Ahnherrn zurückgeht, wie beispielsweise bei den JAAT. Diese Namen stellen keine Berufsbezeichnung dar. Durch die Abgrenzung ihrer Rechte im Dorf gegenüber den anderen Kasten gewannen sie den Charakter einer jeweiligen exklusiven Kaste. Es macht dabei keinen Unterschied, ob die Mitglieder der JAAT dem Hinduismus oder der Religionsgemeinschaft der SIKH zuzurechnen sind, obwohl letztere versuchen, sich den religiösen Sanktionen des indischen Kastensystems zu entziehen[2]. Die JAAT-Kaste gilt primär als traditionell landbewirtschaftende Kaste. Daß die Söhne der JAAT das väterliche Lebenswerk fortzuführen trachten, wurde von den Befragten mit dem Ethos des Berufsstandes und seiner hohen Verankerung innerhalb der örtlichen Kastenordnung, Verbundenheit mit ererbtem Grund und Boden, der frühzeitigen Berufseinführung und -ausbildung und der beruflichen Familientradition begründet. Als mögliche Alternativen zur Landbewirtschaftung sind bei den JAAT nur Büroberufe im öffentlichen Dienst und bei der Industrie, sowie Militärdienst und Autotransportberufe sanktioniert.

---

[1] Vergl. hierzu auch: LEWIS, O.: Village Life in Northern India, URBANA 1958, S. 55.

[2] Die SIKH unterlagen ebenso wie die Mohammedaner der Anziehungskraft der hinduistischen Lebensordnung und haben sich ohne Rücksicht auf ihre religiöse Überzeugung in SIKH- (Z. B. RAMGARHIA, RAMDASIA, RATIA, MAZHIBI) und Moslem-Kasten (TELI, JHEEWAR, MEERASI) gruppiert und ihre beruflichen Tätigkeiten und Lebensgewohnheiten am üblichen Kastenstatus orientiert. Es trifft nach den gemachten Beobachtungen nicht zu, daß solche religiösen Minderheiten in einem SIKH- oder HINDU-Dorf den Charakter einer jeweiligen exklusiven Kaste annehmen.
Vergl. die andere Beobachtung bei KUHNEN, Frithjof: Landwirtschaft und anfängliche Industrialisierung, Göttingen 1965 (unveröff.), S. 39

Diesen Stammeskasten werden die reinen Berufskasten gegenübergestellt, deren Namen in der Regel eine Berufsbezeichnung wiedergeben. Reine Berufskasten zeichnen sich durch eine sehr strenge Kastenexklusivität aus, d.h.sie besitzen ein Monopol auf die Verrichtung der von ihnen traditionell ausgeübten Dienste. Ebenso wird die Endogamie und die Einhaltung der Berufsposition sehr straff gehandhabt. Zu diesen Berufskasten gehören die einzelnen Arten der aufgezählten dörflichen Handwerker und Dienstleute.Bei ihnen vererbt sich der Beruf mit ausgesprochener Familientradition vom Vater auf den Sohn, wobei besondere spezialisierte Fertigkeiten als "Familien- oder Kastengeheimnis" von einer Generation auf die andere übertragen werden.

Der Versuch eines Kastenmitgliedes, eine zum traditionellen Arbeitsprozeß des Dorfes zählende Tätigkeit auszuüben, die nicht zu den seiner Kaste zustehenden Beschäftigungsalternativen gehört, löst in der Regel soziale Sanktionen entweder der eigenen Kaste oder derjenigen aus, in deren Rechte eingegriffen wird. Dies hat sich aus der an die einzelnen Kastenältesten gestellten Frage ergeben, ob es institutionelle Restriktionen gibt, die Angehörige einer Berufskaste an der Annahme von Tätigkeiten außerhalb der traditionellen Kastenbeschäftigung hindern[1]. Hierbei zeigt sich, daß nach der traditionellen Werteordnung jeder Kaste alle diejenigen Arbeiten verpönt sind,die von solchen Kasten ausgeführt werden, die als sozial tiefer stehend eingeschätzt werden. Ein Kastenmitglied,das eine solche Tätigkeit dennoch ergreift, muß mit dem Ausschluß aus der Kaste rechnen und gilt danach als sozial geächtet,wie eine Reihe von Beispielen aus den Untersuchungsgemeinden zeigen.

Zu diesem Katalog verpönter Arbeiten gehören bei den untersuchten Berufskasten nicht die Verrichtung landwirtschaftlicher und administrativer Tätigkeiten, vorausgesetzt, daß sie nicht mit entwürdigender Behandlung verbunden sind und daß

---

[1] Vergl. Fragebogen II, Opinions and Views, Frage B/5,S.193 Anhang. Als traditionelle Beschäftigung eines Haushalts oder einer Kaste wird im weiteren die Haupterwerbsart von Vater und Großvater der zum Untersuchungszeitpunkt erfaßten Haushaltsvorstände verstanden.

ein Entgelt geboten wird, das das traditionelle Existenzniveau sichert. Industriearbeit wird im allgemeinen nur von solchen abgelehnt, die entweder keine Erfahrung in gewerblichen Berufen besitzen oder die diese Arbeit auf Grund ihrer physischen Kondition als zu hart empfinden, was bei den untersten Kasten (Feger und saisonale Landarbeiter) häufig als Argument angeführt wird. Grundsätzlich wird bei der Industriearbeit vorausgesetzt, daß sie ein monetäres Entgelt in der Höhe sichern muß, bei der nicht nur die höheren Lebenshaltungskosten der industriellen Umwelt (Fahrt, höhere Preise für Getränke wie Tee und Zuckerrohrsaft usw.) gedeckt, sondern auch der Verlust des traditionellen Arbeitsplatzes mit seinen gesicherten Versorgungsrechten ausgeglichen werden. Danach müßte das industrielle Lohnniveau, bei dem eine Abwanderung grundsätzlich in Erwägung gezogen wird, je nach Kastenzugehörigkeit etwa 15 - 50 % über dem traditionellen Lohnniveau liegen, wobei sich die unteren, schlecht verdienenden Kasten mit geringeren Lohnverbesserungen zufrieden geben.

Das Gefüge der traditionellen Arbeitswelt ist demnach dort stabil, wo außer den traditionellen Arbeitsmöglichkeiten im Dorf keine Beschäftigungsalternativen zur Verfügung stehen und wandelt sich dort am ehesten, wo die Kenntnis von den potentiell vorhandenen Arbeitsmöglichkeiten in der Verwaltung, beim Militär, beim PWD oder in der Industrie bei gleichzeitigem Stagnieren der Beschäftigungsmöglichkeiten im Dorf gegeben ist. Grundsätzlich wird aber die traditionelle Kastenstruktur so lange nicht mit der Berufsstruktur identisch sein, wie die Berufskasten von den Ausweichmöglichkeiten in landwirtschaftliche Tätigkeiten Gebrauch machen[1].

---

[1] Dagegen ist COX der Auffassung, daß "the caste structure is fundamentally a labour structure, a system of interrelated services originating a specialised group and traditionalized in a religious matrix". Vgl. COX, O.C.: Caste, Class and Race, New York 1948, S. 62.

3) Die Kasten und ihre vertikale Interaktion auf
   Dorfebene: Das JAJMANI-System

In anthropologisch und ethnologisch fundierten Untersuchungen ist Art und Umfang der traditionellen Beschäftigungen einzelner Kasten schon öfter sehr eingehend geprüft worden[1]. Man hat dagegen aber erst sehr spät erkannt, wie die Interaktion erfolgt und auf welcher Basis der Austausch von Gütern und Dienstleistungen vorgenommen wird. Erst dem Missionar W.H. WISER gelang es festzustellen, daß dieser Güter- und Dienstleistungsaustausch auf lokaler Ebene nach festen Spielregeln innerhalb eines traditionell festgelegten Systems abläuft. Dieses System des Dienstleistungsverbundes innerhalb der Hindu-Gesellschaft bezeichnete er als "HINDU-JAJMANI-System"[2]. BEIDELMAN hat bei seiner späteren Analyse dieses Systems auch eine ausführliche Literaturzusammenstellung über seine regionale Verbreitung gegeben[3].

Die für die Untersuchungsgemeinden dargestellte Segmentierung der Bevölkerung in endogame Kasten, die in ein hierarchisches Rangsystem eingefügt sind, bildet offensichtlich die Basis dieses Systems. An der Spitze dieser traditionellen Kastenhierarchie stehen die JAAT und die BRAHMANEN auf Grund ihrer zahlenmäßigen Stärke und ökonomischen Bedeutung bzw. ihres rituellen Ranges innerhalb der Hindu-Gesellschaft, auf der untersten Stufe befinden sich die Unberührbaren (Feger, Abdecker usw.) wegen ihres niederen rituellen Ursprungs[4]. Der Schlüssel für die Vorrangstellung und Macht-

---

1) BADEN-POWELL, H. B.: The Indian Village Community, London 1896, S.16; ebenso OPLER, M. E. and RUDRA DATT SINGH: "The Division of Labour in an Indian Village" in: A Reader in General Anthropology, ed. by COON, C.S., New York 1948; dieselben: Two Villages of Eastern UTTAR PRADESH, Am. Anthropologist, 54, 2, S.17-90; DARLING: Wisdom and Waste in the PUNJAB Village, London 1934.
2) WISER, W.H.: The HINDU JAJMANI System, Lucknow 1936, S.10. LEWIS, O.: Village Life in Northern India, Urbana 1958, S.56.
3) BEIDELMAN, Th.O.: A comparative Analysis of the JAJMANI System, New York 1959, S. 3.
4) Auch DUMONT kommt es bei der Analyse dieses Systems nicht auf eine genaue Trennung zwischen den ökonomischen und den bei ihm im Vordergrund stehenden religiösen Elementen darauf an. Der eigentliche Schlüssel zum Verständnis dieses Systems liege vielmehr "in the full understanding of hierarchy" Vgl. DUMONT, L.: The functional Equivalents of the Individual in Caste Society in: Contributions to Indian Sociology, No. VIII 1965, S. 89.

position der JAAT und später auch der Händler (KHATRI) war
der Landbesitz, dessen sie sich zur Entfaltung eines relativ
aufwendigen Lebensstils bedienen konnten, und aus dem sich
die politische Macht zur Durchsetzung von Vorrechten ableiten ließ. Die rituelle Rangordnung der BRAHMANEN war in den
SIKH-Gemeinden nur durchsetzbar, wenn sie sich mit ökonomischer Machtentfaltung koppeln ließ. So verloren einige der
BRAHMANEN in SAKRALI, die ökonomisch nicht mehr Schritt halten konnten (Verlust von Einnahmen aus rituellen Diensten in
Nachbargemeinden) nach und nach ihr hohes Sozialprestige und
damit ihre gesellschaftliche Rangstellung, da sie die zu ihrer Erhaltung notwendigen Dienste und zeremonielle Entfaltung
nicht mehr aufrecht erhalten konnten.

Hieraus erklärt sich auch die unterschiedliche Entfaltung
der Bedürfnisstruktur der einzelnen Kasten. Angehörige der
genannten drei oberen Kasten weigern sich beispielsweise auf
Grund ihres hohen Ranges, Arbeiten auszuführen, bei denen
sie mit menschlichen Exkrementen, mit Blut oder Toten in
Berührung kommen, da sie den Arbeitsverrichtenden unrein
machen. Die hohen Kasten benötigen also die Dienstleistungen
der niederen Kasten, um die Verunreinigung im Zusammenhang
mit Geburt, Tod usw. zu beseitigen. Daneben fühlen sich die
hohen Kasten zur Einhaltung ihres sozialen Status dazu verpflichtet, das religiöse Ritual, Bräuche und Festtage in
weit höherem Maße als die niedrigen Kasten zu beachten, bestimmte Nahrung nicht zu essen, sich nicht selbst zu rasie-
ren usw. Vor allem an Festtagen und bei besonderen Familien-
anlässen macht sich hierbei eine gewisse Sucht nach zeremo-
nieller Entfaltung breit, der den gehobenen Lebensstil der
oberen Kasten zum Ausdruck bringt.

Dagegen bestehen die Bedürfnisse der niederen, meist
nicht landbesitzenden Kasten in erster Linie darin, Nahrungsmittel, von deren Produktion sie weitgehend ausgeschlossen
sind, gegen Zurverfügungstellung ihrer Arbeitsleistung zu erwerben. Weiterhin benötigen sie Wohnplätze, Baumaterial,
landwirtschaftliche Rohstoffe zur Herstellung von Kleidung,
Haushaltsgeräten, Brennmaterial, Viehfutter usw.

In diesen unterschiedlichen Bedürfnisstrukturen treten
bereits die Abhängigkeitsverhältnisse in Erscheinung, die

dem hierarchischen Rangsystem der Kasten zugrunde liegen. Die ökonomische Über- und Unterordnung der Kasten finden in den Gesetzen ihren symbolischen Ausdruck, die beim Anrichten und Einnehmen von Mahlzeiten, bei der Annahme von Wasser, bei der Sitzordnung in Versammlungen und bei den Gepflogenheiten des Rauchens und Grüßens beachtet werden müssen[1].

a) Die gewohnheitsrechtliche Zuordnung der Berufskasten gegenüber landbesitzenden hohen Kasten

Alle diese Anzeichen sprechen dafür, daß die niedrigeren Handwerks- und Dienstleistungskasten vorwiegend im Dienste der JAAT, BRAHMANEN und KHATRI stehen, soweit diese ihren Verpflichtungen selbst nachkommen. Die BRAHMANEN hatten priesterliche und soziale Funktionen. Die JAAT sehen ihre dienende Funktion in der Überwachung, Kontrolle und Verwaltung des sozialen Lebens, in der Gewährung von Schutz und - zusammen mit den anderen hohen Kasten - in der Sicherung der Existenz der dienenden Kasten durch Nahrungsmittelabgabe.

Dafür sind die Berufskasten verpflichtet, alle in ihrem ererbten Beruf vorkommenden Arbeiten zu verrichten. Die Familie oder der Familienvorstand, dem solche Dienste zu erbringen sind, bezeichnet man als JAJMAN[2]. Die Familie oder der Mann der die Dienstleistungen erbringt, wird als KAMIN bezeichnet. In den untersuchten Gemeinden übernehmen die Mitglieder der <u>oberen Kasten</u>, die fast ausschließlich über das Land verfügen, im wesentlichen die Rolle der dominierenden JAJMAN und die Mitglieder der landlosen <u>niederen Kasten</u>, die ehedem fast ausschließlich Handwerks- und Dienstleistungsberufe ausübten, fast immer die Rolle der dominierten KAMIN.
Die Arbeit der Kamin besteht darin, die Geräte für die Landbewirtschaftung und den Transport herzustellen und zu reparieren, gewerbliche Produkte für Kleidung und Haushalt anzufertigen (Kleiderstoffe, Schuhe, Töpfe, Körbe), beim Hausbau und gelegentlich bei der Landbewirtschaftung behilflich zu sein. Andere versehen in erster Linie Dienerfunktionen, wie das Transportieren von Wasser zum Haus oder auf das Feld,

---

1) Vgl. hierzu die sieben Tabus bei BLUNT, E.: Social Service in India, London 1939, S. 47, und die in einem Dorf in UTTAR PRADESH vorgefundenen Tabus bei MAJUMDAR, D.N.: Caste and Communication in an Indian Village, Bombay 1962, S. 19.
2) WISER, W.H.: The HINDU JAJMANI System, a.a.O., S. 10.

das Reinigen des Hauses und der Stallungen,die Beseitigung von Exkrementen, Waschen der Kleidung usw. Anläßlich bestimmter Festtage und Familienfeste helfen diese KAMIN im Hause ihres JAJMAN, empfangen und bedienen Gäste und überbringen Botschaften in andere Dörfer.Dabei versehen sie auch rituelle und zeremonielle Funktionen wie das Vermitteln von Heiratswünschen und die Vorbereitung der Hochzeitsfeiern, Zeremonien bei der Geburt, beim ersten feierlichen Haarschnitt und beim Tod, bei denen vor allem der Barbier eine sehr wesentliche Rolle spielt, während sich die anderen KAMIN mit kleinen Geschenken oder unbedeutenden Handlungen beteiligen.

Auf diese Weise sicherten sich die oberen Kasten einen raschen und billigen Service, denn die Handwerker und Dienstleute hatten sich <u>das ganze Jahr über auf Abruf</u> zur Erledigung dieser ständigen Arbeiten bereitzuhalten. Diese Dienste waren aber nicht jedem nach Belieben zugänglich, vielmehr stellte jede Familie ihre Dienstleistungen jeweils nur einer besonderen Familie oder Familiengruppe (meist unterschiedlicher Kastenzugehörigkeit) zur Verfügung. <u>Dieser feste Kundenkreis von Berufskasten wurde vom Vater an die Söhne weitervererbt</u>, wobei diese Rechte und Pflichten, die eine Familie mit anderen verbindet, wie ein Eigentumsrecht behandelt werden[1]. Dieses Eigentumsrecht kann verpachtet, verkauft und auf Zeit an andere Kastenmitglieder übertragen werden[2]. Ist ein JAJMAN mit der Arbeit seines KAMIN nicht mehr zufrieden, dann ist es ihm nicht ohne weiteres möglich, ihn aus einem ererbten Dienstverhältnis zu entlassen bzw. einen anderen an dessen Stelle zu berufen oder diese Dienste gar selbst zu verrichten[3]. Ebenso ist es auch dem KAMIN nicht ohne weiteres möglich, die seiner ererbten Kundschaft gegen-

---

[1] Ähnliche Beobachtungen finden sich bei: REDDY,N. S.: Functional Relations of LOHARS in an North Indian Village, in Rural Profiles ed. by MAJUMDAR, D.N., Lucknow 1955, S. 6; ebenso bei: LEWIS, O.: Village Life... S. 59.
[2] SINGH, MOHINDER: The depressed classes, Bombay 1947, S.98.
[3] Vgl. hierzu auch: LEWIS, O.: Village Life, a.a.O., S. 58 und DUBE, S.C.: Indian Village, London 1961, S. 60.

über bestehenden Pflichten einschließlich der Rechte eigenmächtig aufzugeben.

Die Rollen nämlich, die die einzelnen Kasten im traditionellen System bei ihrer täglichen sozialen und ökonomischen Interaktion zu übernehmen haben bzw. die ihnen eingeräumt werden müssen, sind im WAJIB-UL-ARZ niedergeschrieben und damit herrschendes Gewohnheitsrecht[1]. Die in den einzelnen Gemeinden abweichenden Funktionen und Konzessionen der KAMIN finden sich auch in dem vom PATWARI geführten Dorfregister LAL KITAB.

Die Einhaltung dieser gewohnheitsrechtlich fundierten Rollenbeziehungen auf Dorfebene war einer traditionellen Rechtsinstitution, dem PANCHAYAT, zu verdanken. Es handelt sich um eine besondere Mischung des traditionellen Kasten-PANCHAYAT und des allgemeinen PANCHAYAT mit erweiterter Zuständigkeit, das sogen. JAJMAN-KAMIN-PANCHAYAT, das dann in Erscheinung tritt, wenn die gegenseitigen Rechte und Pflichten aus dem JAJMANI-System nicht eingehalten werden[2]. Gegen einen solchen Verstoß lehnten sich z. B. in SAKRALI im Jahre 1962 alle Mitglieder der FEGER-Kaste aus Solidarität mit einem ihrer Mitglieder auf, der von seinem JAAT-JAJMAN entlassen werden sollte. Der darauf folgende Arbeitskampf richtete sich gegen alle Mitglieder der JAAT-Kaste, die 13 Tage lang bestreikt wurden. Bei der Schlichtung des Arbeitskampfes wurde den bisherigen gewohnheitsrechtlichen Gepflogenheiten im Dorf Rechnung getragen[3].

b) Entlohnungsformen

Als materielle Entlohnung für die traditionell festgelegten JAJMANI-Dienste wird von den JAJMAN folgendes an die KAMIN abgeführt:

---

1) Vergl. hierzu auch WISER, H. W.: The HINDU JAJMANI System, a.a.O., S. 45.
2) Diese Beobachtung findet sich auch bei: RETZLAFF, R. H.: Village Government in India, London 1962, S. 131.
3) Vergl. hierzu Section 5 des "PUNJAB LAW ACT" von 1872, in dem die weitestgehende Legalisierung des Gewohnheitsrechts, des "Customary Law" vorgenommen wurde und für die Fragen der Arbeitsverhältnisse bis heute seine Gültigkeit bewahren konnte.

(1) eine nach Beschäftigungsart abgestufte Menge von Getreide und anderen landwirtschaftlichen Produkten, die täglich oder zweimal jährlich zum Ende der Erntesaison abgeliefert werden und die sich in ihrer Höhe pro KAMIN-Familie bemessen nach:

   (a) Umfang der vom JAJMAN bewirtschafteten Fläche in acres oder

   (b) Zahl der bei der Bewirtschaftung in Anspruch genommenen Pflüge bzw. Zugtiergespanneinheiten oder

   (c) als prozentualer Anteil am Ernteertrag oder

   (d) nach der Zahl der abhängigen Familienangehörigen in der zu versorgenden KAMIN-Familie

(2) Anstelle dieser Naturalentlohnung oder als ihre Ergänzung wurden in den U.P. Gemeinden SUNARI und JOGUPURA früher den jeweiligen KAMIN-Familien auch Nutzungsrechte an einem kleinen Stück Land (meist anläßlich der Geburt eines Sohnes oder anderer festlicher Familienereignisse) übertragen, dieses wurde zusammen mit dem Landgeber auf Ernteanteilsbasis weiter bewirtschaftet und ermöglichte dem KAMIN den teilweise freien Zugang zu Werkzeugen, Ackergeräten und Zugtieren des JAJMAN. Hieraus ergab sich oft ein erweitertes Mithilferecht und eine Arbeitsverpflichtung zu landwirtschaftlichen Arbeiten <u>außerhalb</u> der schon bestehenden JAJMANI Verpflichtung.

(3) Zu diesen direkten und regelmäßigen Bezahlungen kommen Konzessionen wie freier Wohnplatz zur Erstellung der Hütte und weitere familiäre Zuwendungen wie freie Nahrung für die Familie und Futter für die Tiere (falls nicht unter Entlohnungsnorm (1) kontraktlich miteingeschlossen), Holz, Dung und sonstiges Brennmaterial, Belieferung mit Rohmaterialien, z. B. Häute, Hilfe bei Zivil- und Strafprozessen und gelegentliche materielle

Hilfe im Falle von Krankheit.

(4) Weitere unregelmäßige Zuwendungen an die KAMIN stellen die Entlohnungen und Geschenke dar, die anläßlich von Familienfesten und teilweise auch religiösen Festen von den JAJMAN für unmittelbare bzw. mittelbare Dienste entrichtet werden.

Diese angeführten Entlohnungsmöglichkeiten zeigen, daß die Lohn- bzw. Einkommensstruktur der Handwerker und Diener nicht einheitlich war und sich aus völlig unterschiedlichen Komponenten zusammensetzen konnte. Allen KAMIN wird gewissermaßen als Vorleistung für die später zu erbringenden Leistungen Grund und Boden und teilweise Baumaterial im Dorf kostenlos zur Verfügung gestellt, ohne daß für dieses Wohnrecht unmittelbar eine Gegenleistung verlangt wird. Alle weiteren an die Handwerks- und Dienstleistungskasten abgeführten Entgelte hängen in ihrer Höhe und ihrer Zusammensetzung ab von dem Status der Kasten, dem Wert der von ihren Mitgliedern erbrachten Leistung bzw. dem Umfang der Arbeitsverrichtungen, aber auch von der Zahlungsfähigkeit und Zahlungsbereitschaft der JAJMAN, die ihrerseits abhängt von Anbaustruktur und Anbauintensität und von lokalen gewohnheitsrechtlichen Sitten und Bräuchen[1]. Wegen der komplizierten Zusammensetzung der Einkommen und der nach Kastenstatus ausgerichteten Abweichungen scheint es sinnvoll, diese Entlohnungsformen detailliert wiederzugeben. Die folgenden Beispiele aus dem Dorf SAKRALI sollen zeigen, wie vielgestaltig die Basis zur standes- und leistungsgerechten Entlohnung für die einzelnen Handwerks- und Dienstleistungskasten noch im Jahre 1964 waren:

a) <u>Die Entlohnung der RAMGARHIA und TURKHAN</u> (Grobschmied und Zimmermann)

(1) Dem RAMGARHIA werden im Laufe eines Jahres für allgemeine Dienste und für die Herstellung von Arbeitsgeräten <u>pro Pflug bzw. Gespanneinheit</u> vergütet:

in der <u>KHARIF-SAISON</u>: 4 Bündel Mais mit je 10 Kolben

---

[1] Vergl. die Lohnsätze der Berufskasten in den einzelnen Gemeinden S. 190, Tab. IX.

         1 Bündel Maisfutter
         1 md Erdnüsse
         1 Seer[1]) Zwiebeln
         0,5 Seer Gur/ 3 Std. Zuckerpresseeinsatz
         1,5 Seer Chillie
         1-5 Seers Gemüse (incl. Kartoffeln)
         1,5 Seer Baumwolle
         1 Bündel Baumwollstücke oder
         Rs 10.00 pro acre angebaute Baumwolle

  in der RABI-SAISON: 3 Bündel ungedroschenen Weizen (45 Seers)
         1 Bündel Weizenstroh (0,5 md)
         1 Bündel Bhuse
         1 Bündel Grünfutter

(2) Von der JAJMAN-Familie werden weiterhin als Sonderleistungen gewährt:

Herstellung eines Pfluges	2 Srs Getreide
Herstellung eines Ebners (SOHAGA)	4 Srs Getreide
Benutzung der Zuckerrohrpresse	1 Seer Gur pro Tag
Wartung der Zuckerrohrpresse	1-3 Seers pro Reparatur
Beschläge für Zugtiere	6 Seers pro Tier

Feste

Geburt eines Sohnes	1.00 RS	und Mahlzeiten
Verlobung eines Sohnes	1.00 RS	" "
Hochzeit eines Sohnes	1-3.00 RS	" "
Hochzeit einer Tochter	1-2.00 RS	" "
Beerdigung	1.00 RS	" "

b) **Die Entlohnung der NAI** (Barbier)
(1) Die Basis der Entlohnung der NAI hat sich etwa nach 1949 verändert. Während ursprünglich pro Pflug entlohnt wurde, errechnen sich die Löhne 1964 pro Haushalt. Der Barbier beansprucht während eines Jahres pro Haushalt demnach folgende Entlohnung:

KHARIF-SAISON: 1 Bündel Mais mit Kolben
        16 Srs Mais
        2 Srs Gur
        1 Srs Baumwolle oder 1 RS pro bigha
        1 Bündel Futter

RABI-SAISON: 16 Srs Weizen
        1 Bündel Weizenstroh
        1 Bündel Grünfutter

---

[1]) 1 Seer = 1/40 maund = ca. 0.95 kg.

(2) Sonderleistungen pro Haushalt:

```
für die Funktion als Bote   20-25.00 RS pro Jahr
Geburt eines Kindes          5.00 RS u. Mahlzeiten
Verlobung eines Sohnes       1.00 RS u.      "
Verlobung einer Tochter         -
Hochzeit eines Sohnes       12.00 RS u.      "
Hochzeit einer Tochter      25.00 RS u.      "
Beerdigung                   1.00 RS u.      "
```

c) <u>Die Entlohnung der JHEEWAR und MEHRA</u> (Wasserträger)

(1) Die JHEEWAR versorgen die Haushalte mit Wasser und reinigen die dazugehörigen Gefäße. Während der Weizenernte versorgen sie die Erntearbeiter auf dem Feld mit frischem Trinkwasser. Für diese Dienste wird der JHEEWAR pro Pflug jährlich entlohnt:

in der <u>KHARIF-SAISON</u>:   12 Srs Mais
                              1 Bündel Mais mit Kolben
                              1 Bündel Futter

in der <u>RABI-SAISON</u>:   12 Srs Weizen
                              1 ungedroschenes Bündel
                                Weizenstroh
                              1 Bündel Futter

(2) Zusatzentlohnung bei Erntearbeiten

```
pro Dreschplatz    4 Srs Getreide
Verlobung          1.00 RS und Mahlzeiten
Hochzeit           4.00 RS  "       "
                           für die ganze Familie
                   2.00 RS für die Begleiter der
                           Hochzeitsparty
```

d) <u>Die Entlohnung der CHAMAR</u> (Lederarbeiter)

Es handelt sich hierbei um solche Kastenmitglieder, deren Tätigkeit im Abräumen verendeter Tiere, dem Enthäuten, dem Gerben des Leders und der Anfertigung von Lederprodukten wie Schuhe und Ledersachen bestand. Ihnen wurden nicht nur die Häute der verendeten Tiere kostenlos überlassen, sie erhielten auch für ihre Schuhlieferungen und -reparaturen folgende Jahresentlohnung <u>pro Pflug</u>:

in der <u>KHARIF-SAISON</u>:   16 Srs Mais
                              1 Bündel Mais mit Kolben

in der <u>RABI-SAISON</u>:   16 Srs Weizen
                              1 Bündel Weizenstroh mit
                                Körnern

Von den JAJMAN-Familien mit Milchviehbesitz konnten sie eine vorgegebene Menge Futter beanspruchen.

Sonderleistungen:

an Hochzeiten bei Söhnen   2.00 RS u. Mahlzeiten
              bei Töchtern 1.00 RS d. ganze Familie

e) <u>Die Entlohnung der CHUHRA</u> (Hof- und Straßenverkehr)

(1) Diese Tätigkeit wurde von Frauen (Reinigen im Hausinnern) und von Männern (Reinigen von Viehställen, Hof usw.) verrichtet. Dafür wurden folgende Jahresentlohnungen gewährt:

pro Haushalt 45 Srs Getreide (Mais und Weizen) pro Jahr
oder 2 CHAPATI und eine Handvoll Gemüse pro Tag
für jeden Büffel 20 Srs Getreide pro Jahr
für jedes Rind 20 Srs Getreide pro "
für jedes Kalb 10 Srs Getreide pro "

(2) bei Festlichkeiten

an Hochzeiten 0,50 RS und Mahlzeiten für die ganze Familie

Aus diesen Entlohnungsformen wird deutlich, daß Bargeld nur in Form von unregelmäßigen Zuwendungen anläßlich von Festen gewährt wird. Daneben wurden auch Leistungen außerhalb der Reihe oder bestimmte Zusatzleistungen wie z. B. Einzelanfertigungen von Haustüren, Brunnen, Bottichen, Schemeln usw. erbracht, zu denen beispielsweise die Grobschmiede nach dem herrschenden Gewohnheitsrecht nicht verpflichtet waren und wozu besondere Abmachungen getroffen wurden. Hierbei wurden die Arbeitslöhne fast ausschließlich in Bargeld pro Tag ausgehandelt[1]. Auf diese Weise kam es auch zu kontraktlich freier und tariflicher Lohnarbeit. Auf diese Weise erwarben sich einzelne Handwerker auf Grund individueller Leistungen Sonderstellungen innerhalb ihrer Kaste. Eine solche Stellung nehmen neuerdings die Schneider ein, ein Beruf, der erst in den letzten Jahren entstand und zu dem jede Kaste Zugang findet.

Die Lohnbildung war durch die Erblichkeit der beruflichen Tätigkeit und des Kundenkreises dem freien Spiel von Angebot und Nachfrage nach Arbeit entzogen und war durch Gewohnheit und Sitte in einer Höhe fixiert, wobei der soziale Rang der Kaste, die ökonomische Bedeutung der einzelnen Arbeitsverrichtungen und die rituelle Bedeutung der sozialen Dienste offensichtlich gleichermaßen mit Berücksichtigung fand. Trotz des Beschäftigungsmonopols und des in Naturalien fixierten

---

[1] Vergl. die Bargeldlöhne der Grobschmiede in den einzelnen Gemeinden, S. 158.

Lohnsatzes war aber die wirtschaftliche Existenz jeder Kastenfamilie nicht gesichert. Das Einkommen aus traditionellen JAJMANI-Verpflichtungen hängt nämlich sowohl von der Zahl der ererbten Kunden als auch von der zur Bewirtschaftung ihrer Felder benötigten Zugtierpaare ab. Dabei kann die Verteilung der JAJMANI-Rechte auf die Familien der Handwerkerkaste sehr ungleich sein. So können sich Verschiebungen in den JAJMANI-Rechten in Abhängigkeit von der Zu- und Verpachtung, Kauf und Verkauf von landwirtschaftlicher Nutzfläche durch die JAJMANs ergeben. Den KAMIN verbleibt dann die Möglichkeit, entweder nicht vom JAJMANI-System erfaßte berufliche Leistungen zu erbringen und auf dem freien Markt anzubieten (Bau von Schöpfrädern, Herstellung von Transportkarren, Spinnrädern usw., Spezialisierung auf modernen Hausbau aus Backsteinen usw.) oder neue JAJMANI-Rechte innerhalb oder außerhalb des Dorfes zuzukaufen oder zuzupachten, sofern kein Berufswechsel vorgenommen werden soll. Das könnte zu einer Zu- und Abwanderung von Familien der KAMIN-Kasten zwischen den einzelnen Dörfern führen, in deren Gefolge einzelne Familien ihre JAJMANI-Rechte abgeben und sich als Landarbeiter oder Industriearbeiter eine neue Beschäftigung sichern. Voraussetzung für solche Änderungen der Beschäftigungsart ist, daß jemand gefunden wird, der in die bestehenden JAJMANI-Pflichten einzutreten bereit ist.

Diese Arbeitsverfassung im JAJMANI-System ist demnach durch ererbte monopolartige Leistungsrechte und -pflichten gekennzeichnet, die an den Kastenstatus gebunden sind und aus denen niemand durch Wettbewerb verdrängt werden kann. Die Wirkung des Gesetzes von Angebot und Nachfrage zur optimalen Steuerung des Produktionsfaktoreinsatzes Arbeit über die Lohnbildung ist institutionell weitgehend eingeschränkt.

Das JAJMAN-KAMIN-Verhältnis ist also nicht mit dem kapitalistischen Begriffspaar Arbeitgeber - Arbeitnehmer identisch, da die bestehenden Arbeitsbeziehungen nur zu einem geringen Teil auf vertraglicher Grundlage beruhen und von beiden Seiten nicht gekündigt werden können. Damit erklärt sich auch die im Gegensatz zu mobilen Wirtschafts- und Gesellschaftssystemen beobachtete Inelastizität bei der landwirtschaftlichen Produktionsgestaltung im Hinblick auf die verwendete Produktionstechnik[1].

c) Die Arbeitsbeziehungen der Berufskasten untereinander

Wie aber die eigenen Erhebungen zeigen, beschränken sich die Arbeitsbeziehungen der Berufskasten nicht nur auf landbesitzende obere Kasten. Die Handwerks- und Dienstleistungskasten pflegen auch untereinander ökonomische und zeremonielle Austauschbeziehungen. So tauschen beispielsweise die Grobschmiede, die Zimmerleute, der Barbier und der Töpfer ihre Produkte und Dienste gegenseitig aus, ohne daß zusätzliche Entgelte in Naturalien oder Bargeld entrichtet werden müssen. Nur die Unberührbaren, die auf der untersten Sprosse der sozialen Rangstufe stehen, können zwar an jede höhere Kaste ihre Dienste gegen Entgelt anbieten, ohne aber selbst die Dienste der höheren Berufskasten - vor allem der Dienstleute mit Ausnahme des Töpfers - in Anspruch nehmen zu können. Deshalb beauftragen Unberührbare Mitglieder ihrer eigenen Kaste, die Funktionen des Priesters, des Barbiers, des Medizinmannes usw. ausschließlich für ihre eigene Kaste wahrzunehmen.

---

[1] Vergl. die Beispiele, die diese Thesen belegen, bei: EPSTEIN, S.: A Customary System of Reward and Improved Production Techniques, in: The Economic Weekly, Vol.XV No. 11, 1963, S. 475 ff.
Ebenso: BHATTACHARJEE, J.P.: Agricultural Economics and the Agriculturists, a.a. O., S. 11.

4) Die Bedeutung der traditionellen Berufstätigkeit für
den Lebensunterhalt der Haushalte innerhalb jeder
Kaste zum Untersuchungszeitpunkt

Die Gegenüberstellung von Kastenstruktur und Erwerbsstruktur in den vier Untersuchungsgemeinden zeigt, daß ein Großteil der Angehörigen der Berufskasten ihren traditionellen Beruf entweder nicht mehr oder nur noch als Nebenerwerb ausüben (vgl. Tabelle 11). Insgesamt wird damit deutlich, daß der nichtlandwirtschaftliche Sektor der Dorfwirtschaft unter den gegenwärtigen Verhältnissen nicht mehr genügend Raum für eine zusätzliche Expansion und damit für zusätzliche Beschäftigungsmöglichkeiten bietet. Die übliche Aufteilung der Versorgungsansprüche unter den KAMIN reichten den Angehörigen der Berufskasten zu ihrer Existenzsicherung nicht aus, so daß sie sich z.T. anderen Beschäftigungen zuwenden mußten. Mit dem Industrialisierungsprozeß und den in das Dorf vordringenden Industrieprodukten wurden weitere Handwerker und Dienstleute im Dorf verdrängt oder suchten bessere Erwerbsmöglichkeiten in der Industrie wahrzunehmen.

Dabei fällt auf, daß die angeseheneren und wohlhabenderen Grobschmiede und Zimmerleute, Barbiere und Töpfer weit weniger von dem Wandel im Wirtschafts- und Berufsleben des Dorfes erfaßt wurden als die Goldschmiede, Ölpresser und Wasserträger. Dagegen sind die Abweichungen von der traditionellen Berufsausübung bei den numerisch stärker vertretenen Kasten der Lederarbeiter, Weber und Feger von größerer Bedeutung.

Innerhalb dieser Gruppen behaupten nur die Weber in gewissem Maße ihre berufliche Stellung in den Untersuchungsdörfern, was aber im PUNJAB auf die massiven Stützungsmaßnahmen der Regierung und Förderung des traditionellen Handwerks im Zuge des Community Development zurückzuführen ist.

Der größte Teil dieser aus ihrem traditionellen Kastenberuf verdrängten Unberührbaren fiel zunächst der Landwirtschaft zur Last. Sie repräsentieren heute das landlose Arbeiterproletariat, das von den vollberechtigten Gemeindemitgliedern für die verschiedensten Arten von landwirtschaftlichen und außerlandwirtschaftlichen Gelegenheitsarbeitern (Graben der Brunnen, Entfernen der Bäume, Bau der Lehmhäuser, Anstrich der Außenwände, Futterzubereitung für das Vieh usw.) nachgefragt wird. Diese verdrängten Dienstleute gehören

Tab. 11 Haushalte nach Kastenzugehörigkeit und die Bedeutung der traditionellen Berufsausübung für deren Lebensunterhalt in den 4 Untersuchungsgemeinden des PUNJAB (1963/64)

Kastenbezeichnung	Traditioneller Kastenberuf	Haush. in den 4 Gemeinden insges.	Anteil der Hh.in% aller Hh.innerhalb einer Kaste,in denen die traditionelle Berufstätigkeit ausgeübt wird als:	
			Haupterwerb	Nebenerwerb
I obere Kasten				
BRAHMANE	Priester,Lehrer	13	15,4	15,4
KHATRI	Händler,Geldverleiher	6	83,3	-
JAAT SIKH	Landbewirtschafter	180	86,6	2,8
II Handwerks-u. Dienstleistungskasten				
LOHAR,RAMGARHIA	Grobschmied,Zimmermann	26	30,8	11,5
TURKHAN	Zimmermann	1	100,0	-
NAI (RAJA)	Friseur	12	25,0	25,0
KUMHAR	Töpfer,Transporter	6	33,3	33,3
SUNHAR	Goldschmied	6	-	-
TELI	Ölpresser	2	-	-
JHEEWAR	Wasserträger	8	-	37,5
MEERA	Wasserträger,Korbmacher	4	-	-
CHAMAR,RAMDASIA	Abdecker,Lederarbeiter	143	2,1	4,9
JULAHA,RATIA,SIKH	Weber	19	42,1	5,3
KASHMIRI MOSLEM	Weber	1	-	100,0
CHURA,MAZHIBI	Feger	36	16,7	44,4
BHAZIGAR	Landw.Wanderarb.	8	62,5	9,0
SAINI	Besen-,Korbmacher	6	50,0	-
MEERASI, BHARYEE	Sänger,Tänzer	6	16,6	33,3
MAHAUL	Moham.Tempelpriester	1	-	-
Haushalte insgesamt		484	42.02	9,11

Quelle: eigene Erhebungen (Ergebnis der Gesamterhebungen aus den Haushaltslisten)

ebenso wie die wenigen vollberechtigten Gemeindemitglieder, die ihre ökonomische und soziale Stellung verloren hatten, zu den unselbständigen landwirtschaftlichen Berufsgruppen. Ihre soziale Stellung konnte vom Pächter bis zum hörigen Landarbeiter die verschiedensten Formen annehmen.

III. Die unselbständigen landwirtschaftlichen Berufsgruppen

Zum Verständnis des Status der abhängigen landbewirtschaftenden Berufsgruppen in den Untersuchungsgemeinden des PUNJAB muß man wiederum davon ausgehen, daß die dominante Grundbesitzerkaste der JAAT die körperliche Arbeit auf dem Feld als durchaus standesgemäß ansieht. Die seit der Landreform bestehende latente Gefahr, daß an nicht eigenbewirtschaftetem Land Rechte der Pächter bestellt werden können, hat zusätzlich dazu beigetragen, daß neben den JAAT-Bauern auch die BRAHMANEN und KHATRI ihr Land in Eigenbewirtschaftung nehmen. Landarbeit wird von familieneigenen männlichen Arbeitskräften ausgeführt, während nur die JAAT-Frauen gelegentlich leichtere, saisonbedingte Arbeiten übernehmen (Pflücken der Baumwolle, Sammeln der Erdnüsse), wozu zuvor familienfremde Hilfskräfte eingesetzt wurden.

Innerhalb der JAAT-Kaste ist es üblich, zum Ausgleich von Arbeitsspitzen, die gelegentlich das Arbeitspotential eines Familienbetriebes überfordern, auf die Mithilfe von Nachbarn und Verwandten zurückzugreifen (BIDHI- oder ABAT-System). Diese Nachbarschafts- und Verwandtschaftshilfe erfolgt auf Austauschbasis. Man macht vor allem bei außergewöhnlichen Arbeitsanforderungen wie beim Bau eines Rohrbrunnens, beim Häuserbau, aber auch beim Pflügen frisch bewässerten Bodens, bei der Aussaat und bei der Ernte (z.B. Ernten von Zuckerrohr) davon Gebrauch. Die Nachbarschafts- und Gegenseitigkeitshilfe hat aber bei den JAAT keine nennenswerte Bedeutung erlangt. Der Einsatz familienfremder Arbeitskräfte ist inzwischen weniger eine Frage des sozialen Prestiges der einzelnen Bauernhaushalte als eine Angelegenheit ökonomi-

scher Zweckmäßigkeit. Der Umfang der Lohnarbeit in einem
Betrieb hängt natürlich von der landwirtschaftlichen Nutzfläche und der Anzahl familieneigener Arbeitskräfte ab. Da
für die Durchführung landwirtschaftlicher Operationen, wie
Einebnen des Bodens zur Bewässerung, Betreiben von Rohrbrunnen unter gleichzeitiger Verteilung des Wassers auf dem Feld
usw. mehr als eine Arbeitskraft gleichzeitig benötigt wird und
der Arbeitsanfall im Betrieb im jahreszeitlichen Ablauf sehr
starken Schwankungen unterworfen ist, reichen die familieneigenen Arbeitskräfte in den seltensten Fällen aus. In vielen
Fällen übersteigt die vorhandene Eigentumsfläche diejenige
Fläche, die die Familie durch eigene Arbeit bestellen kann.
Die Möglichkeit einer zeitlich befristeten Anpassung der
Bewirtschaftungsfläche an den Arbeitskräftebesatz der Familie
durch vorübergehende Verpachtung der Restfläche wurde vom
Gesetzgeber im Zuge der Bodenreform stark eingeschränkt. Die
JAATs sehen sich also genötigt, Lohnarbeitskräfte zu beschäftigen, während sie es vor der Bodenreform vorgezogen hätten,
den größten Teil des Bodens an Teilpächter zu vergeben und
nur einen kleinen Teil selbst zu bewirtschaften.

Die Vertragsformen, unter denen die Pächter und Landarbeiter in Dienst gestellt werden, sind vielgestaltig, was sich
wiederum anhand der im Dorf SAKRALI gemachten Aufzeichnungen
sehr deutlich darstellen läßt. Nach diesen Vertragsformen
lassen sich folgende Typen von Landarbeitern und Pächtern
unterscheiden[1]:

(a) <u>Landwirtschaftliche Saisonarbeitskräfte</u>, die mit Tages-,
Wochen- oder Monatslohn oder Stücklohn oder mit Ernteanteilen
entlohnt werden (THYARI). Während der Zeit des Arbeitseinsatzes können sie gegen Lohnabzug von der Küche des Arbeitgebers versorgt werden. Beim Schlagen des Zuckerrohrs erhalten die Arbeiter jeweils die Spitzen zu Futterzwecken, beim
Ernten von Erdnüssen, Chilli, Mais oder Baumwolle auch 2 Rupien
pro bigha, zum Umpflanzen von Reis werden 12 Rs pro bigha,
beim Ernten von Reis oder Weizen wird jedem Arbeiter als

---

[1] Kurze Andeutungen über das Vorhandensein solcher Arbeitsvertragsformen finden sich in: Govt. of India, Agricultural Labour Enquiry: Agricultural Wages in India, Vol. I, 1954, S. 146 ff.

Tageslohn so viel Getreide auf dem Halm, als er auf einmal zu tragen imstande ist, beim Dreschen werden jeweils 2 Seers pro maund als Lohn ausbezahlt.

Diese Schicht von Landarbeitern ist sehr heterogen. Zu ihnen gehören die Wanderarbeiter (BHAZIGHARS), die auf das Umpflanzen und Ernten von Reis, auf Weizen- und Baumwollernte spezialisiert sind, daneben aber alle anderen Formen von Hilfsarbeiten verrichten. Sie wohnen teilweise in provisorischen Hütten in der Nähe des Feldes. Von diesen Beschäftigungsmöglichkeiten machen heute auch diejenigen Mitglieder unterer Kasten Gebrauch, die in gewerbliche Berufe abgewandert sind und auf diese Weise einen Teil ihres Jahresbedarfs an Brotgetreide dazuverdienen. Diese Tendenz hat sich in den letzten Jahren verstärkt, als sich eine größere Diskrepanz zwischen den rasch steigenden Nahrungsmittelpreisen und den hinterherhinkenden Geldlöhnen ergab.

Zu diesen Saisonarbeitskräften gehören auch Angehörige der unterbäuerlichen JAAT-Schicht, die trotz eigenen geringfügigen Landbesitzes ständig darauf bedacht sind, einige Barmittel dazu zu verdienen, weshalb bei ihnen die Bargeldentlohnung im Vordergrund steht. Dazu gehören auch die Pächter kleinerer Flächen, aber selten Handwerker, die auf diese Weise ihr schmales Einkommen aufbessern wollen. Letztlich gehören zu dieser Gruppe der Saisonarbeiter alle diejenigen Gelegenheitsarbeiter, die keinen Beruf ausüben und sich ständig nach einer permanenten Beschäftigung umsehen. Sie empfangen ihre Entlohnung sowohl in Naturalien als auch in Geld.

Als Saisonarbeiter werden nunmehr neben männlichen auch weibliche Arbeitskräfte eingestellt, wie Tabelle X, Zeile 11 b zeigt[1]. Dieser Trend zur Substitution scheint sich wegen des raschen Ansteigens der männlichen Landarbeiterlöhne zu verstärken.

(b) <u>Landwirtschaftliche Arbeiter (SIRI)</u>, die gegen einen Geldlohn (600 bis 700 Rs pro Jahr) oder einen Naturallohn von 12 mds Getreide pro Jahr zumindest für ein Jahr angestellt und deren Dienste gleichzeitig mit einem zinslosen Vorschuß ho-

---

1) Vgl. Tabelle X, S. 191

noriert werden, um sie während der Anstellungszeit von einem raschen Arbeitgeberwechsel abzuhalten. Sie haben für sämtliche im Betrieb und Haushalt ihres Dienstherren anfallenden Arbeiten zur Verfügung zu stehen (farm servant). Wegen des Geldtransfers werden solche Arbeitsverträge schriftlich fixiert wie folgende Beispiele zeigen:

JAHRESARBEITSVERTRAG

Surjan Singh, Sohn von Midha Bazigar, ist als Diener von Gurdyal Singh, Sohn von Nighaja Singh, Nambardar in SAKRALI für ein Jahr zur Feldarbeit bestellt worden. Ihm wurden 370.00 Rs. ausbezahlt. Er erhält ebenso 6 maunds Weizen und 6 maunds Mais, 2 Hemden und 2 Paar Schuhe pro Jahr. Wenn er vorzeitig das Arbeitsverhältnis löst, dann hat er 370.00 Rs plus 100.00 Rs als Abstandssumme zurückzuzahlen. Er erhält 5 Tage Urlaub und ist auch an Festtagen von der Arbeit befreit.
Er hat dafür jeweils für 15 Tage und Nächte Futter für das Vieh zu bereiten. An den restlichen 15 Tagen eines Monats wird diese Arbeit von dem anderen Diener, RAM SAROOP, verrichtet.
Bei unentschuldigtem Fernbleiben muß er pro Tag 2.50 Rs als Strafe bezahlen, außer im Falle von Krankheit, bei der in den ersten beiden Tagen nichts erhoben wird. Bei längerer Krankheit wird der Arbeitsvertrag gelöst und das Geld muß zurückgezahlt werden.

Unterschrift des Arbeitgebers

Unterschrift des Arbeitnehmers
    durch Daumenabdruck

Beglaubigung eines Zeugen

<u>Quelle:</u> Aus dem PUNJABI ins Deutsche übersetzter Auszug aus Geschäftsaufzeichnungen des LAMBARDARS GURDYAL SINGH aus den Jahren 1952-1961, II, 82, Original im Privatbesitz des Verfassers.

Ich habe PRITAM SINGH MAZHIBI, Sohn von BUDH SINGH, für ein Jahr als Diener beschäftigt. Als jährliche Vergütung werden ihm 275.00 Rs als Vorschuß gewährt. Dazu werden ihm 13,5 mds Weizen nach der Rabi und 13,5 mds Mais nach der KHARIF-Saison gegeben, ebenso 2 Hemden, 2 Hosen, 1 Turban und 1 Paar Schuhe. Es stehen ihm 11 Tage Urlaub zu. Für jedes unentschuldigte Fehlen wird ihm pro Tag ein Tageslohn abgezogen.
Das Dokument wurde im Mai 1952 geschrieben. Der Vertrag tritt ab Juni 1952 in kraft.

Unterschrift des Arbeitgebers

Unterschrift des Arbeitnehmers
    durch Daumenabdruck

Beglaubigung eines Zeugen.

<u>Quelle:</u> Auszug aus Geschäftsaufzeichnungen des LAMBARDARS, a. a. O., I, 7

Dieser Vorschuß in Höhe von 370.00 Rupien wird auch SANWAK genannt und stellt im Grunde ein zinsfreies Darlehen dar. Der Arbeiter hat im allgemeinen so lange im Betrieb seines Dienstherrn und Gläubigers zu arbeiten, bis er diesen Betrag zurückzahlen kann. In Wirklichkeit erhält er im Verlauf seines Dienstverhältnisses neben der Naturalentlohnung zur Aufrechterhaltung der baren Existenz seiner Familie kein Bargeld, mit dem er diesen Betrag jemals tilgen könnte. Der Arbeiter ist auf diese Weise gebunden, bei seinem Arbeitgeber zu bleiben. Die Dispositionsfreiheit, auf die Dauer bei einem Arbeitgeber der eigenen Wahl zu arbeiten, ist aber nicht gänzlich eingeschränkt. Ist nämlich ein anderer Landlord bereit, gegen Zahlung des üblichen zinsfreien Darlehens den Arbeiter anzustellen, dann kann dieser das erhaltene SANWAK dafür verwenden, sein Arbeits- und Schuldverhältnis beim früheren Arbeitgeber abzulösen. Die einzige Möglichkeit, sich von dieser Schuldknechtschaft frei zu machen, besteht darin, heranwachsende Söhne in das Arbeitsverhältnis eintreten zu lassen. Das führt einmal dazu, daß sich die SIRIs vorwiegend aus jüngeren Arbeitskräften rekrutieren. Gelegentlich ist die Weigerung des Sohnes, in solche Abhängigkeitsverhältnisse des Vaters einzutreten, die Ursache für die frühe Aufsplitterung der Familie unterer Kasten.

Allerdings sind diese Schulden nicht vererbbar, d. h., daß die Söhne dieser verschuldeten Landarbeiter nicht für die Schulden ihrer Väter nach deren Tod haften. Dennoch treten in SAKRALI auch die Söhne in diese durch Schuldabhängigkeit gekennzeichneten Arbeitsverhältnisse aus Mangel an alternativen Beschäftigungsmöglichkeiten ein, um sich einen Lebensunterhalt zu sichern. Diese Arbeiter verlieren in der Regel damit die Möglichkeit, jemals zu freier Lohnarbeit zurückzukehren, zumal sich bei dem unausbleiblichen weiteren Bargeldbedarf im Falle von Krankheit, Geburten und Hochzeiten die Schuld ständig erhöht. Bei den JAAT-Bauern bzw. den selbständigen Landbewirtschaftern hat sich gegenüber dieser sozial und ökonomisch degradierten Landarbeiterschaft aus den untersten Kasten ein gewisses Kollegialitätsprinzip herausgebildet, das ihnen verbietet, weggelaufene Landarbeiter aufzunehmen oder sich gegenseitig Landarbeiter abzuwerben. Der Flüchtende muß jeweils mit einem Nachweis der bisherigen

Arbeitsverhältnisse und einer Auslieferung an den ursprünglichen Herrn rechnen. Dort erwartet ihn bei Unregelmäßigkeiten eine harte körperliche Züchtigung.

Innerhalb dieses Arbeitsverhältnisses wird selten eine das ganze Jahr dauernde permanente Beschäftigung garantiert. In der arbeitsfreien Zeit ist es aber diesen Landarbeitern nicht gestattet, bei einem anderen Dienstherren ein Beschäftigungsverhältnis einzugehen, da er für den eigenen Dienstherrn ständig abrufbereit zur Verfügung stehen muß. In dieser beschäftigungsfreien Zeit steht ihm aber nur in Ausnahmefällen eine Entlohnung bzw. eine Verköstigung im Hause seines Arbeitgebers zu. Es steht ihm allerdings frei, sich innerhalb des Dorfes irgendeiner Nebentätigkeit zu widmen. Dazu zählen Korbflechterei, Sammeln von Brennmaterial und Gras, Fischfang usw., um sich durch den geringen Erlös vor dem Verhungern zu retten. In SAKRALI hat aber die Ausbeutung dieser Landarbeiterklasse nie die Formen angenommen, wie sie innerhalb des ZAMINDAR-Systems in UTTAR PRADESH praktiziert wurden, wo der ZAMINDAR als Arbeitgeber im Dorf eine gewisse Monopolstellung innehatte, was bei der Vielzahl der Bauern als Nachfrager nach Lohnarbeit in den PUNJAB-Dörfern nicht der Fall war. Da sie diesen Arbeitern draußen auf der Wurth ein Wohnrecht einräumen, haben sie zwar genügend Repressalien wie Entziehung des Wohnrechts, Verringerung des Naturallohns, Verpflichtung zur sofortigen Zurückzahlung der Anleihen, um die Landarbeiter in ständiger Angst und Abhängigkeit zu halten und zusätzliche Leistungen zu erzwingen. So werden z. B. CHUHRAs gegen ihren Willen gezwungen, im Hause des Dienstherrn die Reinigungsarbeiten und das Säubern der Viehställe zu übernehmen. Ihre Frauen haben zur Zeit der Ernte auf den Feldern mitzuarbeiten, während die Kinder das Vieh zu hüten haben. Dafür wird eine gewisse Sonderentlohnung gewährt oder ein zusätzlicher Kredit gegeben, wie folgendes Beispiel zeigt:

DIENSTLEISTUNGSVERTRAG (Feger)

VARYAM SINGH, Sohn von FIDAYAN HARIJAN und DEVO, Sohn von VARYAM HARIJAN haben 150.00 RS als Kredit aufgenommen. Dieser Betrag soll zinsfrei sein, wenn der Haushalt von VARYAM dafür bereit ist, regelmäßig den Mist aus dem Viehstall von GURDYAL SINGH zu entfernen. Diese Arbeit soll als Zinsentgelt für den geliehenen Betrag angesehen werden. VARYAM hat aus dem Mist die Kuhfladen zu formen. Sie wollen diese Arbeit so lange verrichten, bis sie das Geld zurückzahlen. Wenn sie das Geld zurückzahlen, kann GURDYAL sie nicht zwingen, weiterhin für ihn zu fegen. Die Rückzahlung der Schuld und das Einstellen der Arbeit kann jeweils an LOHARI (Februar) oder NAMANI (Juni) erfolgen.

Signaturen von Vertragspartnern (Daumenabdruck)
Zeugen

Quelle: Auszug aus Geschäftsaufzeichnungen des LAMBARDARS, a. a. O., II, 74.

Da dieses Arbeitsverhältnis durch ein Schuldverhältnis gekennzeichnet ist, unterscheidet es sich sehr wesentlich von den gewohnheitsrechtlichen Arbeitsverhältnissen der Dorfhandwerker und Dorfdiener, die Bestandteil des institutionellen Rahmens der traditionellen Subsistenzwirtschaft im Dorfe sind. Der Beschäftigungsstatus als Grobschmied, Weber, Feger, Lederarbeiter und ihre Funktionen waren traditionell fixiert.

(c) Die Bewirtschaftungspartner:

Neuerdings wird die Selbstbewirtschaftung des Landes in stärkerem Maße mit familienfremden Partnern auf der Basis einer Ertragsbeteiligung durchgeführt, wobei der Partner bei der Entlohnung den erwachsenen männlichen familieneigenen Arbeitskräften gleichgestellt ist. Sie werden je nach der Person des Mitbewirtschafters und seiner Kaste als co-parcener oder farm-servant bezeichnet. Hier handelt es sich gewöhnlich um eine Neugestaltung des Arbeitsverhältnisses zu dem ehemals abhängigen Pächter (tenant at will oder GER MORUSI), die sich beide gegenseitig aushalfen. Dieses ehemalige Landlord-Pächter-Verhältnis (SAANCH) bestand darin, daß der Pächter Hand- und Spanndienste ohne Bezahlung im Dienste des Landlords zu leisten hatte und dafür den Pflug, den Ochsenkarren usw. des Dienstherrn, gelegentlich auch Nahrung und Kleidung erhielt. Diese Partner werden des geringfügigen Unterschieds zum festangestellten Lohnarbeiter ebenso SIRI oder auch HISSADAR genannt (englisch: SHARE CROPPING). Ihre Anstellungsverträge haben in der Regel folgenden Inhalt:

MITBEWIRTSCHAFTER-VERTRAG

GURDYAL SINGH stellt ISHAR SINGH, Sohn von SADHU CHAMAR gegen 1/9 Anteil am Ernteertrag unter der Bedingung an, daß GURDYAL einen weiteren Diener gegen 1/10 Anteil beschäftigen kann. Für diese Berechnung des Anteils werden die von GURDYAL SINGH zur Bewirtschaftung zur Verfügung gestellten Zugtierpaare und die Arbeitskräfte zu gleichen Teilen berücksichtigt. ISHAR SINGH soll am Futterertrag nicht beteiligt werden. Die Bewässerungsgebühren sollen nach den festgesetzten Ertragsanteilen aufgebracht werden. Wenn GURDYAL Pflanzenschutzmittel verwendet, dann soll ISHAR hierzu seinen Anteil in Geld entrichten.
GURDYAL hat an ISHAR weiterhin ein zinsfreies Darlehen gegeben. Wenn dieses Darlehen nicht innerhalb eines Jahres zurückbezahlt wird, dann ist es ISHAR SINGH nicht gestattet, den Arbeitsvertrag zu lösen.
ISHAR hat während dieser Zeit alle im Feld vorkommenden Arbeiten zu verrichten einschließlich der Überwachung der Feldfrüchte und der Versorgung des Viehs mit Futter.
Ihm stehen 5 Urlaubstage im Jahr zu. Bleibt er ohne Entschuldigung der Arbeit fern, dann hat er entweder einen anderen Mann als Vertreter zu entsenden oder 2,50 RS zu entrichten.
Unterschriften der Vertragspartner

Quelle: Aufzeichnungen des LAMBARDARS, a. a. O., II, 82.

In diesem Vertrag wird der Anschein erweckt, als würde der Ernteertrag ausschließlich nach produktiven Beiträgen zur Produktion bei gleichmäßiger Anlastung der Produktionskosten verteilt, ohne daß der Eigentümer des Landes für die Zu-Verfügung-Stellung des Bodens eine Sondervergütung verlangt. Vor der Landreform hatte der Grundherr auf diese Weise bereits die Hälfte der Ernte beansprucht, bevor der Rest nach dem üblichen Modus nach Arbeitsbeiträgen verteilt wurde. In der Regel behält aber auch heute noch der Landlord einen höheren Ernteanteil zur Deckung der Produktionskosten ein (Grundsteuer, Bewässerungsgebühren, Saatgut, Löhne der KAMIN); der Rest wird dann zwischen dem Landlord und seinen Bewirtschaftungspartnern nach dem jeweiligen Arbeits- und Zugtierbeitrag zu gleichen Anteilen aufgeteilt, wobei ein Zugochsenpaar einer Vollarbeitskraft entspricht. Wird der Partner aus der Küche des Landherrn mitversorgt, dann reduziert sich der Anteil entsprechend. Dieses SIRI-System moderner Prägung unterscheidet sich sehr wesentlich von dem traditionellen Teilpacht-System (BATAI) vorderasiatischer Prägung, wobei die Ernte zwischen dem Grundherrn und Pächter nach den Gesichtspunkten verteilt wird, wer die Arbeit, den Boden, das Wasser, das Saatgut und das Vieh beigetragen hat. Man muß diese Wirtschaftsform als eine Sonderform bäuerlichen Wirtschaftens ansehen, bei der die eigentliche Unternehmerfunktion, d. h. die Disposition über den Einsatz der Produktionsfaktoren, die Produktionsgestaltung und die Verwendung des Ertrags und der Gewinne in den Händen des Grundherrn liegt. Ebenso arbeiten die Familienangehörigen des Grundherrn in der Regel im Betrieb mit.

Der dabei eingesetzte Bewirtschaftungspartner unterscheidet sich aber auch sehr wesentlich sowohl vom Lohnarbeiter mit fester Entlohnung als auch vom Pächter. Er haftet nämlich für Schäden bei unsachgemäßer Wirtschaftsweise, ist andererseits aber auch am Erfolg seiner Arbeit beteiligt; damit werden das persönliche Interesse und verstärkte Sorgfalt angeregt. Aber wegen des durch die Disposition des Grundherrn eingeschränkten Nutzungsrechts am Land und des erheblich eingeschränkten Verfügungsrechts über die Ernte ist dieser Landarbeitertypus auch nicht als Pächter anzusehen. Er hat nur ein sehr unbedeutendes Einmischungsrecht in die Betriebsführung, sein Ertragsrisiko ist gegenüber der Selbstbewirtschaftung oder der Pacht entsprechend eingeschränkt. Selbst die Disposition über seinen Arbeitseinsatz wird vom Grundherrn getroffen. Dabei ist aber wichtig zu unterscheiden, wer der eigentliche Grundeigentümer ist. Handelt es sich um einen traditionellen Bauern, der wegen Alter, Krankheit, nebenberuflicher Beanspruchung auf Fremdarbeitskräfte zurückgreift, dann wird er deren Einsatz und Funktion weitgehender bestimmen als eine Witwe oder ein aus Berufsgründen abgewanderter Grundeigentümer, die ihren Arbeitern zwangsläufig mehr Dispositionsfreiheit einräumen müssen. Allerdings ist in solchen Fällen der Übergang zur Teilpacht sehr flüssig.

Es handelt sich also hierbei um ein echtes Arbeitsvertragsverhältnis mit Naturalentlohnung. Entlohnt wird die Arbeitsleistung, in selteneren Fällen schließt die Entlohnung auch ein Entgelt für Arbeitsgeräte, Zugtiere und Betriebsmittel ein. Auch wenn er eine Viehhaltung betreibt und Arbeitsmittel stellt, fehlen ihm gefühlsmäßige Bindungen

an das von ihm bewirtschaftete Land und der Sinn für eine
auf lange Sicht berechnete nachhaltige Wirtschaftsweise.
Da auch seine Familienangehörigen kaum regelmäßig im Feld
mitarbeiten, nimmt die Arbeitswelt eines solchen Landarbeiters mit Naturalentlohnung nicht bäuerliche Gestaltungs-
und Lebensformen an. Die graduelle Abschwächung des ehemaligen Teilpächter-Verhältnisses und seine Umformung in dieses
Arbeitsverhältnis mit Naturalentlohnung ist als Ergebnis der
Bodenreform und des Zwangs zur Selbstbewirtschaftung des
Landes zu werten.

(d) Der <u>Teilpächter</u> des traditionellen Typs, der vom Grundherrn das Land, Saatgut, gelegentlich Inventar und Zugvieh
zur (meist als Ergänzung zur eigenen) völlig selbständigen
Bewirtschaftung mit seinen Familienarbeitskräften erhält
und für den Boden die Hälfte des Ertrages und weitere Anteile für die restlichen Produktionsmittel abführt, findet sich
vor allem auf Grenzböden (Land an Flußläufen, unbewässerbares Land, erosionsgefährdetes Land). Dieser Teilpächter
hat primär Unternehmereigenschaften, d. h. sowohl weitgehende Entscheidungsfreiheit in der Wirtschaftsführung als
auch völlige Dispositionsfreiheit im Einsatz der Produktionsmittel. Eine echte Gegenseitigkeitshilfe zwischen eigenbewirtschaftendem Landherrn und relativ selbständigem Teilpächter ist die Regel und unter dem Begriff SAANCH bekannt.
Danach hilft der Teilpächter bei Arbeitsspitzen im Betrieb
seines Herrn, erhält dafür neben Nahrung und Kleidung auch
Produktionsmittel zur Nutzung in seinem Pachtbetrieb. Ebenso oft findet man die Söhne solcher Teilpächter im Betrieb
des Verpächters als Lohnarbeiter wieder. Insgesamt ist diese
ehemals bedeutende Pachtform sehr stark zurückgegangen. Heute
vergibt man auch bestimmte Parzellen im Teilbau zur selbständigen Durchführung von arbeitsintensiver Aussaat-, Pflege-
und Erntearbeit, wie folgende Beispiele zeigen:

TEILPACHTVERTRÄGE (Ernteanteil)

1. NIMASHAT, August 26, 1959

GURDYAL hat an SANTRAM KUMHAR ein Stück Land am BHARIANI-Brunnen zur Baumwollaussaat und zum Düngemittelstreuen übertragen. Nun hat aber GURDYAL SINGH dies

rückgängig gemacht und SANTRAM dafür 3 BIGHAS bereits
ausgesäten Mais am BARYANI-Brunnen und 3 BIGHAS Mais
am NYANI-Brunnen für ein zweimaliges Hacken und Un-
krautjäten in jedem Feld übergeben. Wenn diese Arbeit
zweimal sorgfältig und rechtzeitig erfolgt ist, dann
wird SANTRAM das Recht auf einen halben Anteil am Ertrag übertragen. Tut er es nicht, verliert er sein
Anteilrecht.

Unterschrift und Zeugen

Quelle: Aufzeichnungen des LAMBARDARS, a. a. O., II, 76.

2. NIMASHAT am 8. Juli 1959

An SARVAN KUMHAR, Sohn von RAM RABHA aus SAKRALI
wurden 6 BIGHA Land zur Reisernte übertragen. Es handelt sich um jungfräulichen Boden. Der Eigentümer
dieses Landes GURDYAL SINGH soll die Hälfte des Ertrages erhalten. Die Bewässerung erfolgt durch Kanal-
wasser, die Gebühren werden von GURDYAL bezahlt. Wird
kein Reis angebaut, dann wird eine Geldstrafe von
15.00 Rs pro BIGHA und Jahr von SARVAN erhoben. Das
Land wird auf ein Jahr verpachtet.

Unterschrift (Daumenabdruck)
Zeuge

Quelle: Aufzeichnungen des LAMBARDARS, a. a. O. II, 76.

Diese Vertragsformen anstelle des früheren Teilpacht-
systems ermöglichen dem selbstbewirtschaftenden Bauern, eine
größere Aussaatfläche zu bestellen als er mit dem Arbeitspotential seines Betriebes bewältigen kann. Der Landhunger
der landlosen Kasten gibt ihm kurzfristig die Möglichkeit,
den Fremdarbeitereinsatz sehr elastisch zu handhaben. In
größeren Betrieben der LAMBARDARS ist diese Pachtform sehr
beliebt. Dem Teilpächter wird damit die Möglichkeit gegeben,
seine Familienarbeitskräfte voll auszulasten und dabei den
Arbeitseinsatz nach freiem Ermessen zu gestalten. Er kann
daneben jede beliebige Lohnarbeit übernehmen oder seinen traditionellen Beruf weiter ausüben. Deshalb machen vor allem
die traditionellen Dorfbediensteten mit sich verengender
Existenzbasis davon Gebrauch.

Eine andere Variante des Teilpacht-Systems wird von den
Händlern oder Geldverleihern, gelegentlich auch von den JAATs
praktiziert. Bei Kreditvergaben bestellen sie Früchtepfand-
rechte an einem Teil des Landes von Schuldnern, nehmen das
Land in Besitz und verpachten es an meistbietende JAATs oder
BRAHMANEN gegen einen Anteil (1/3 - 2/3) am Ernteertrag, den

sie wiederum als Zins- oder Amortisationszahlung für den
geschuldeten Betrag deklarieren. Diese Praktiken nehmen mit
zunehmender Vermögensdifferenzierung innerhalb der oberen
Kasten zu. Die Verpächter nehmen kaum irgendwelchen Einfluß
auf die Produktionsgestaltung, noch steuern sie irgendwelche
Produktionsmittel bei. Das Land gelangt auf diese Weise in
die Hand des "besten Wirts", wird aber dabei kurzfristig
rigoros abgewirtschaftet. Neben dem abzuliefernden Ernteanteil ist keine weitere Dienstleistung (Hand- oder Spanndienst)
an den Verpächter zu leisten, da dieser meist nichts mit der
Landbewirtschaftung zu tun hat. Diese Pachtform wird von den
Händlern der Geldpacht deshalb vorgezogen, weil sie eine Absicherung gegen die sprunghaft ansteigenden Nahrungsmittelpreise bietet.

(e) Schließlich gibt es auch den Pächter, der Land gegen
einen festen Geldbetrag pachtet. Die Geldpacht ist die Pachtform, die bei der Vergabe von Staats- oder Dorfland praktiziert wird. Gelegentlich machen auch die JAATs untereinander
davon Gebrauch, um ihre Betriebsflächen dem jeweils vorhandenen Arbeitspotential anzupassen oder Parzellen zu arrondieren. Nur eine einzige CHAMAR-Familie pachtet auf diese
Weise Land zu, wobei sie folgenden Vertrag abzuschließen
hatte:

  GELDPACHTVERTRAG (mit BEGAR)

Das Land von CHOONA RADHA, in der Nähe des äußeren
Brunnens, wird für ein Jahr an ARJAN CHAMAR, Sohn von
RATTO aus SAKRALI verpachtet. Der Pachtsatz beträgt
185.00 Rs pro KAHR und 15.00 Rs, die als Handdienst
(BEGAR) abzudienen sind. Diese Handdienste sind von
ARJAN zu entrichten und die restlichen 185.00 Rs sind
an JEEVNA, den Besitzer des Landes, auszubezahlen.
ARJAN kann jederzeit die Bewirtschaftung des Landes
fortsetzen, aber mit dem Zeitpunkt der Aufgabe der Bewirtschaftung kann JEEVNA das Land beliebig weiterverpachten.

 Unterschrift von GURDYAL Unterschrift von ARJAN
             durch Daumenabdruck
    Unterschrift eines Zeugen

Quelle: Auszug aus Aufzeichnungen des LAMBARDARS,
  a. a. O. II, 24.

Daß aber solche Geldpachtverträge nicht zwangsläufig in
Verbindung mit der Arbeitskraft (Hand- und Spanndienste)

abgeschlossen werden, zeigt folgender Pachtvertrag:

GELDPACHTVERTRAG

Das Land von AMAR SINGH SADH, über das GURDYAL verfügungsberechtigt ist, ist an ARJAN SINGH, Sohn von DAYAL CHAMAR von SAKRALI gegeben worden. Dieses Land am SARHANEY-Brunnen umfaßt 41 Bighas (3,69 ha). Die Pacht soll 6.00 Rs pro Bigha pro Jahr, also 246.00 Rs betragen. Daneben wurden ARJAN 2 Bighas Zuckerrohrland übertragen, für die 25.00 Rs pro Bigha pro Jahr zu entrichten sind. Der Gesamtpachtvertrag für die beiden Pachtflächen beträgt also 296.00 Rs. Dieser Betrag ist von ARJAN an GURDYAL SINGH abzuführen. Das Land wird für ein Jahr verpachtet. Die Reparatur und die Erneuerung des Brunnens soll von GURDYAL bezahlt werden.

Unterschriften der Vertragspartner und
eines Zeugen

<u>Quelle</u>: Auszug aus Aufzeichnungen des LAMBARDARS,
a. a. O. II, 42.

Da diese Geldpacht innerhalb der JAAT- oder BRAHMANEN-Kaste zur Erhöhung der Bodenmobilität und zur optimalen Gestaltung der Betriebsfläche in Bezug auf Arbeitskräftebestand, Gebäudebestand und gegebener technischer Ausrüstung beiträgt, schreitet der Gesetzgeber in solchen Fällen auch nicht ein.

Damit läßt sich zusammenfassen: Die Landbewirtschaftungsverhältnisse in der Untersuchungsgemeinde SAKRALI sind gekennzeichnet durch die selbstbewirtschaftenden Landeigentümer, die aber Fremdarbeitskräfte hinzuziehen oder Teile ihres Landes an Landlose verpachten. Diese Verhältnisse gelten für alle anderen Untersuchungsgemeinden mit unterschiedlichem Gewicht. Die selbstbewirtschaftenden Landeigentümer greifen bevorzugt auf die durch ein Schuldverhältnis von ihnen abhängigen Landarbeiter aus unteren Kasten zurück. Diese sind nahezu immobil und haben kaum jemals eine Gelegenheit zur Abwanderung oder zum sozialen Aufstieg. Größere Mobilität herrscht nur unter den Saisonarbeitern und Tagelöhnern, die aber meist zur ärmsten und unterbeschäftigten Landarbeiterschicht gehören. Die als Partner mitwirtschaftenden Landarbeiter (co-parcener, farm servant) und die eigentlichen Teilpächter tragen zwar ein großes Existenzrisiko, bei günstigen Wachstumsbedingungen bietet sich ihnen aber die Chance zu einem guten Verdienst und zu einem sozialen Aufstieg, falls er nicht von der eigentlichen Bauernschicht unterbunden wird. Dazu dient vor allem das Kastensystem, um ihnen die Vielfalt ökonomischer Entfaltungsmöglichkeiten zu versagen. Der Grad der Abhängigkeit dieser landlosen Haushalte bestimmt sich auch nach dem Umfang von Nachfrage und Angebot landwirtschaftlicher Arbeiter. Der Zug zur erwerbswirtschaftlichen Orientierung in der Landwirtschaft und das Vordringen industriell gefertigter Produkte ins Dorf verdrängt die traditionellen Berufe mehr, als daß die Beschäftigung freier Lohnarbeiter begünstigt wird. Das Vorhandensein dieses unterbeschäftigten und arbeitslosen Arbeiterproletariats wird dazu mißbraucht, ihre Arbeitskraft auszunutzen. Verzweiflung und Furcht, verhungern zu müssen, treibt diese Arbeiter in die Hände von Bauern, um eine neue relative Sicherheit zu erlangen. Diese Abhängigkeit dauert an, so lange die agrarische Existenz im Verhältnis zur freigesetzten und zuwachsenden Arbeitskraft relativ unterentwickelt ist und die Landbewirtschaftung nicht nach modernen Methoden erfolgt.

Wie im weiteren zu zeigen sein wird, war es erst das Anwachsen alternativer Beschäftigungsmöglichkeiten im Zuge der Industrialisierung und der Infrastruktur-Verbesserungsmaßnahmen im Community Development Program bei gleichzeitiger Intensivierung der landwirtschaftlichen Produktion, was die Voraussetzung zur institutionellen Freisetzung der großen Schicht bisher abhängiger Landarbeiter und Dorfbediensteter schuf.

D. Unterschiede in der sozialökonomischen Struktur der Untersuchungsgemeinden von UTTAR PRADESH (U. P.)

I. Die Verteilung der Rechte am Land und ihr Einfluß auf das JAJMANI-System

Die Bodenbesitzverhältnisse in den beiden Untersuchungsgemeinden von UTTAR PRADESH unterscheiden sich trotz gleichartiger ethnographischer Struktur der Dorfgemeinschaften grundlegend von denen in den PUNJAB-Untersuchungsgemeinden. Das ist im wesentlichen auf das grundsätzlich andersartige Steuererhebungssystem der englischen Kolonialverwaltung in U.P. zurückzuführen. Die Gemarkungen beider Untersuchungsdörfer gehörten vor der Bodenreform jeweils einem Landlord mit Sitz in Agra, deren Rechte am Dorfland von den Engländern gegen jährliche Entrichtung einer Steuerpauschale begründet wurden. Mit der Zahlung dieser Steuerpauschale an den Staat zum Zeitpunkt der Veranlagung erlangte der ZAMINDAR erbliche und übertragbare Rechte am Land und damit ein umfassendes Verfügungsrecht über das Land, das er selbst bewirtschaften oder an Pächter weitergeben konnte, wobei vor allem Handwerker und Dienstleute kleinere Landanteile als Vergütung für ihre Dienste erhielten.

Auf diese Weise befand sich die ehemals vollfreie Bauernschaft der JAAT in der Position von abhängigen Pächtern. Den JAATs und den BRAHMANEN der Untersuchungsgemeinden, die nachweisen konnten, daß sie selbst oder ihre Vorfahren das Land seit 12 Jahren bewirtschafteten und den ursprünglich festgelegten Pachtzins zahlten, wurde bereits 1859 eine Besitzgarantie zugesprochen. Sie hatten damit keine übertragbaren Rechte am Land, dafür aber die Möglichkeit der Unterverpachtung, die aber wegen der geringen Eigenfläche in nur unbedeutendem Umfang praktiziert wurde.

Die für die heutigen Besitzverhältnisse bedeutendste Maßnahme wurde im Act XII aus dem Jahr 1881 ergriffen, der den ZAMINDARs die Möglichkeit bot, Besitzgarantien an dem Teil ihres Landes im Dorf zu erhalten, das sie in Eigenbewirtschaftung nahmen (SIR- oder KUDKASHT-Land). Dieses von dem ZAMINDAR beanspruchte SIR-Land wurde im U.P. Tenancy Act auf 50 acres begrenzt. Obwohl nach dem Tenancy Act (1901, 1926) und dem U.P. Tenancy Act 1939 schließlich allen Pächtern von SIR-Land

(non-occupancy tenants) ein dauerhaftes und erbliches Recht
gegeben wurde (fixed rate tenancy an Unterpächter der JAATs
und BRAHMANEN und an Grobschmiede, Friseure und Wasserträger,
hereditary tenancy an GADARIA auf ihrem gerodeten Ödland
usw.), hatte es noch kein Pächter von SIR-Land gewagt, die
ihm zustehenden Rechte an seiner Pachtfläche gegenüber dem
ZAMINDAR gerichtlich durchzusetzen.Einmal hatte der PATWARI
nichts entsprechendes in den Grundbüchern verzeichnet, auf
das sie sich hätten stützen können, zum anderen fürchtete
jeder seine Ohnmacht vor dem Gericht und die Vergeltungs-
maßnahmen des ZAMINDARS (Pachterhöhung, Vertreibung).Davon
war aber die Mehrzahl der Pächter betroffen,die den unteren
unreinen Kasten angehörten CHAMAR, JATAV, MEHTA). Ihre Pachtfläche betrug kaum mehr als 0,5 bis 2 acres auf bewässertem
und 1 bis 5 acres auf unbewässertem Gebiet.

Mit der Bodenreformgesetzgebung nach der Unabhängigkeit
(U.P. ZAMINDARI Abolition and Land Reform Act von 1951 und
U.P. PANCHAYAT RAJ Act 1948) wurde dieses Landlord-System
abgeschafft. Der Steuerbezirk wurde in Staatshand übertragen
und der ZAMINDAR verlor einen Teil seiner Rechte am Land mit
Ausnahme des SIR-Landes. Grundsteuereinziehung, Verwaltungs-
und richterliche Funktionen, ebenso wie die Disposition über
das Gemeindeland, das nun in das Eigentum der Dorfgemeinschaft überging, wurde dem PANCHAYAT (Gemeinderat) übertragen, der als demokratisches Muster zur Regelung ökonomischer,
sozialer und politischer Verhältnisse in Anknüpfung an alte
Traditionen im Dorf wieder erstehen sollte. Die Regelung der
Rechts- und Steuerangelegenheiten der Dorfgemarkung oblag
einem Land Management Committee, dem GAON SABHA und den GAON
SAMAJs. Das Dorf wurde zur untersten Steuereinheit und die
Vertreter des Land Management Committee wurden mit dem
Steuereinzug beauftragt.

Anstelle der zuvor recht komplizierten Rechtsverhältnisse
am Land und den undurchsichtigen Pachtverhältnissen wurde
ein neuer vereinfachter gesetzlicher Rahmen geschaffen, in
dem eine dreifache Staffelung der Rechte am Boden vorgesehen war[1]:

---

1) Im Act von 1950 hatte man den Pächtern von SIR-Land und
den Afterpächtern von Erbpächtern ein einheitlich auf

1) Die BHUMIDHARI-Rechte, die gleichbedeutend sind mit dem vollen (erblichen und übertragbaren) Eigentumsrecht am Land. Der Erwerb dieser Rechte stand zunächst den beiden ehemaligen ZAMINDARs an ihrem SIR- bezw. KUDHASHT-Land und ihren Obstgärten zu. Es wurde auch den ehemaligen Erbpächtern (occupancy tenants, hereditary tenants, fixed rate tenants usw.) eingeräumt, wenn sie bereit waren, innerhalb von 3 Monaten das Zehnfache des bisherigen Pachtsatzes an die Regierung zu entrichten. Machten sie von diesem Volleigentumserwerb keinen Gebrauch, dann erwarben sie automatisch

2) das SIRDAR-Recht, das einem dauerhaften und erblichen Besitzrecht entspricht, aber nur eine landwirtschaftliche Nutzung des Landes erlaubt. Diese Rechte konnten bei illegalem Transfer des Landes und bei Unterverpachtung entzogen werden.

Grundsätzlich war sowohl den BHUMIDARs als auch den SIRDARs verboten, ihr Land weiterzuverpachten, es sei denn, daß sie als Minderjährige oder Witwen, wegen des Militärdienstes oder körperlichen Gebrechen vorübergehend oder dauerhaft ihr Land nicht selbst bewirtschaften konnten. Die zur Bewirtschaftung dieses Landes eingesetzten Teilpächter oder Landarbeiter konnten

3) die ASAMI-Rechte geltend machen, nach denen sie als Bestandteil ihrer Vergütung ein Stück Land zur Eigenbewirtschaftung aussondern können, das mit erblichen aber nicht übertragbaren Rechten ausgestattet ist. Diese Rechte besitzen auch jene Pächter, die ehemaliges Dorfweideland, Schwemmland in Flußbecken oder gelegentlich überschwemmtes Gebiet bewirtschaften.

Auch nach der Abschaffung des ZAMINDAR-Systems herrschen noch große Unterschiede im Landbesitz zwischen den einzelnen

---

5 Jahre befristetes Besitzrecht eingeräumt. Die Klasse von Pächtern, ADHIVASIs, konnten nach Ablauf dieser 5 Jahre BHUMIDARI-Rechte gegen Zahlung des 15fachen der bisherigen jährlichen Pachtsumme oder des 15fachen der Pachtsumme des Hauptpächters erwerben. Die BHUMIDARs und SIRDARs, deren Rechte am Land daraufhin erloschen, erhielten eine angemessene Entschädigung.

TAB. 12 *Landbesitzende und landbewirtschaftende Haushalte (Hh) nach Kastenzugehörigkeit in den Untersuchungsgemeinden von UTTAR PRADESH (1963/64)*

Kastenbez.	Tradition. Kastenberuf	Untersuchungsgemeinde							
		Sunari				Jogupura			
		Dorf-Hh insg.	Hh mit eigenem Land abs.	in %	Durchschn. Besitzfl. in ha	Dorf-Hh insg.	Hh mit eigenem Land abs.	in %	Durchschn. Besitzfl. in ha
I. Obere Kasten									
Brahmanen	Priester, Geldverleiher	6	5	83,3	3,0	1	1	100,0	6,9
BANIA	Händler	2	2	100,0	3,0	-	-	-	-
JAATS	Landbewirtsch.	45	41	91,1	6,1	34	29	85,3	5,7
II. Handwerks-u. Dienstleistungskasten									
BARAHI	Grobschmied	1	-	-	-	2	1	50,0	2,4
NAI	Friseur	3	3	100,0	1,6	8	7	87,5	1,2
KUMHAR	Töpfer, Transp.	18	5	27,8	1,8	6	4	66,6	0,4
GADARIA	Viehhirten, Pächt.	1	1	100,0	1,6	9	7	77,7	1,2
DHIMAR	Hindu, Wassertr.	-	-	-	-	15	15	100,0	1,6
SAKKA, VISHTI	Moh. Wasserträger	-	-	-	-	2	2	100,0	1,4
BHARBHUJE	Getreideröster	-	-	-	-	6	-	-	-
CHAMAR, JATAV	Abdecker, Gerber, Lederverarbeiter	18	11	61,1	0.6	40	31	77,5	1,6
MEHTA	Feger, Schweineh.	3	-	-	-	4	1	25,0	0,8
FAKIR	Moh. Tempelpr.	-	-	-	-	3	3	100,0	1,0
JOGI	Hind. Tempelpr.	-	-	-	-	6	4	66,6	2,4
Insgesamt		97	68	70,1		136	105	77,2	

Quelle: eigene Erhebungen

Kasten und Berufsgruppen, wie folgende Ergebnisse aus den beiden Untersuchungsgemeinden zeigen (vergl. Tabelle 12).

Ein Vergleich der Ergebnisse dieser Landverteilung zwischen oberen dominanten Kasten und Handwerks- und Dienstleistungskasten mit den Untersuchungsergebnissen aus dem PUNJAB (vergl. Tabelle 7/8) zeigt einen für die Berufsstruktur und ihren Wandel in den einzelnen Gemeinden sehr bedeutenden Unterschied. Die Landbesitzverhältnisse in den Untersuchungsgemeinden von UTTAR PRADESH sind als Ergebnis des ZAMINDAR-Systems und der Bodengesetzgebung durch eine größere Streuung zwischen den einzelnen Kasten gekennzeichnet. Der Landbesitz ist nicht auf wenige dominante Kasten im Dorf konzentriert. Bei der Bodenreform ist der Zugang zum Land und damit zur selbständigen Landbewirtschaftung allen bisher in abhängiger Stellung landbewirtschaftenden Kasten nicht nur de jure sondern auch de facto ermöglicht worden. Wie zu zeigen sein wird, hat dieser Vorgang den Niedergang des traditionellen Dorfgewerbes und eine Lockerung der überkommenen Abhängigkeitsverhältnisse in weit stärkerem Maß beschleunigt, als es in den PUNJAB-Dörfern der Fall war. Während die Feger und Grobschmiede wegen der Arbeitsbelastung im traditionellen Beruf kaum Zeit zur Landbewirtschaftung hatten, waren es vor allem die Friseure, Wasserträger und Lederarbeiter, die als Pächter (occupancy und statutory tenants) und Unterpächter von dem ZAMINDAR und gelegentlich von den oberen Kasten des Dorfes zur Bewirtschaftung ihres Dorfes herangezogen wurden. Sie haben bei der Landreform ihren Anspruch auf Erwerb des bewirtschafteten Landes durchsetzen können.

Als Ergebnis der Bodenreform ergibt sich z. B. für die Untersuchungsgemeinde SUNARI folgendes Bild von den bestehenden Rechtsverhältnissen am Boden (vergl. Tabelle 13).

Im Dorf SUNARI kontrollieren 46,4 % der ansässigen Haushalte zusammen mit den ehemaligen ZAMINDAR 90,6 % der landwirtschaftlichen Nutzfläche. Diese BHUMIDARs gehören zu den oberen Kasten (BRAHMANEN, BANIA, JAAT), die mit Unterstützung des Ex-Landlords, der die Dorfoberschicht beim Erwerb der BHUMIDAR-Rechte mit recht günstigen Kreditbedingungen zu diesem Schritt angeregt hatte, die wirtschaftlichen und sozialen Verhältnisse des Dorfes bestimmen. Diese Fraktion

TAB. 13 Landbesitzende Haushalte nach Kastenzugehörigkeit und ihre Rechtsverhältnisse am Boden in der Untersuchungsgemeinde SUNARI (1963/64)

Rechtsstatus nach der Bodenreform	Status d. Rechtsträgers vor der Bodenreform	Kastenzugehörigkeit der Haushalte	Zahl der Haushalte im Dorf			Landwirtsch. Nutzfläche	
			abs.	in % der landbesitz. Hh	in % aller Dorf-Hh	(in ha) insgesamt	in % der Gesamtfläche
BHUMIDARS	Zamindar	MOSLEM	-			49,3	14,8
	Erbpächter (occupancy, hereditary tenant, rent free grantees)	JAAT	38			234,3	70,3
		BRAHMANEN	5			12,9	3,9
		BANIA	2			5,3	1,6
Insgesamt:			45	66,2	46,4	301,8	90,6
SIRDARS	occupancy tenants, subtenants	JAAT	3			6,9	2,1
		NAI	3			4,9	1,5
		KUMHAR	5			9,7	2,9
		CHAMAR	11			8,1	2,4
		GADARIA	1			1,6	0,5
Insgesamt:			23	33,8	23,7	31,2	9,4
BHUMIDARS und SIRDARS zusammen:			68	100,0	70,1	333,0	100,0
ASAMI	Unterpächter des Ex-Landlords	KUMHAR	2			1,2	
		CHAMAR	4			2,8	
Bei Bodenreform Vertriebene Pächter	Unterpächter des Ex-Landlords (davon 4 Pächter mit Land in entferntem Dorf)	KUMHAR	3			8,9	
		CHAMAR	7			10,9	
		BRAHMANE	1			5,7	
		JAAT	6			21,8	

unterstützte den Landlord ihrerseits bei der Vertreibung seiner Unterpächter und der Durchsetzung seiner BHUMIDAR-Rechte an 122 acres Land, obwohl ihm nach dem Gesetz nur 50 acres zur Eigenbewirtschaftung belassen worden waren. Dieses Land ist allerdings in den Grundbüchern (KHASRA, KHATAUNI, KHEWAT) als Land dreier Eigentümer ausgewiesen, die alle aus der Landlord-Familie stammen[1].

Weitere 23,7 % der Haushalte, die der ökonomisch bedeutenderen Schicht der Handwerks- und Dienstleistungskasten zuzurechnen sind, besitzen die restlichen 9,4 % des Landes, sodaß eine relativ geringe Fläche pro Haushalt entfällt. Innerhalb dieser Schicht von Landbesitzern wird sehr häufig das Land zur Aufstockung der Betriebe von Kastenmitgliedern verpachtet oder vom Ex-Landlord Land auf Teilpachtbasis zugepachtet.

Die restlichen 30 % der Haushalte (insgesamt 29), die sich zumeist aus unreinen Kasten (JATAV, MEHTA, KUMHAR) rekrutieren, besitzen keinerlei Land. Nur 6 Haushalte besitzen ASAMI-Rechte auf kargem Boden von durchschnittlich nicht mehr als 1 acre. Unter diesen landlosen Haushalten befinden sich auch die 3 KUMHAR- und die 7 CHAMAR-Familien, die vor der Bodenreform Land des ZAMINDARs im Teilbau bewirtschaftet haben und danach vertrieben worden waren.

In JOGUPURA war es schwieriger, ein klares Bild von der Auswirkung der Bodenreform auf die Besitzverhältnisse zu gewinnen, weil sich die Angaben von PATWARI, PRADHAN und einzelnen Kastenältesten nicht deckten. Nach vorsichtiger Schätzung zugunsten der Darstellung der Kastenältesten haben nur knapp 14 % der Haushalte aus der JAAT-, BARAHI- und BRAHMANEN-Kaste Volleigentum an 15 % der Gesamtnutzfläche erworben; an weiteren 29 % des Landes (237 acres) erwarb der

---

1) KHASRA ist ein nach Grundstücken geordnetes Grundstücksverzeichnis und enthält neben Angaben über die Art der Bodennutzung, ausgesäte Frucht, Ausmaß und Art der Bewässerung auch rechtliche Angaben über den unmittelbaren Besitzer, Art seiner Berechtigung und als Hinweis auf weitere Berechtigungen am Grundstück einen Verweis auf das KHEWAT und KHATAUNI. Während das erste ein Verzeichnis der Eigentümer darstellt, finden sich im KHATAUNI die nach Rechtskategorien geordneten Nutzungsrechte.

Ex-Landlord BHUMIDAR-Rechte, so daß am Rest der Fläche von
56 % etwa 63 % der Haushalte mit SIRDAR-Rechten beteiligt
sind. Als Gründe für das Desinteresse am Erwerb der BHUMIDAR-
Rechte wurde angegeben, daß die zukünftige Gestaltung des
Bodenrechts zu viele Unsicherheitsfaktoren enthalte (Angst
vor Kollektivierung des Bodens!) und die meisten SIRDARs wegen bereits bestehender Verschuldung kaum das Geld zum Erwerb
des Landes aufbringen können, wenn sie sich nicht in neue
Abhängigkeit begeben wollen. Nur 23 % der Haushalte - wiederum
vor allem aus den Kasten der Unberührbaren (MEHTA, CHAMAR)
- blieben ohne Land. Sie zählen fast ausnahmslos zu den ehemaligen Pächtern der ZAMINDARs.

Insgesamt haben die Bodenreform-Maßnahmen in diesen beiden
Untersuchungsgemeinden zu einer relativ gleichmäßigen Verteilung des Bodenbesitzes innerhalb der einzelnen sozialen
Schichten geführt. Nur die beiden Ex-Landlords kontrollieren
jeweils noch eine größere Nutzfläche im Dorf. Sie konnten aber
nicht verhindern, daß der größte Teil der Haushalte (70-80 %)
zu selbständigen Landeigentümern geworden ist, während nur ein
relativ geringer Teil der Haushalte landlos blieb. Damit war
ein neuer institutioneller Rahmen gegeben, der für die Ausübung eines landwirtschaftlichen Berufs im Dorf und damit
für die Berufsstruktur als solche von größter Bedeutung war.

II. Der Status der unselbständigen landwirtschaftlichen Berufsgruppen

Die neue Schicht der Landbesitzer nimmt sich - ermu-
tigt durch die Hilfestellung des naheliegenden Community
Development Block - ihres Landes gegenwärtig im besonderen
Maße an. Selbst die ehemaligen Erbpächter mit größerem Land-
besitz verpachten kein gutes Land mehr. Die Abhängigkeit vom
ZAMINDAR, der kraft seiner Machtstellung im Dorf und kraft
Sitte und Tradition die Bewirtschaftungsverhältnisse im
Dorf bisher bestimmt hatte, ist durchbrochen. Dies begünstigt
auch die Klasse der Teilpächter und Landarbeiter, die im Ge-
gensatz zum PUNJAB die große Masse der landwirtschaftlichen
Erwerbstätigen darstellen. Damit erhöht sich vor allem

deren Dispositionsfreiheit. Diese Arbeiterschicht stand zuvor als HARWAHAS in der Schuldknechtschaft des ZAMINDARs, dem sie das ganze Jahr ihre Arbeitskräfte abrufbereit zur Verfügung zu stellen hatten. Als Entlohnung gab ihnen der ZAMINDAR ein Stück Land von 10 - 50 ar je nach Bodenbonität, das sie mit Betriebsmitteln des ZAMINDARs für den Eigenbedarf bewirtschaften konnten. Lag dieses Land außerhalb des SIR-Landes, erwarben sie bei der Bodenreform Besitzrechte. Sie bewirtschaften dieses Land heute selbständig und ergänzen ihr Einkommen durch freie Lohnarbeit oder außerlandwirtschaftliche Arbeit. Sie können ihren Arbeitgeber nach freier Wahl aussuchen, sofern sie sich nicht wiederum verschulden. In Wirklichkeit werden diese Flächen auch einem Familien- oder Kastenmitglied formlos zur Mitbewirtschaftung übertragen, wobei der Besitzer als Mitbewirtschafter auftritt, obwohl er sich einem außerlandwirtschaftlichen Beruf zuwendet. Sie erhalten einen Anteil am Ertrag zur Deckung ihres Nahrungsmittelbedarfs, helfen auch gelegentlich selbst mit. Reicht dieser Naturalertrag nicht aus, verdingt man sich in der Erntezeit als Landarbeiter gegen Naturalentschädigung, wobei pro Voll-AK und Tag etwa 8-10 Seer Getreide bezahlt werden. Innerhalb dieser ehemaligen Landarbeiter- und Teilpächterschicht besteht deshalb eine sehr auffallende Fluktuation zwischen landwirtschaftlichem und nichtlandwirtschaftlichem Zuerwerb.

Als Anteilspächter treten vor allem SIRDARs mit keinem Landbesitz auf, die auf diese Weise eine vollere Ausnutzung ihres Arbeitskraft- und Betriebsmittelpotentials erreichen. Sie nehmen Land als HAAT PER SAAIYHI, d. h. als Pächter einzelner Parzellen mit arbeitsintensiven Anbaufrüchten herein, auf denen sie die Pflege- und Erntearbeiten gegen Ernteanteil selbständig durchführen, oder sie pachten karges Land mit hohem Ertragsrisiko gegen Ablieferung des halben Ernteertrages (BATAI-System) als Teilpächter zu. Als Verpächter tritt hierbei auch der Ex-ZAMINDAR auf, jetzt als Gutsherr mit einem Gutsverwalter, dessen Tätigkeit noch immer darin besteht, größere Flächen im Teilpacht-System zu verpachten und die Erträge einzutreiben. Die eigentlichen Teilpächterverhältnisse (share tenancy) werden in ihrem vollen Umfang

- vor allem seitens des Ex-ZAMINDARs - dadurch kaschiert, daß sie mit simultan registrierten ASAMI-Pachtverhältnissen gekoppelt sind. Solche Bewirtschaftungsformen nehmen aber mit Verbesserung der Bewässerungsmöglichkeiten und höheren Ernteerträgen ab.

Die freigesetzten Landarbeiter und Teilpächter treten vereinzelt als Mitbewirtschafter mit Naturalentlohnung unter der Bezeichnung TIHA YEE BATARA oder SAAIYHIDARI auf. Sie haben auch hier die Funktion der ständigen Arbeitskraft im Landwirtschaftsbetrieb der BRAHMANEN- und JAAT-Kaste und werden mit einem Anteil an der Ernte entlohnt, der je nach Betriebsgröße 1/4 - 1/7 des Ernteertrages (etwa 12-16 mds Getreide pro Jahr) umfaßt. Ihnen werden auch nichtlandwirtschaftliche Verrichtungen im Hause des Dienstherrn aufgebürdet. Bei diesen Dienstherrn hat sich inzwischen auch die von den ehemaligen ZAMINDARs übernommene Praxis eingebürgert, bei Einstellung des Arbeiters eine Schuldabhängigkeit zu begründen.

Wenige vertriebene Pächter findet man auch als Lohnarbeiter (MAZDOOR) wieder, die meist saisonal mit monatlicher Kündigung angestellt werden. Ein MAZDOOR ist selten mehr als 5-6 Monate eines Jahres in der Landwirtschaft tätig.

E. Zusammenfassung:

Die Arbeitsverhältnisse in den PATTIDARI-Dörfern.

In einem Gesamtüberblick wurden die Arbeitsbedingungen der einzelnen Kasten, Klassen und Schichten in PATTIDARI-Dörfern mit überwiegender JAAT-Bevölkerung analysiert, wobei die unterschiedliche institutionelle Ordnung der Rechte am Boden im PUNJAB und UTTAR PRADESH berücksichtigt wurde.

Wegen des überwiegend agrarischen Charakters der Wirtschaftsstruktur der Untersuchungsgemeinden spielen die landwirtschaftlichen Haushalte als Produktionseinheiten innerhalb der Arbeitswirtschaft auf Dorfebene eine überragende Rolle. Ihre heutige Stellung läßt sich auf die Herausbildung einiger grundherrschaftlicher Haushalte in der Siedlungsphase zurückführen. Diese Agrarhaushalte scharten ein Gefolge von Priestern, Lehrern, Sängern, Handwerkern und Dienstleuten um sich. Die Angehörigen spezialisierter Berufskasten, die als Gefolgsleute bei gleichzeitig mehreren landwirtschaftlichen Haushalten mit erblichem Recht auf Arbeit ihre Dienste versahen, wurden in das arbeitsteilige System der Hauswirtschaft eingegliedert und je nach Kastenstatus oder Beschäftigungsart vorwiegend mit Produkten aus dem landwirtschaftlichen Betrieb versorgt. So war jedem landbewirtschaftenden Haushalt eine Reihe von verschiedenen Handwerkern und Dienern erblich zugehörig. Es bestand kaum eine Möglichkeit der einseitigen Kündigung dieser Art von Abhängigkeit. Der Willkür des Vorstandes eines landbewirtschaftenden Haushalts gegenüber dem von ihm unterhaltenen Handwerker- und Dienergefolge sind erhebliche Grenzen gesetzt.

Die Handwerker und Dienstleute gehören nicht zum engeren Haushalt und wohnen getrennt. Mit Ausnahme des Töpfers, des Schusters und gelegentlich des Grobschmiedes haben die Handwerker keine eigene Betriebsstätte, nur eigenes Werkzeug. Sie verarbeiten größtenteils die Rohstoffe ihrer Kunden in deren Haus oder Feld, z. B. beim Brunnenbau. Das Handwerk mit seinem spezifisch technisch-organisatorischen Merkmal, bei dem der Produzent Eigentümer sämtlicher Betriebsmittel ist, war in den Untersuchungsdörfern ursprünglich unbekannt und entsteht erst neuerdings. Dennoch bleiben die landbewirtschaftenden Haushalte eher Kunden als Arbeitgeber

und die Handwerker und Dienstleistungsverrichtenden eher
traditionell zu bestimmten Leistungen verpflichtete Lieferanten als Lohnbezieher. Ihre berufliche Freizügigkeit
war aber in Bezug auf Arbeitsfunktion und Arbeitgeber zumindest in dreifacher Hinsicht sehr stark eingeschränkt:

- (a) ein solcher Arbeiter konnte im Dorf nicht ohne erhebliche Schwierigkeiten seine traditionelle Kastenbeschäftigung zugunsten einer anderen Beschäftigung aufgeben, die als traditionelle Beschäftigung einer anderen Kaste angesehen wurde, mit Ausnahme der Landarbeit.
- (b) Außerhalb der bestehenden Arbeitsverpflichtungen konnten nur vereinzelt und sehr kurzfristig weitere Arbeitsverhältnisse mit anderen Arbeitgebern eingegangen werden.
- (c) Solche Arbeiter, die nur in einer bestimmten Zahl ererbter Haushalte Dienst tun durften, waren andererseits dadurch geschützt, daß diese Haushalte nur ihre eigenen Gefolgsleute beschäftigen und den vereinbarten und traditionell festgelegten Lohn bezahlen mußten, gleichgültig, ob die Arbeit in der festgelegten Form auch tatsächlich beansprucht wurde.

Auf diese Weise stellen die landwirtschaftlichen Haushalte gewissermaßen die Rahmenhaushalte dar, die eine große Zahl von arbeitsteilig zugeordneten Einzelhaushalten umschließen. Zu diesen landwirtschaftlichen Haushalten gehören zumeist auch eine oder mehrere Familien von den Unberührbaren (CHAMAR, CHUHRA usw.), die ursprünglich als Teilpächter, jetzt als Lohnarbeiter angestellt sind und ebenfalls am Gesamtprodukt des Betriebes einen festen oder proportionalen Anteil erhalten oder direkt - z. B. bei älteren alleinstehenden Personen oder unverheirateten Jugendlichen - täglich aus der Küche ihres Arbeitgebers mitversorgt werden. Ihr Arbeitsverhältnis zum Arbeitgeber wird weitgehend durch Landpacht oder ein Bargelddarlehen begründet. Der schuldrechtliche Tatbestand schränkt die weitere Berufswahl und damit einen Wechsel im Beruf sehr stark ein. Moderne Arbeitsverhältnisse mit Arbeitsvertrags-Freiheit gehören eher zur Ausnahme und sind vorwiegend für Kurzarbeiter üblich.

Diese Erscheinungsformen von Arbeitsverhältnissen, die Handwerks- und Dienstleistungsberufe im JAJMANI-System und die abhängigen Pächter und Landarbeiter waren in den Ex-ZAMINDAR-Gemeinden in UTTAR PRADESH durch die herausragende Stellung eines ZAMINDARs im Dorf weniger auf die landbewirtschaftenden JAAT- und BRAHMANEN-Haushalte als vielmehr auf die Bedürfnisse des ZAMINDARs selbst zugeschnitten. Die ZAMINDARs, die keinen eigenen Haushalt im Dorf hatten, sorgten durch entsprechende Landverpachtung dafür, daß den Handwerkern und Dienstleistungsverrichtenden jeweils eine landwirtschaftliche Nutzfläche zur Verfügung stand, auf der sie ihre eigenen Nahrungsmittel produzieren konnten. Auf diese Weise kam es innerhalb der Handwerks- und Dienstleistungskasten zu gemischtwirtschaftlichen Existenzen, die neben der Ausübung ihres traditionellen Kastenberufs oder der Landarbeit auf den KHUDKHAST-Ländereien des ZAMINDARs auch noch Pachtland bewirtschafteten. Nach der Bodenreform, bei der diesen Haushalten Eigentums- oder gute Besitzrechte an ihrem ehemaligen Stück Pachtland übertragen wurden, ist der gemischtwirtschaftliche Erwerbscharakter dieser Berufskastenhaushalte weitgehend erhalten geblieben. Der Landbesitz als gesicherte Lebensgrundlage trägt sehr stark zur Mobilität eines Teils der Familienarbeitskräfte in industrielle Berufe bei, sofern sie nicht unmittelbar zur Landbewirtschaftung gebraucht werden.

Damit scheinen der Landbesitz und die damit zusammenhängende annähernd gesicherte Lebensmittelversorgung für die berufliche Mobilität und die Stellung im Beruf von großer Bedeutung. Landlose können deshalb ihren Lebensunterhalt nur verdienen, wenn sie ihre Arbeitskraft den bestehenden landwirtschaftlichen Haushalten anbieten, denn nur so scheinen ihnen die lebensnotwendigen Dinge zugänglich. Arbeit wird unter diesen Umständen primär verstanden als Mittel zur Sicherung der Nahrungsmittelversorgung und damit als ein Mittel zum Erwerb von weiteren Gütern und Diensten. Der Wunsch, es den Wohlhabenderen gleichzutun, ist innerhalb dieser Berufsordnung schwerlich zu realisieren. Es besteht die

Tendenz, sich mit der Lebensweise seiner Kaste oder Klasse
abzufinden. Davon ist natürlich die Einstellung der zum
Gütererwerb erforderlichen Anstrengungen abhängig. Damit beinhalten die traditionellen Arbeitsverhältnisse zu viele
statische Elemente, von denen keine Entwicklungsimpulse ausgehen konnten. Arbeiter haben deshalb nur ein beschränktes
Interesse an der eigenen Ausbildung, an der Erlernung verbesserter Produktionstechniken und an der Erhöhung der Qualität ihrer Arbeit.

Im folgenden soll nun der Frage nachgegangen werden, wie
sich diese vorwiegend in industrieferneren Agrargemeinden beobachteten Arbeitsverhältnisse unter stärkerem Industrialisierungs- und Urbanisierungseinfluß verändert haben, wobei
vor allem folgende Faktoren zu berücksichtigen sind:

(1) Das Auftreten von Kleinindustrie (und staatlicher
 Entwicklungsbehörden) als neue Arbeitgeber.
(2) Die Ausweitung der Märkte und das Vordringen von
 verbesserten gewerblichen Produkten und Leistungen
 zu ländlichen Haushalten.
(3) Die sich ändernde Haltung der bisherigen Dienstherren, die Anstellung von Fremdarbeitskräften
 nicht nur als Statussymbol, sondern als Kostenfaktor betrachtet.

Teil III: Einfluß der Industrialisierung auf die ländliche Erwerbs- und Berufsstruktur:

Ein Vergleich zwischen industriefernen und industrienahen Gemeinden

A. Industrialisierungsprozeß und das Entstehen neuer Berufe

Der Industrialisierungsprozeß in den beiden Untersuchungsräumen (Distrikt LUDHIANA und Distrikt AGRA) wurde nicht durch wenige kapitalintensive Großunternehmen der Grundstoff- oder eisenverarbeitenden Industrie bestimmt. Die industrielle Expansion vollzog sich vielmehr in Mittel- und Kleinbetrieben mit sehr differenziertem Produktionsprogramm, die vorwiegend an der Peripherie der beiden Städte LUDHIANA und AGRA angesiedelt waren. Es handelte sich in beiden Fällen um ein umfassendes Ansiedlungsprogramm für Klein- und Mittelbetriebe in eigens dafür erschlossenen "industrial estates", deren Fläche vom Staat für industrielle Nutzung an private Unternehmer zur Verfügung gestellt wurde. Daneben bestand seit 1956 ein sogen. "Intensive Area-Scheme", das eine Stützung und Intensivierung des traditionellen dörflichen Gewerbes (Lederverarbeitung, Herstellung von Seil- und Korbwaren, Baumwollverarbeitung usw.) vorsah.

Nach den Angaben des "Engeneering Industry Officer" in LUDHIANA bestanden im Einzugsbereich seiner Behörden (District Planning Office) im Jahre 1963 insgesamt 617 Betriebseinheiten mit rund 15800 Beschäftigten, wobei 77 % der Betriebe ihren Standort im unmittelbaren Stadtbezirk von LUDHIANA hatten (vgl. Tabelle IV Anhang S.185). Für ihre Auswirkung auf die Berufsstruktur der umliegenden Gemeinden ist die Produktionsstruktur dieses industriellen Sektors von ganz besonderer Bedeutung. Danach gehören 27 % der erfaßten Betriebe mit 49 % der Beschäftigten zur Textilindustrie, 2,4 % der Betriebe mit 3 % der Beschäftigten zur Nahrungsmittelindustrie und 53 % der Betriebe mit 43 % der Beschäftigten zur eisenverarbeitenden Industrie. In AGRA hat sich dagegen ein Zentrum für die Schuhindustrie herausgebildet, in dem etwa 30 % der dort tätigen Industriearbeiter beschäftigt sind. In den umliegenden Dörfern von AGRA befinden sich verlagsähnlich organisierte Handwerkerbetriebe, die vertraglich fixierte Vorleistungen an Industriebetriebe in AGRA erbringen.

Das industrielle Produktionsprogramm in LUDHIANA und AGRA umfaßt u. a. auch die Herstellung von Produkten, die bisher bei der gewerblichen Produktion im Dorf anfielen. Ein wesentliches Merkmal dieses Industrialisierungsprozesses besteht also darin, daß die Herstellung von Gütern aus dem bisherigen handwerklichen Bereich in Betriebe außerhalb des Dorfes verlagert wird, wo sie unter größerer Spezialisierung und größerem Kapitaleinsatz durchgeführt werden.

Dieser Entwicklungsprozeß läßt sich in den untersuchten industrienahen Gemeinden im Textilbereich erkennen, wo die industrielle Herstellung von Stoffen und ihr Vertrieb in den Dörfern die traditionelle Tätigkeit des Spinnens und Webens zu verdrängen beginnt. Ebenso werden die ursprünglichen Produktionstätigkeiten des Zimmermanns und Grobschmieds, des Töpfers, Schusters usw. weitgehend in neu entstehende Handwerksbetriebe und in Fabriken verlagert, so daß sich ihre eigentliche Tätigkeit mehr auf die Ausführung von Reparaturen als auf die Herstellung von Fertigprodukten konzentriert. Der Schwerpunkt dieses frühen industriellen Entwicklungsprozesses liegt in der sehr raschen Verbesserung der Maschinentechnik und in der Entwicklung verbesserter Arbeitsverfahren, die die Herstellung von Produkten ermöglichen, die qualitativ besser und vereinzelt auch billiger als die herkömmlichen Produkte sind (z.B. neue Eisenpflüge, Kupfergefäße anstelle irdener Töpfe, bequemeres und gesünderes Schuhwerk, bunte farbfeste maschinengefertigte Stoffe anstelle handgefertigter und selbst gefärbter Leinenstoffe usw.). Daneben werden auch völlig neuartige Produkte hergestellt, wie z. B. Futterschneidemaschinen, Zuckerrohrpressen, Handpumpen und Rohrbrunnen, Fahrräder, Nähmaschinen, Spirituskocher, Unterwäsche usw.

Die industrielle Produktion kommt aber nur vereinzelt in neuen kleinen Betriebseinheiten innerhalb ländlicher Gebiete in Gang (z. B. je eine Getreide- und Ölmühle, die mit Dieselölaggregaten betrieben werden, eine Werkstätte zur Herstellung persischer Schöpfräder mit Schöpfkannen aus Feinblech, eine Schreinerei zur Herstellung von Ochsenkarren und Spinnrädern,

zwei Webereien, ein Zuliefererbetrieb von Fahrradteilen und
neuerdings eine Schneiderei). Andere ländliche Kleinbetriebe
haben sich auf die Reparatur neuer Produkte verlegt (Fahrrad-
und Metallbehälter-Reparaturen, Schuhreparatur).Die Distrikt-
Planungsbehörde in LUDHIANA hatte zwar eine Reihe von Maßnahmen ergriffen, die die Entstehung neuer Industrien auf dem
flachen Lande fördern sollten, wie z.B. die Ausbildung von
Handwerkern, Gewährung von Krediten, Lieferung von Maschinen,
Rohstoffzuteilungen usw. Damit sollte der Abwanderung von
Arbeitskräften insbesondere von Handwerkern vom Land entgegen-
gewirkt werden. Man verfolgte damit konkret die Absicht, den
bereits mit Grundnahrungsmitteln versorgten Menschen zusätzliche Erwerbsmöglichkeiten zu geben, um auf diese Weise
den Einkommensabstand gegenüber der bäuerlichen Schicht,die
durch Maßnahmen zur Steigerung der landwirtschaftlichen Produktion gefördert wurde, nicht zu vergrößern.

Die Tatsache, daß die <u>gewerbliche Produktion in den Untersuchungsgemeinden nur eine geringe Bedeutung</u> erlangt hat, ist
einmal auf die materielle Infrastruktur zurückzuführen. Neben
den relativ beschränkten Transportmöglichkeiten (vgl. TAB 1,
S. 39) sind es vor allem das Fehlen der elektrischen Energie
und die ungesicherte Zuteilung der knappen Rohstoffe (ma-
schinell gesponnenes Garn, Eisen- und Stahlbleche), die neben
der Marktferne den ländlichen Industriestandort benachtei-
ligen. Ebenso gab es Hinweise, daß Bauern und Händler darauf
hinwirken, die Entfaltung unternehmerischer Initiative anderer
Kasten zu beeinträchtigen[1]. Dem Aufstieg von selbständigen
Persönlichkeiten aus dem traditionellen Handwerkertum, die
neue Wege in Wirtschaft und Technik beschreiten, steht demnach innerhalb des Dorfes eine Reihe von technischen, ökonomischen und sozialen Schwierigkeiten im Wege. Den wenigsten
gelingt ein Ausweichen auf nahegelegene Marktflecken, da dort
der Kapitalaufwand zum Einrichten eines kleinen Gewerbebetrie-

---

1) Dem Geldverleiher von SAKRALI gelang es,bei der zuständigen
Distriktbehörde zu erreichen, daß die Konzession zur Errichtung eines größeren Handwerkerbetriebes zur Herstellung
von persischen Schöpfrädern dem Dorfgrobschmied entzogen
und seinem Sohn, dem Bürgermeister (SURPANCH) des Dorfes,
übertragen wurde.

bes ungleich höher ist und der Kundenkreis von dort aus erst neu erschlossen werden muß.

Bei diesem Industrialisierungsprozeß in LUDHIANA und AGRA handelt es sich also zum Teil um eine standortgemäße Verlagerung und produktionstechnische Verbesserung bereits im Dorf bestehender arbeitsteiliger Prozesse in neue Produktionseinheiten. Dies hat zur Folge, daß die Arbeitsteilung zwischen Stadt und Land zunimmt. Produzent und Nachfrager von gewerblichen Produkten rücken räumlich voneinander ab. Dieser Prozeß wurde - insbesondere im LUDHIANA-Distrikt - durch den Ausbau von modernen Verkehrswegen, durch neue Transportmöglichkeiten (Omnibus und Fahrrad) und durch die Erweiterung von Vermarktungseinrichtungen (z.B. Bezugs- und Absatzgenossenschaften) beschleunigt, so daß sich der Warenstrom zwischen Stadt und umliegenden Gemeinden in beiden Richtungen verstärkt[1].

Die Steuerung und Überwachung dieser Entwicklungsvorgänge durch staatliche Institutionen, die neben beratenden Funktionen auch Unternehmerfunktionen wie z.B. beim Straßen- und Kanalbau zu übernehmen hatten, führten zu einer Ausweitung der Zahl der Beschäftigten im öffentlichen Dienst.

Damit eröffneten sich auch den Erwerbsfähigen in ländlichen Regionen <u>nicht nur in der Industrie, sondern auch im Handel und im Transportwesen und im öffentlichen Dienst neue Erwerbs- und Beschäftigungsmöglichkeiten.</u> Typisch für diesen Entwicklungsprozeß in den beiden Untersuchungsgebieten ist, daß es sich <u>in der Regel um eine Ausweitung der nichtlandwirtschaftlichen Berufe handelt.</u> Zum Testen dieser Hypothese wurden die Haushaltsvorstände danach befragt, welche Berufe von Familienmitgliedern im Jahre 1947 ausgeübt wurden.[2] Diesen Berufsan-

---

1) Unter den täglich per Fahrrad in die Stadt gebrachten Produkten befanden sich auch landwirtschaftliche Produkte wie Milch, Eier, Rohrzucker, Gewürze und Gemüse. In die Dörfer wurden vor allem Waren des täglichen Bedarfs wie Kleidung, Schuhwerk, Zigaretten, Haushaltsgegenstände usw. gebracht. Daneben nimmt der Bezug von landwirtschaftlichen Betriebsmitteln und von landwirtschaftlichen Geräten von außerhalb des Dorfes eine ständig wachsende Bedeutung ein.
2) Es handelt sich um einen in die Vorstellungswelt der Dorfbewohner zurückrufbaren Zeitpunkt, zu dem mit der Erlangung der nationalen Unabhängigkeit der große Flüchtlingsstrom zwischen Pakistan und Indien einsetzte.

gaben wurden die gegenwärtigen, von den männlichen Familienmitgliedern ausgeübten Berufe gegenübergestellt. Dieser Vergleich der ausgeübten Berufe ergibt ein sehr differenziertes Bild vom beruflichen Wandel innerhalb der einzelnen Gemeinden[1] (vgl. Tabelle V Anhang S.186). Zur Charakterisierung seiner Merkmale soll im weiteren zwischen <u>industrienahen</u> und <u>industriefernen</u> Gemeinden unterschieden werden. Hierbei wird die Verkehrslage von PANGLIAN und SAKRALI (vgl. Tab.1 S.39) deshalb als industrie- bzw. stadtfern bezeichnet, weil die Anfahrt von diesen Gemeinden in das nächstgrößere Industrie- bzw. Stadtgebiet per Omnibus mit einem Kostenaufwand verbunden ist, der etwa 45 - 60 % des Tageslohnes eines Industriearbeiters ausmacht. Andererseits beträgt die Anfahrtzeit mit dem Fahrrad etwa 1 1/2 Stunden. Diese Schwelle bedeutet nach Auffassung der Befragten eine unzumutbare Belastung für Tagespendler. Dagegen liegen alle anderen Gemeinden in einem <u>industrie- und stadtnahen Pendlerraum</u>, in dem selbst aus den entfernten Gemeinden JHAMAT, SUNARI und JOGUPURA nur mit etwa der Hälfte des Zeitaufwandes und mit einem Viertel des Kostenaufwandes zu rechnen ist.

Damit lassen sich folgende Merkmale des Wandels der von Erwerbstätigen ausgewählter Gemeinden ausgeübten Berufe festhalten:

(1) Die Zahl der Berufe hat sich seit 1947 in allen Gemeinden beträchtlich erweitert, wobei die Gemeinden in Industrienähe erwartungsgemäß den größten Wandel zeigen. Hier tritt auch das Aufgeben der traditionell gewerblichen Existenzbasis am augenfälligsten in Erscheinung.

(2) In industrienahen Gemeinden hat die Zahl der industriellen Fachberufe, der Berufe im Baugewerbe und der selbständigen Gewerbetreibenden besonders stark zugenommen (Tabelle Anhang S.186, 1-7)

---

[1] Die Zahl der festgestellten Berufsarten in der industrienahen Gemeinde DUGRI ist möglicherweise auch deshalb größer, weil die Bevölkerungszahl der Gemeinde im Vergleich mit den anderen Gemeinden und im Vergleich mit der vorhandenen landwirtschaftlichen Nutzfläche des Dorfes relativ groß ist.

(3) In Industrie- bzw. Stadtnähe läßt sich auch eine bemerkenswerte Ausdehnung der Berufe im Handel und im Transportgewerbe feststellen.

(4) Neue Berufe im öffentlichen Dienst treten sowohl in stadtnahen als auch in stadtfernen Gemeinden auf.

(5) Die Ausdehnung des Handels mit landwirtschaftlichen Produkten (vor allem Gemüse, Obst und tierische Veredlungsprodukte) führte allerdings auch zu einer Spezialisierung innerhalb der Landwirtschaft und zu einer entsprechenden Differenzierung der ausgeübten landwirtschaftlichen Berufe in unmittelbarer Stadtnähe (z.B. Gemüsebauern, Schweinemäster, Hühnerzüchter, Baumpfleger usw.).

Damit stellt sich im weiteren zunächst die Frage, wie sich diese Erweiterung der beruflichen Entfaltungs- und Erwerbsmöglichkeiten auf die Erwerbsstruktur der Haushalte niedergeschlagen haben. Es soll gezeigt werden, wie sich in den einzelnen Gemeinden die Zusammensetzung der Einkommensquellen verändert hat, aus denen die Haushalte ihren überwiegenden Lebensunterhalt bestreiten.

B. Veränderung der Erwerbsstruktur der Haushalte in den Untersuchungsgemeinden

Der Haushalt als die in diesem Abschnitt zugrunde gelegte statistische Erhebungseinheit stellt ein sozialökonomisches Gebilde (meist eine Familie in biologisch soziologischem Sinn) dar, in dem Individuen in einer Wohn- und Wirtschaftsgemeinschaft zusammenleben[1]. Der Haushalt ist innerhalb der Dorfwirtschaft als eine grundlegende ökonomische Einheit anzusehen, in dem die Budgetierung eines gemeinsamen Haushaltsplanes erfolgt und in dem die Verdienste der Erwerbspersonen zusammenfließen, die zur Aufrechterhaltung des Lebensbedarfs der Mitglieder gebraucht werden. Werden die Produktions- und

---

[1] Vgl. die erweiterte Definition "Haushalt" Seite 32

Dienstleistungen der einzelnen Haushaltsmitglieder in verschiedenen Wirtschaftsbereichen erbracht, dann entscheidet jeweils die Höhe des realisierten Jahreseinkommens aus den einzelnen Tätigkeiten und sonstigen Einkommensquellen, was als Haupt- und was als Nebenerwerb des Haushalts anzusehen ist. Die Erwerbsstruktur der Haushalte einer Gemeinde gibt danach an, aus welchen Erwerbstätigkeiten und sonstigen Einkommensquellen die Haushalte ihren überwiegenden Lebensunterhalt beziehen.

I. Der Wandel der Erwerbsstruktur der Haushalte innerhalb der einzelnen Kasten

Zunächst interessiert die Frage, in welchem Umfang sich in den einzelnen Untersuchungsgemeinden die Berufsarten des traditionellen Handwerks und des dörflichen Dienstleistungssektors als Haupt- und Nebenerwerbsquelle erhalten haben. Damit läßt sich eine Vorstellung darüber gewinnen, welche Bedeutung die Verpflichtungen aus dem JAJMANI-System für die einzelnen Haushalte innerhalb jeder Kaste heute noch haben und in welcher Weise sie als Erwerbsquelle mit wachsender Industrialisierung verdrängt werden.

Als Index für die gegenwärtige Bedeutung der traditionellen Dienste als Erwerbsquelle wurde der Anteil derjenigen Haushalte an der Gesamtzahl der Haushalte der Kasten eines Dorfes ermittelt, die ihren Kastenberuf in traditioneller Weise entweder zur Bestreitung ihres überwiegenden Lebensunterhalts oder zumindest als Nebenerwerb ausüben. Die Ergebnisse sind in Tabelle 14 dargestellt. Hierbei wird deutlich, daß mit zunehmender Industrienähe die traditionellen Erwerbszweige der einzelnen Kasten im Dorf an Bedeutung verlieren.

Davon sind die einzelnen Kasten sehr unterschiedlich betroffen. Die Haushalte der Händler und Landwirte sind durch den Einfluß der Industrialisierung in der Ausübung ihrer traditionellen Tätigkeiten am wenigsten beeinträchtigt worden, wenn man von DUGRI absieht, wo einige JAAT ausschließlich von der Verpachtung ihres Landes leben, das zur Herstellung von Lehmziegeln genutzt wird.

TAB. 14 Haushalte nach Kastenzugehörigkeit und die Bedeutung der traditionellen Berufsausübung für deren Lebensunterhalt in den 4 Untersuchungsgemeinden des PUNJAB (1963/64)

Anteil der Kastenhaushalte in % aller Haushalte innerhalb einer Kaste, in denen der traditionelle Beruf als Haupterwerb (a) oder als Nebenerwerb (b) ausgeübt wird.

Kastenbe- zeichnung	traditioneller Kastenberuf	Untersuchungsgemeinden											
		DUGRI			JHAMAT			PANGLIAN			SAKRALI		
		HH insg.	(a)	(b)	HH insg.	(a)	(b)	HH insg.	(a)	(b)	HH insg.	(a)	(b)
I. Obere Kasten													
BRAHMANE	Priester, Lehrer	2	-	-	1	-	-	2	-	50	8	25	12,5
KHATRI	Händler, Geldverleiher	1	100	-	-	-	-	-	-	-	5	80	-
JAAT	Landbewirtschafter	81	79	2	21	100	-	44	86	4	34	97	3
II. Handwerk- und Dienstleistungs-Kasten													
LOHAR, RAM-	Grobschmied												
GARHIA	Zimmermann	18	5	11	3	67	33	1	100	-	4	100	-
TURKHAN	Zimmermann	-	-	-	-	-	-	-	-	-	1	100	-
NAI (RAJA)	Friseur	4	-	25	2	50	50	2	50	-	4	-	50
KUMHAR	Töpfer, Transporter	1	-	-	1	-	100	2	-	50	2	100	-
SUNAR	Goldschmied	6	-	-	-	-	-	-	-	-	1	-	-
TELI	Ölpresser	-	-	-	-	-	-	-	-	-	2	-	-
JHEEWAR	Wasserträger	-	-	-	-	-	-	1	-	-	8	-	37
MEERA	", Korbmacher	3	-	-	-	-	-	-	-	-	-	-	-
CHAMAR, RAM-	Abdecker, Gerber												
DASIA	Schuhmacher	84	-	2	38	3	4	11	9	-	10	10	30
JULAHA	Weber	-	-	-	27	47	-	1	-	-	1	-	100
RATIASIKH													
KASHMIRI, MUSLIM	Weber	-	-	-	-	-	-	1	100	-	-	-	-
CHURA, MAZHIBI	Feger	7	14	86	4	25	75	3	67	33	22	9	27
BHAZIGAR	landw. Wanderarb.	4	50	-	-	-	-	-	-	-	4	75	-
SAINI	Besen-Korbmacher	-	-	-	-	-	-	6	50	-	-	-	-
MEERASI, BHARYEE	Sänger, Tänzer	1	100	-	-	-	-	1	-	-	5	-	40
MAHAUL	Moham. Tempelpriester	-	-	-	-	-	-	-	-	-	1	-	-

Quelle: eigene Erhebungen

Die Haushalte der Töpfer, Ölpresser, Schuhmacher, Weber, Wasserträger und Barbiere sind von den sich wandelnden Bedingungen in Stadt- und Industrienähe am meisten betroffen. Die ökonomische Bedeutung ihrer Dienste tritt entweder stark zurück, oder diese verschwinden vollständig, wie aus der Erwerbsstruktur der Haushalte von DUGRI hervorgeht. Hier ist die Zahl der Haushalte innerhalb der Berufskasten besonders groß, die ihre traditionelle Erwerbstätigkeit aufgegeben haben. Bei den in industrienahen Dörfern lebenden Haushalten, die noch aus ihrem traditionellen Kastenberuf den Hauptlebensunterhalt bestreiten, fällt auf, daß es sich entweder um kleinere Haushalte mit vorwiegend älteren Erwerbspersonen handelt, die ihre Dienste als Barbier, Schuhmacher usw. verrichten und nur noch im Dorf tätig sind oder um solche Haushalte, aus denen jüngere Erwerbspersonen bereits in die Industrie abgewandert sind.

Dagegen haben die Haushalte der Grobschmiede, Zimmerleute und Feger ihre erwerbswirtschaftliche Position im Dorf noch überwiegend beibehalten. Die absolute Zahl der Haushalte, die aus diesen traditionellen Tätigkeiten ihren Lebensunterhalt bestreiten, ist in den einzelnen Gemeinden relativ konstant. Grobschmied und Zimmermann finden offensichtlich genügend Nachfrage für ihre Arbeitsleistungen im Dorf, weil sie es vorwiegend mit Landbewirtschaftern zu tun haben, die zur Wartung ihrer Betriebsmittel und zum Bau ihrer Häuser, Bewässerungsanlagen usw. die Dienste dieser Handwerker benötigen. Aus ähnlichen Gründen hat sich auch die Tätigkeit des Fegers als Erwerbsquelle in den Dörfern erhalten. Die Beseitigung von Exkrementen und von sonstigem Unrat im Dorf, das Anlegen von Dung- und Komposthaufen wird nach wie vor als unreine Arbeit angesehen, deren Verrichtung die Angehörigen der oberen Kasten ablehnen. Meist werden die JAJMANI-Verpflichtungen der Feger durch schuldrechtliche Tatbestände gegenüber den JAJMAN noch weiter ergänzt, um ihre Abwanderung und Berufsaufgabe zu verhindern.

In den beiden Gemeinden des AGRA-Distrikts (UTTAR PRADESH) ist der Einfluß der Industrialisierung auf die Erwerbsstruktur - allerdings in einem geringeren Ausmaße - zu erkennen

TAB. 15 *Haushalte nach Kastenzugehörigkeit und die Bedeutung der traditionellen Berufsausübung für deren Lebensunterhalt in den 2 Untersuchungsgemeinden von UTTAR PRADESH (1963/64)*

Kastenbe-zeichnung	traditioneller Beruf	Untersuchungsgemeinden					
		SUNARI			JOGUPURA		
		Haush.insg.	(a)[1]	(b)[2]	Haush.insg.	(a)[1]	(b)[2]
I. obere Kasten							
BRAHMANEN	Lehrer	6	–	–	1	100	–
BANIA	Händler,Geldverleiher	2	100	–	–	–	9
JAAT (incl.AHIR)	Landbewirtschafter	45	87	4	34	73	9
GADARIA	Viehhirten,Pächter	1	–	–	9	56	11
II. Handwerks- und Dienstleistungs-Kasten							
BARAHI, KHATI	Grobschmied,Zimmermann	1	100	–	2	50	–
NAI	Friseur	3	–	100	8	–	37
KUMHAR	Töpfer,Transporter	18	67	6	6	67	33
DHIMAR	Hindu-Wasserträger	–	–	–	15	–	–
SAKKA,VISHTI	Moham.Wasserträger	–	–	–	2	–	–
BHARBUJE	Getreideröster	–	–	–	6	33	–
CHAMAR	Abdecker,Gerber,Schuhm.	18	6	28	–	–	–
JATAV	Schuhmacher	–	–	–	40	17	60
MEHTA	Feger	3	100	–	4	75	25
FAKIR	Moham.-Priester	–	–	–	3	33	–
JOGI	Hindu-Priester	–	–	–	6	–	–

Quelle: eigene Erhebungen

1)2) Anteil der Haushalte in % aller Haushalte innerhalb einer Kaste, in denen der traditionelle Beruf als Haupterwerb (a) oder als Nebenerwerb (b) ausgeübt wird.

(vgl. Tab. 15). Die Handwerks- und Dienstleistungskasten
sehen sich in diesen beiden Gemeinden vor allem deshalb nicht
genötigt, ihre traditionelle Existenzbasis aufzugeben, weil
sie daneben ein kleineres Stück Eigenland bewirtschaften, mit
dessen Erträgen sie ihr Einkommen aufstocken.

Damit stellt sich die Frage, aus welcher Erwerbstätigkeit
alle diejenigen Haushalte ihren Hauptlebensunterhalt bestreiten, die ihre Dienstverpflichtungen aus dem traditionellen
JAJMANI-System aufgegeben haben oder sie als Nebenerwerb
weiter ausüben. Die sich hierbei ergebenden typischen Unterschiede zwischen industriefernen und industrienahen Gemeinden
und zwischen den beiden Untersuchungsregionen werden in
Tab. VI, Anhang S.187 dargestellt. Hieraus lassen sich
wiederum folgende Merkmale für die erwerbswirtschaftliche
Neuorientierung der Haushalte festhalten, die nicht mehr
ihren traditionellen Kastenberuf im Dorf als Haupterwerb ausüben:

(1) In den industriefernen Gemeinden SAKRALI und PANGLIAN
bestreiten diese Haushalte ihren Lebensunterhalt aus landwirtschaftlicher Tätigkeit (als Landarbeiter oder als
Pächter).

(2) In industrienahen Gemeinden leben diese Haushalte, die
ihren traditionellen Haupterwerb als Dorfhandwerker aufgegeben haben, von industrieller Erwerbstätigkeit. Hierbei
fällt auf, daß die ausgeübte industrielle Tätigkeit der traditionellen Kastentätigkeit im Dorf sehr verwandt ist. Dies
gilt vor allem für die Grobschmiede, Zimmerleute und Weber,
die in den kleinindustriellen Betriebseinheiten von LUDHIANA
tätig sind und für die Schuhmacher, die in der Schuhindustrie
in AGRA Arbeit gefunden haben. Die Erwerbspersonen aus diesen
Kasten haben bereits genügend Erfahrung und Geschicklichkeit
bei der Verarbeitung der in ihrem jetzigen Beruf verwendeten
Rohstoffe, so daß sich Mitglieder dieser Berufskasten als
selbständige Unternehmer betätigen, die unter Mithilfe von
Familienangehörigen oder Verwandten kleinere Gewerbebetriebe
innerhalb und außerhalb der Gemeinde aufbauen. In allen in
den Untersuchungsgemeinden vorgefundenen Gewerbebetrieben

herrschen zwischen dem Unternehmer und den eingesetzten
Arbeitskräften (Ausnahme: Aushilfsarbeiter) familiäre oder
verwandtschaftliche Bindungen vor. Eine ähnliche Beobachtung
wurde in den eisenbearbeitenden und verarbeitenden Betrieben
der Grobschmiede und Silberschmiede aus DUGRI gemacht, die
in LUDHIANA liegen und in denen verwandtschaftliche Bindungen
unter den Arbeitern vorherrschen.

Typisch für diese in die Industrie abgewanderten Handwerker ist, daß sie entweder über kein Land verfügten (in
LUDHIANA-Gemeinden), oder daß der Ertrag des Landes so gering
war, daß es den im Dorf verbleibenden Verwandten zur Mitbewirtschaftung gegen einen bestimmten Ernteanteil überlassen
wurde.

Während die Haushalte der traditionellen Dorfbediensteten
von den Erwerbsmöglichkeiten in der Industrie wenig Gebrauch
machten, beziehen Haushalte der untersten unreinen Kasten
in Industrienähe industrielle Einkommen. Diese Einkommen
stellen in den seltensten Fällen industriellen Haupterwerb
und in der Regel saisonalen Zuerwerb dar. Dies erklärt sich
daraus, daß Arbeitskräfte aus diesen Kasten als Aushilfsarbeiter in der Industrie und als Saisonarbeiter im Baugewerbe
Verwendung finden.

Dagegen fällt auf, daß kleine Haushalte aus oberen Kasten
aus industrieller Tätigkeit ihren Haupterwerb bestreiten, wenn
man von den beiden Öl- und Getreidemühlenbesitzern absieht,
bei denen es sich um pensionierte Armeeoffiziere handelt.

(3) Ähnliche kastenspezifische Beobachtungen bei der Veränderung der Erwerbsstruktur lassen sich auch beim Übergang
zur Erwerbstätigkeit im Handel machen. Hierbei fällt auf, daß
der Handel mit Gemüse, Obst, Milch und Vieh, ebenso mit Seifen fast ausschließlich von den beiden unreinen Kasten der
Lederarbeiter und Feger betrieben wird. Dagegen befindet sich
der Handel mit Getreide, Baumwolle usw. und mit Produkten
des täglichen Bedarfs in allen Gemeinden in den Händen der
oberen Kasten und zwar von BRAHMANEN, von Händlerkasten
(BANIA, KHATRI) und von JAAT gleichermaßen.

(4) Aus dem rasch expandierenden motorisierten Transportgewerbe in den PUNJAB-Gemeinden beziehen dagegen ausschließlich Haushalte der JAAT-Kaste ihr Haupteinkommen, während in UTTAR PRADESH das traditionelle Transportgewerbe in den Händen der KUMHAR-Kaste liegt. Die JAAT stießen deshalb in dieses Gewerbe vor, weil ein Teil von ihnen während des Militärdienstes als Lastwagenfahrer ausgebildet wurde und weil sie als relativ reiche Landbesitzerkaste auch die höheren Investitionen zum Kauf eines eigenen Lastwagen tragen können.

(5) Dagegen stehen die neuen Erwerbsmöglichkeiten im öffentlichen Dienst, bei Post, Bahn, Militär und Polizei allen Kasten offen und sind nicht nur den Haushalten in industrienahen Gebieten zugänglich. Das hängt insbesondere mit der Beschäftigungspolitik der öffentlichen Hand zusammen, bei der den niederen Kasten eine feste Quote bei der Anstellung eingeräumt wird. Aber auch hier finden sich kastenspezifische Verwendungsrichtungen. Verwaltungsbeamte, Lehrer, Postbeamte rekrutieren sich aus den führenden Kasten, Angehörige von Dienstleistungskasten finden als Bürodiener und Bahnwärter, die Angehörigen von niederen Kasten dagegen als Arbeiter im öffentlichen Dienst oder als Soldaten bei der Armee Verwendung.

Von diesen neuen Erwerbsmöglichkeiten machen solche Haushalte aus unteren Kasten Gebrauch, die vormals gepachtetes Land bewirtschafteten und dieses Land im Zuge der Bodenreform an den Eigentümer zurückgeben mußten. Die Erwerbstätigkeit im öffentlichen Dienst ist in den industriefernen Gemeinden PANGLIAN und SAKRALI eine wichtige Einkommensquelle für die ärmeren Haushalte.

Aus dieser Darstellung der Veränderung der Erwerbsstruktur der Haushalte innerhalb der einzelnen Kasten läßt sich als Ergebnis festhalten, daß die erwerbswirtschaftliche Neuorientierung unter industriellem Einfluß kasten- und klassenspezifische Merkmale aufweist. Hierbei stellt die Institution der Kaste - mit Ausnahme bei den Unberührbaren - weniger ein hemmendes als vielmehr ein beschleunigendes Element dar, was

allerdings dazu geführt hat, daß vorwiegend die traditionellen
Handwerkerkasten unmittelbar von dem beginnenden Industrialisierungsprozeß profitiert haben. Die dabei beobachteten
Gemeinschaftsaktionen zwischen Mitgliedern einzelner Kasten
bei der Errichtung einer industriellen Existenzbasis hat
vielen den Entschluß zur erwerbswirtschaftlichen Neuorientierung erleichtert. Dieses gemeinschaftliche Vorgehen ermöglichte gleichzeitig ein reibungsloseres Herauslösen aus
der dörflichen Arbeitswelt und aus dem JAJMANI-System (vgl.
Abschnitt, S. 154 ff.).

II. Die Bedeutung des landwirtschaftlichen Haupt- und Nebenerwerbs für die Haushalte

Bisher wurde gezeigt, wie sich unter dem Einfluß der
Industrialisierung die traditionelle Erwerbsstruktur in den
einzelnen Gemeinden und Kasten verändert hat. Im weiteren
soll ein zusammenfassender Überblick gegeben werden, in dem
die Bedeutung der einzelnen Wirtschaftsbereiche als Erwerbsquelle zum Ausdruck kommt, aus der die Haushalte innerhalb
der einzelnen Gemeinden ihren Lebensunterhalt bestreiten.
Zu diesem Zweck wurde folgende Aufteilung der Wirtschaftsbereiche vorgenommen:

1. Landwirtschaft
2. Traditionelles Dorfhandwerk und dörfliche Dienste[1]
3. Selbständiges Handwerk[1] und Industrie
4. Öffentlicher Dienst
5. Handel, Transport[1] und Sonstige

Diesen Wirtschaftsbereichen wurden innerhalb jeder Gemeinde
die Haushalte nach ihrem jeweiligen Haupt- und Nebenerwerb

---

[1] Die Erwerbstätigkeit innerhalb des traditionellen Dorfhandwerks und der dörflichen Dienste unterscheidet sich von
derjenigen im selbständigen Handwerk und Transport usw.
dadurch, daß es sich bei der ersteren um eine Kamin-Tätig-
keit innerhalb des JAJMANI-Systems mit Dienstleistungsverpflichtungen an bestimmte Kunden handelt, während die
letztere eine freie unternehmerische Arbeit oder Lohnarbeit
darstellt.

zugeordnet[1]). Die folgende Tabelle 16 zeigt, welche Bedeutung landwirtschaftliche und nichtlandwirtschaftliche Erwerbszweige für die Haushalte in den einzelnen Untersuchungsgemeinden haben (vgl.Tab. 16, S.127).

Dabei ergeben sich folgende Merkmale für die Erwerbsstruktur der Untersuchungsgemeinden:

(1) Nur in der industriefernen Gemeinde SAKRALI liegt der Anteil der Haushalte, die ihr Haupteinkommen aus der Landwirtschaft beziehen, wesentlich über denjenigen in den anderen Gemeinden. In diesen Gemeinden hat die Entfernung zum eigentlichen Industriezentrum kaum einen unmittelbaren Einfluß auf den Anteil der Haushalte mit landwirtschaftlichem Haupteinkommen.

(2) In Industrienähe steigt dagegen der Anteil der Haushalte mit Haupterwerb aus selbständigen handwerklichen und industriellen Tätigkeiten erwartungsgemäß an. Nur die Situation in SUNARI weicht von dieser Beobachtung ab. Dort finden die relativ wenigen Haushalte der Handwerks- und Dienstleistungskasten im Dorf genügend Erwerbsmöglichkeiten (als Landarbeiter, Ziegelsteinhersteller, Transportarbeiter).

(3) Mit zunehmender Industrieferne steigt dagegen der Anteil der Haushalte an, der sein Einkommen im öffentlichen Dienst bezieht. Daraus läßt sich folgern, daß der öffentliche Sektor als Arbeitgeber im industriefernen Agrarraum zum Lebensunterhalt der Haushalte einen sehr wesentlichen Beitrag leistet.

(4) Mit zunehmender Industrienähe nimmt der Anteil der Haushalte, die aus dem traditionellen Dorfhandwerk und aus dem

---

[1] Für die Zuordnung der Haushalte zu den einzelnen Wirtschaftsbereichen wurden nur diejenigen Haushalte ausgewählt, die mittels einer geschichteten Stichprobe aus den Haushaltslisten zur Formalbefragung ausgewählt wurden. Mit Ausnahme von SAKRALI, wo eine Gesamterhebung durchgeführt wurde, sind innerhalb der einzelnen Gemeinde nur 1/3 der Haushalte auf diese Weise erfaßt worden. Bei der direkten Haushaltsbefragung hatte der jeweilige Haushaltsvorstand darüber zu entscheiden, aus welchen Erwerbsquellen der Haushalt sein Haupt- und Nebeneinkommen während des Wirtschaftsjahres 1963/64 erzielt hat. Die zugrundegelegten Einkommensangaben aus der Landwirtschaft wurden durch Angabe der Bruttoanbaufläche und der Ernteerträge geschätzt. Zur Gegenüberstellung dieser Ergebnisse mit den Gesamtangaben aus den Haushaltslisten vgl. Tab. VII, Anhang S. 188

Tab. 16 Ausgewählte Haushalte der Untersuchungsgemeinden nach ihrem Haupterwerb (1963/64)

Untersuchungsgemeinde und Entfernung von Industriestandort in km	Ausgewählte Untersuchungshaushalte insgesamt	mit Haupterwerb aus				
		Landwirtschaft	dörfl. Handwerk und -Dienste	selbst. Handwerk und Industrie	öffentlicher Dienst	Handel u. Sonstige
LUDHIANA						
DUGRI 2	48	56,2	6,3	25,0	8,3	4,2
JHAMAT 11	28	60,6	10,8	21,4	3,6	3,6
PANGLIAN 19	24	54,1	16,7	4,2	20,8	4,2
SAKRALI 60	109	68,8	10,1	2,8	12,8	5,5
AGRA						
SUNARI 10	28	57,1	21,4	7,1	7,2	7,1
JOGUPURA 11	32	53,1	6,2	25,0	6,2	9,5

Quelle: Eigene Erhebungen

dörflichen Dienstleistungssektor ihr Haupteinkommen erzielen, auffallend stark ab.

1) Die nichtlandwirtschaftlichen Haushalte und ihr landwirtschaftlicher Nebenerwerb

Ländliche Haushalte mit nichtlandwirtschaftlichem Haupterwerb verzichten aber nicht vollständig auf landwirtschaftliche Nebeneinkünfte. Diese ergeben sich aus eigenem Landbesitz wie in den Untersuchungsdörfern von AGRA oder aus landwirtschaftlicher Lohnarbeit bei Aussaat und Ernte wie in den Untersuchungsdörfern von LUDHIANA. Für diese landwirtschaftlichen Saisonarbeiten werden sowohl Frauen und Kinder als auch die in industriellen Berufen arbeitenden männlichen Erwerbstätigen eingesetzt, die für ihre Arbeiten von den Landwirten mit Nahrungsmitteln entlohnt werden. Auf diese Weise wird ein erheblicher Teil des Nahrungsmittelbedarfs der nichtlandwirtschaftlichen dörflichen Haushalte gedeckt. Der landwirtschaftliche Nebenerwerb[1] hat aber nicht in allen Gemeinden die gleiche Bedeutung, wie folgende Tabelle zeigt:

Tabelle 17 Landwirtschaftlicher Nebenerwerb von außerlandwirtschaftlichen Haushalten nach Untersuchungsgemeinden (1963/64)

Untersuchungs-gemeinden und Entfernung zum Industriestandort in km	Zahl d. untersuchten Haush. insgesamt	Anteil d.nichtlandwirtsch. Haush. an d.Ges.Zahl d. Hh.	
		m.nichtlandw. Haupterwerb	m.landwirtsch. Nebenerwerb[1]
LUDHIANA			
DUGRI 2	48	43,8	22,9
JHAMAT 11	28	39,4	13,3
PANGLIAN 19	24	45,9	16,6
SAKRALI 60	109	31,2	9,2
AGRA			
SUNARI 10	28	42,9	28,6
JOGUPURA 11	32	46,9	15,6

Quelle: Eigene Erhebungen

---

1) Als landwirtschaftlicher Nebenerwerb gelten Einkünfte aus der Bewirtschaftung eigenen oder zugepachteten Landes, aus Viehzucht und aus unselbständiger Landarbeit.

Die Tabelle macht deutlich, daß mit Industrienähe die Bedeutung des landwirtschaftlichen Nebenerwerbs für nicht landwirtschaftliche Haushalte zunimmt. Dies ergibt sich z.T. auch daraus, daß der industrielle und der landwirtschaftliche Arbeitsplatz nicht weit voneinander entfernt sind und viele als Taglöhner je nach Arbeitsanfall abwechselnd entweder in der Industrie oder in der Landwirtschaft arbeiten.

2) Die landwirtschaftlichen Haushalte und ihr außerlandwirtschaftlicher Nebenerwerb

Aus den bisherigen Ergebnissen ließe sich die Hypothese ableiten, daß im Zuge der Industrialisierung in den ausgewählten Dörfern in erster Linie die Erwerbstätigkeit im traditionellen Handwerks- und Dienstleistungssektor (einschließlich Taglöhner) durch industrielle Erwerbstätigkeit substituiert wird, während die Haushalte mit landwirtschaftlichem Haupterwerb weit weniger von dieser Veränderung der Wirtschaftsstruktur berührt sind. Offensichtlich ist für den Anteil der Haushalte mit landwirtschaftlichem Haupterwerb in einer Gemeinde weniger die Entfernung zum Industriezentrum und damit der Zugang zu nichtlandwirtschaftlichen Erwerbsmöglichkeiten als vielmehr die Bodenverfügbarkeit relevant. Zum Beweis dieser Hypothese wurden der Anteil der Haushalte mit landwirtschaftlichem Haupterwerb und der Anteil der Landarbeiterhaushalte einer jeden Gemeinde mit der jeweiligen durchschnittlichen Größe der Landausstattung der landbesitzenden Haushalte korreliert (vgl. Schaubild 1).
Die Streuungsbilder zeigen deutlich positive Korrelationen, die zum Ausdruck bringen, daß der Anteil der Haushalte mit landwirtschaftlichem Haupterwerb umso höher ist, je besser die landbesitzenden Haushalte einer Gemeinde mit Land aus-

SCHAUBILD 1

A: Zusammenhang zwischen Anteil der Haushalte mit landwirtschaftlichem Haupterwerb an der Gesamtzahl der Haushalte und durchschnittliche Landausstattung pro landbesitzenden Haushalt nach Gemeinden

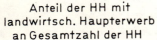
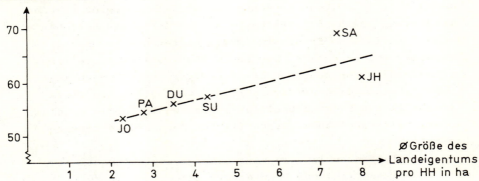

B: Zusammenhang zwischen Anteil der Landarbeiterhaushalte und durchschnittliche Landausstattung pro landbesitzenden Haushalt nach Gemeinden

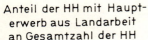
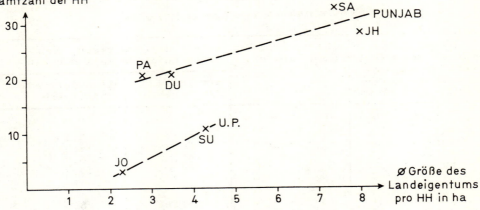

gestattet sind (Schaubild 1 A). Ebenso nimmt auch der Anteil der Haushalte zu, die ihren Lebensunterhalt vorwiegend aus Landarbeit beziehen (Schaubild 1 B).

In den U.P. Gemeinden ergibt sich deshalb ein eigener Trend, der auf einen geringeren Anteil von Landarbeiterhaushalten hindeutet, weil der Bodenbesitz auch unter den traditionell nicht grundbesitzenden Kasten gleichmäßiger verteilt ist und jeder Haushalt vorwiegend sein eigenes Land bewirtschaftet.

Trotz der Entstehung neuer Beschäftigungsmöglichkeiten in Industrie und öffentlichem Dienst hat sich die Präferenz der Haushalte erhalten, den Lebensunterhalt vorwiegend durch eine landwirtschaftliche Existenzbasis abzusichern. Die bestehende landwirtschaftliche Erwerbstätigkeit bietet die gewünschte Sicherheit und ermöglicht ein Leben und Arbeiten in vertrauter Umgebung. Wenn aber nun die Schaffung neuer Erwerbsmöglichkeiten kaum dazu geführt hat, daß Haushalte ihre landwirtschaftliche Existenzbasis aufgeben, welche Rolle spielen sie dann als außerlandwirtschaftlicher Nebenerwerb dieser Haushalte?

In der folgenden Tabelle wird gezeigt, wieviel Haushalte mit landwirtschaftlichem Haupterwerb einen außerlandwirtschaftlichen Nebenerwerb ausüben, worunter neben Einkünften aus industrieller Tätigkeit auch solche aus traditionellen dörflichen Diensten, aus Handel, Geldverleih, Transport und öffentlichem Dienst gerechnet werden.

Tabelle 18 a   Außerlandwirtschaftlicher Nebenerwerb von landwirtschaftlichen Haushalten nach Untersuchungsgemeinden (1963/64)

Untersuchungs-gemeinden und Entfernung zum Industriestandort in km	Zahl d.unters. Haush. insges.	Anteil d.landwirtsch. Haushalte an d.Ges.Zahl d.Haush.	
		mit landw. Haupterwerb	mit außerlandw. Nebenerwerb
LUDHIANA			
DUGRI 2	48	56,2	2,1
JHAMAT 11	28	60,6	14,3
PANGLIAN 19	24	54,1	8,3
SAKRALI 60	109	68,8	17,4
AGRA			
SUNARI 10	28	57,1	28,6
JOGUPURA 11	32	53,1	9,3

Quelle: Eigene Erhebungen

Die unterschiedliche Höhe des Anteils der landwirtschaftlichen Haushalte mit außerlandwirtschaftlichem Nebenerwerb an der Gesamtzahl der Haushalte in den einzelnen Gemeinden läßt folgende Schlußfolgerungen zu:

(1) Je höher der Anteil der Haushalte mit vorwiegend landwirtschaftlichem Lebensunterhalt ist, desto höher ist auch die Bedeutung des außerlandwirtschaftlichen Nebenerwerbs. Dies ist vor allem in den Gemeinden zu beobachten, in denen neben den JAAT eine größere Zahl von Handwerkern und Dienstleuten als Landwirte, Pächter und Landarbeiter tätig sind (JHAMAT, SAKRALI, SUNARI). Diese Handwerker behalten entweder ihre traditionellen Dienste bei oder schicken ihre Söhne in die Industrie.

(2) In den industrienahen Gemeinden, wo das Land fast ausschließlich in den Händen der JAAT konzentriert ist, ist die Bedeutung des außerlandwirtschaftlichen Zuerwerbs auffallend gering (DUGRI, PANGLIAN). JAAT machen, wie später noch ausführlicher dargestellt werden soll, von industriellem Zuverdienst keinen Gebrauch. Sie weichen allenfalls auf Zuerwerbsmöglichkeiten im Öffentlichen Dienst oder im Transportgewerbe aus.

3) Die Zusammensetzung der Erwerbstätigkeit landbewirtschaftender Haushalte insgesamt

Bisher wurden die Haushalte nach ihrem überwiegenden Lebensunterhalt in landwirtschaftliche und außerlandwirtschaftliche Haushalte unterschieden. Daraus werden im weiteren alle diejenigen Haushalte untersucht, die selbständig eigenes Land oder Pachtland - als Haupt- oder Nebenerwerb - bewirtschaften (landbewirtschaftende Haushalte). Hier interessiert die Frage, ob es einen Zusammenhang gibt zwischen dem Umfang der außerlandwirtschaftlichen Erwerbstätigkeit eines Haushaltes und

(a) der Größe der von ihm bewirtschafteten landwirtschaftlichen Nutzfläche (LN)[1],

(b) der ihm zur Verfügung stehenden Nährfläche[2],

(c) den innerhalb des Haushaltes zur Verfügung stehenden Arbeitskräften[3].

Aus der graphischen Darstellung II wird deutlich, daß der außerlandwirtschaftliche Einsatz der männlichen Familienarbeitskräfte mit steigender landwirtschaftlicher Nutzfläche zunächst abnimmt und bei einer Nutzfläche von über 10 ha wieder zunimmt. Für diese Abweichung ist offensichtlich keine ökonomische Ursache gegeben, da sowohl der auf die landwirtschaftliche Nutzfläche bezogene familieneigene Arbeitskräftebestand relativ gering ist und die Nährfläche solcher Haushalte entsprechend hoch ist. Die außerlandwirtschaftliche Tätigkeit bei einer landwirtschaftlichen Nutzfläche von mehr als 10 ha hat offensichtlich andere Entstehungsgründe. Größerer Landbesitz befindet sich in der Regel in den Händen von JAAT, die eine dominante Rolle innerhalb der Dorfhierarchie innehaben. Diese Rolle ist nicht nur durch ökonomische Machtstellung - sie üben als Arbeit

---

[1] Unter LN wurde das Acker-, Garten- und Dauergrünland und das Land für Obstanlagen und sonstige Sonderkulturen verstanden.

[2] Unter Nährfläche wurde die Bruttoanbaufläche (tatsächlich im Jahr bebaute Nutzfläche) in ha je Standardesser (STE) verstanden, wobei Standardesser definiert ist als eine vom landbewirtschaftenden Haushalt zu versorgende Person. Erwachsene wurden als 1 STE, Kinder im schulpflichtigen Alter als 0,6 STE, Kinder im vorschulischen Alter als 0,3 STE bewertet.

[3] Diese wurden auf sog. volle Arbeitskräfte (AK) umgerechnet, wobei Betriebsleiter und erwachsene Söhne als 1 AK, Frauen und erwachsene Töchter als 0,5 AK (Mithilfe bei Viehhaltung, Baumwoll- und Erdnußernte usw.), ständig mithelfende Jugendliche zwischen 12 und 15 Jahren als 0,3 AK und mithelfende schulbesuchende Jugendliche als 0,1 AK gewertet wurden. Einer Arbeitskraft entsprechen etwa 300 Arbeitstage pro Jahr. Der Arbeitskräftebesatz des Haushalts wurde pro 1 ha seiner landwirtschaftlichen Nutzfläche berechnet und mit AK je ha LN bezeichnet.

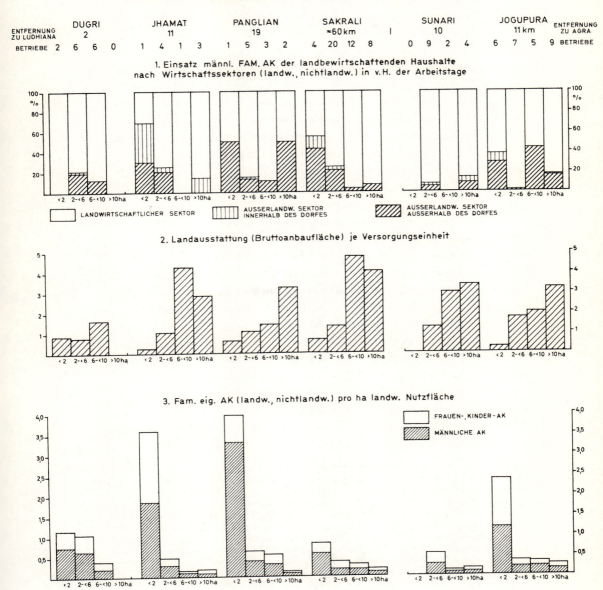

SCHAUBILD II Einsatz männlicher Arbeitskräfte aus landbewirtschaftenden Haushalten (nach Betriebsgrößenklassen) in Abhängigkeit von deren Arbeitskräftebesatz und Landausstattung in den einzelnen Untersuchungsgemeinden (1963/64)

geber und Geldverleiher einen großen Einfluß aus - sondern auch zumeist durch einen höheren Bildungsstand des Betriebsleiters oder zumindest der Söhne untermauert. Diese Söhne ergreifen beim Eintritt ins Erwerbsleben gehobene Berufe, sofern freie Stellen zur Verfügung stehen. Das Land wird dann weitgehend von Landarbeitern bewirtschaftet.

Dagegen finden sich die außerlandwirtschaftlich tätigen Arbeitskräfte aus Haushalten mit geringer landwirtschaftlicher Nutz- und Nährfläche vorwiegend beim Militär und bei der Polizei, im Transport und im Handel. Nur in Gemeinden mit landbewirtschaftenden Handwerkern (JHAMAT und JOGUPURA) ist der hohe Anteil außerlandwirtschaftlicher Tätigkeit der männlichen Familienmitglieder auf deren Fortsetzung gewerblicher Tätigkeiten im Dorf oder in der Industrie außerhalb des Dorfes zurückzuführen.

Ein ähnlich differenziertes Bild von der verschiedenartigen Erwerbstätigkeit landbewirtschaftender Haushalte ergibt sich aus der Zusammensetzung ihrer Erwerbseinkommen[1]. In der Tabelle 18 wird das landwirtschaftliche Einkommen in % des Gesamteinkommens aller landbewirtschaftenden Haushalte nach der Größe des bewirtschafteten Landes dargestellt. Aus dieser Tabelle ergibt sich, daß das außerlandwirtschaftliche Einkommen vor allem in Haushalten mit einer landwirtschaftlichen Nutzfläche von unter 2 ha und über 10 ha einen größeren Anteil am Gesamteinkommen ausmacht. Diese Aussage stellt ein wesentliches Element zum Verständnis der erwerbswirtschaftlichen Orientierung der selbständigen Landbewirtschafter und der ökonomischen Aktivität ihrer männlichen Haushaltsmitglieder dar.

---

1) Die Erfassung des landwirtschaftlichen Einkommens bereitet erhebliche Schwierigkeiten. In der vorliegenden Untersuchung wurde die Einkommensermittlung durch eine Ertragsschätzung der landwirtschaftlichen Produktion aus beiden Anbausaisonen vorgenommen, die mit ortsüblichen Händlerpreisen bewertet wurde. Hiervon wurden die bei der landwirtschaftlichen Produktion angefallenen Lohnkosten für Landarbeiter und Handwerker, die Ausgaben für Betriebsmittel und Bewässerung, die Grundsteuer und der Teil der Reininvestitionen abgezogen, die aus dem laufenden Einkommen bezahlt wurden.

TAB. 18b Die Zusammensetzung des Einkommens landbewirtschaftender Haushalte nach der Größe
des bewirtschafteten Landes (in ha LN) in den einzelnen Untersuchungsgemeinden (1963/64)

Größe des be-wirtschafteten Landes in ha	DUGRI			JHAMAT			PANGLIAN			SAKRALI			SUNARI			JOGUPURA		
	a	b	c	a	b	c	a	b	c	a	b	c	a	b	c	a	b	c
unter 0,4										2	2	2(2)						
0,4 - unter 2	2	0	100	1	1	65(7)	1	1	43(2)	2	2	55(2)				6	5	48(7/3)
2 - unter 4	4	2	97(4)	1	0	100	2	1	87(2)	10	1	99	5	2	80(4/5)	3	1	97(7)
4 - unter 6	2	0	100	3	2	72(7)	3	0	100	10	3	69(1/3)	4	1	99(3)	4	1	95(1)
6 - unter 10	6	0	100	1	0	100	3	1	90(7)	12	1	97(2)	2	0	100	5	2	64(2/7)
10 - unter 25				3	1	99(4)	2	1	36(1)	6	1	97(2)	3	1	87(2)	2	2	70(6)
25 und darüber										2	1	94(2)	1	0	100	1	1	83(1)

a = Landbewirtschaftende Haushalte
b = Landbewirtschaftende Haushalte mit außerlandwirtschaftlichem Einkommen
c = Landwirtschaftliches Einkommen in % des Gesamteinkommens

Die ausgewiesenen stärkeren Abweichungen im Haushaltseinkommen sind hauptsächlich zurückzuführen auf Erwerbseinkommen aus:
(1) Kreditgeschäften (Geldverleih)
(2) Beschäftigung im öffentlichen Dienst (einschl. Militär)
(3) Dörflichen Diensten und traditionellem Handwerk
(4) Transport
(5) Handel
(6) Sonstige Tätigkeiten (z.B. Arbeitsgruppenvermittler, Mediziner)
(7) Fabrikarbeit und selbständiges Handwerk

Quelle: Eigene Erhebungen

Damit lassen sich als Antwort auf die Frage, ob die Landwirtschaft als Erwerbsquelle für die einzelnen Haushalte unter dem Einfluß der Industrialisierung ihre Bedeutung beibehält, folgende Ergebnisse zusammenzufassen:

(1) Der Industrialisierungsprozeß brachte bei den JAAT keine Änderung im Primat der Landwirtschaft als Erwerbsquelle. Mitglieder dieser traditionellen Bauernkaste üben deshalb keinen Nebenerwerb im produzierenden Gewerbe aus, da eine solche Tätigkeit wegen ihrer traditionell herausragenden Stellung als vollberechtigte Gemeindemitglieder in den Untersuchungsgemeinden mit einem Verlust an Sozialprestige und mit sozialem Abstieg verbunden wäre. Da eines der vorherrschenden Merkmale der JAAT-Bauern ihre Bodenverbundenheit und ihr Traditionsbewußtsein ist, wird es verständlich, daß ihr Erwerbsstreben nicht gleichermaßen die industrielle Erwerbstätigkeit mit einschließt. Zum Teil fühlt sich ein Landbewirtschafter in der industriellen Arbeitswelt überfordert (vgl. die Darstellung S.152). Als Hauptargument wird aber stets angegeben, daß gewerbliche Tätigkeit, vor allem außerlandwirtschaftliche Lohnarbeit, keine dauerhafte Sicherheit gewähre, was Beschäftigung und Höhe der Entlohnung angehe. Wegen der ständig steigenden Preise für Nahrungsmittel und der Unsicherheit der Nahrungsmittelversorgung über den Markt zieht man die gesicherte Existenzbasis auf niedrigerem Niveau im eigenen Betrieb vor.

(2) Landwirtschaftlicher Nebenerwerb wird von den JAAT nur in bestimmten Wirtschaftsbereichen ausgeübt, in denen sie auf Grund ihrer Ausbildung, ökonomischer Macht und physischer Leistungsfähigkeit sich rasch durchsetzen können (z.B. Autotransport, Militär und Polizei, bei Dorfentwicklungsbehörden usw.). Industrieller Nebenerwerb spielt dagegen vorwiegend bei den landbewirtschaftenden Handwerkern in Industrienähe eine Rolle.

(3) Eine Abkehr von der Eigenbewirtschaftung des Landes findet sich in vier Ausnahmefällen.

(a) wenn sich landbesitzenden Handwerkern und Dienstleuten außerhalb der Landwirtschaft günstigere Erwerbsmöglichkeiten bieten und ihr Landbesitz so klein ist, daß sich die Abstellung einer Familienarbeitskraft und das Halten von Zugtieren nicht lohnt. Ihr Land wird dann in der Regel von verwandten Kastenmitgliedern auf Teilpachtbasis mitbewirtschaftet. Der Zugviehbesatz - falls vorhanden - wird aufgegeben. Diese Entwicklung ist aber nur dort feststellbar, (SUNARI, JOGUPURA), wo der Ausfall des Einkommens aus der landwirtschaftlichen Tätigkeit durch außerlandwirtschaftlichen Einkommenserwerb kompensierbar ist.

(b) Wenn Ämter, Funktionen und Berufe mit größerer Machtfülle, hohem Sozialprestige oder gesichertem Einkommen (z.B. Ämter im Verwaltungsbereich) übernommen bzw. ausgeübt werden können. Die Bewirtschaftung des Landes erfolgt dann in der Regel durch Fremdarbeitskräfte. Die landwirtschaftliche Tätigkeit des Grundeigentümers beschränkt sich auf Produktionsplanung und gelegentliche Beaufsichtigung der Fremdarbeitskräfte.

(c) Bei höherer Ausbildung läßt sich in allen 6 Untersuchungsgemeinden ein steigendes Desinteresse an der Landbewirtschaftung feststellen. Einmal gelingt selten die Eingliederung in die soziale Umgebung des Dorfes, zum anderen wird die manuelle Tätigkeit dann auch weitgehend abgelehnt.

(d) Wenn die Bodenqualität eine Bewirtschaftung nicht mehr zuläßt, z. B. bei Versalzung, Überschwemmung usw.

C. Prozeß des beruflichen Wandels und seine Ursachen

Bisher wurde dargestellt, welche Auswirkung der Industrialisierungsprozeß und andere Faktoren (Maßnahmen der Bodenreform, Ausweitung der Beschäftigungsmöglichkeiten im öffentlichen Dienst) auf die erwerbswirtschaftliche Orientierung der Haushalte hatte und welche Bedeutung dem landwirtschaftlichen Erwerb noch zukommt. Träger der dargestellten erwerbswirtschaftlichen Neuorientierung innerhalb der einzelnen Haushalte sind nahezu ausschließlich die männlichen Erwerbstätigen, die durch ihre berufliche Tätigkeit zum Lebensunterhalt der Haushaltsmitglieder beitragen. Diese berufliche Tätigkeit soll im weiteren Gegenstand der Untersuchung sein.

Es gilt hierbei zunächst festzustellen, welche Personenkreise es vorziehen, in ihren alten Berufen zu bleiben und welche sich neuen Berufen zuwenden. Hierbei sollen die bisherige Tätigkeit und die Stellung im Beruf, das Lohnniveau und der Beschäftigungsumfang, das Alter und die Schulbildung berücksichtigt werden. Weiterhin wird die Zahl der Erwerbstätigen ermittelt, die außerhalb des Dorfes einem Erwerb nachgehen und zu diesem Zweck täglich oder längerfristig zwischen Arbeits- und Wohnort pendeln oder ganz zum neuen Arbeitsort abwandern und ihre Zugehörigkeit zum dörflichen Haushalt nur dadurch zum Ausdruck bringen, daß sie regelmäßig Unterhaltszahlungen leisten. Damit soll letztlich ein Bild darüber gewonnen werden, welche sozialökonomischen Voraussetzungen und Motive zu einem beruflichen Wandel im Dorf führen.

I. Die Berufsstruktur in den einzelnen Gemeinden

Die vorliegende Untersuchung beschränkt sich auf die Berufsstruktur männlicher Erwerbspersonen aus den in der Stichprobe erfaßten Haushalte im Alter von über 15 Jahren, die in den beiden Hauptanbausaisonen KHARIF und RABI von 1963 auf 1964 eine auf Einkommenserwerb ausgerichtete Tätigkeit ausübten, und zwar unabhängig von der Bedeutung des Ertrags für ihren Lebensunterhalt und ohne Rücksicht auf die von ihnen tatsächlich geleistete Arbeitszeit.

Die erfaßten Erwerbstätigen wurden nach dem in dieser Periode erzielten Haupteinkommen einer der folgenden - nach Wirtschaftsbereichen geordneten - Berufsgruppen zugerechnet (vgl. Verzeichnis der Tab. V, Anhang S. 186).

1. Landwirtschaftliche Berufe
2. Traditionelle dörfliche Handwerks- und Dienstleistungsberufe (KAMIN im traditionellen JAJMANI-System)

3. Industrie- und Handwerksberufe (selbständige Handwerker)
4. Berufe im öffentlichen Dienst
5. Handels- und Transportberufe
6. Sonstige Berufe

Wegen der überragenden Bedeutung des Agrarsektors innerhalb der dörflichen Wirtschaft wurde die landwirtschaftliche Berufsklasse in Bauern, Pächter und Landarbeiter aufgeteilt.[1]

Das damit gewonnene Berufsstrukturbild (vgl. Tab. VIII, Anhang S. 189) gibt nur eine Vorstellung von der Bedeutung der beruflichen Tätigkeit männlicher Erwerbspersonen eines Dorfes innerhalb der einzelnen Wirtschaftsbereiche und sagt nichts über die effektive Ausnutzung des Arbeitspotentials aus. Die zusammengefaßten Ergebnisse sind im Schaubild III dargestellt.

Zunächst fällt auf, daß auch in industrienahen Gemeinden die Mehrzahl der Erwerbspersonen noch immer direkt in der Landwirtschaft tätig ist. Der Anteil der landwirtschaftlichen Erwerbstätigen an der Gesamtzahl der Erwerbstätigen ist nur in der industriefernen Agrargemeinde SAKRALI mit 73 % etwas höher als in den übrigen Gemeinden. Das ist nicht nur das Ergebnis der relativ größeren Bruttoanbaufläche pro Kopf der Bevölkerung (vgl. Tab. 2 S. 42). Darin kommt auch ein Überbesatz landwirtschaftlicher Arbeitskräfte zum Ausdruck, der wegen der Industrieferne in keinem anderen Wirtschaftsbereich unterzubringen war. Die Tabelle zeigt weiterhin sehr deutlich die Bedeutung der industriellen und handwerklichen Berufe für die Erwerbstätigen in Gemeinden in Industrienähe, die noch deutlicher in Erscheinung tritt, wenn die Berufstätigkeit im Öffentlichen

---

[1] Eine Erwerbstätigkeit als <u>Bauer oder Pächter</u> liegt dann vor, wenn bei der Landbewirtschaftung die Dispositionsfreiheit über Arbeitseinsatz und Produktionsgestaltung weitgehend unangetastet ist, während d<u>er Landarbeiter</u> (incl. Mitbewirtschafter und Teilpächter) unselbständige Arbeit verrichtet. Bauer und Pächter unterscheiden sich in den bestehenden Rechten an dem von ihnen bewirtschafteten Land. In U.P. gelten alle solche als Pächter, die Land bewirtschaften, an dem BHUMIDARI- oder SIRDARI-Rechte Anderer bestehen. Im PUNJAB gilt derjenige als

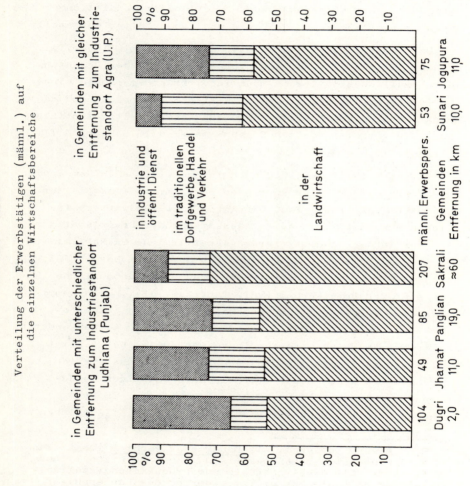

Dienst ausgeklammert werden würde (vgl.Schaubild IV,S. 147).

Im weiteren sollen die Ursachen der Abweichung der Berufsstruktur der einzelnen Gemeinden analysiert werden.

II Der Strukturwandel bei landwirtschaftlichen Berufsgruppen unter Industrieeinfluß

1) Die Abwanderung aus der Landwirtschaft

Die folgende Betrachtung geht von der Hypothese aus, daß es in industrienahen Gemeinden zu einer Abwanderung von Landarbeitern in nichtlandwirtschaftliche Berufe kommt. Hierfür werden im weiteren folgende Gründe analysiert:

(1) Der Umfang der durchschnittlichen Unterbeschäftigung, gemessen in Arbeitstagen, ist bei landwirtschaftlichen Saisonarbeitskräften in industriefernen Gemeinden am höchsten.

(2) Die Lohnhöhe der ständigen Landarbeiter und Tagelöhner ist in industriefernen Gemeinden niedriger als in industrienahen.

(3) Der Einsatz ständiger Landarbeiter auf der von landbewirtschaftenden Haushalten bewirtschafteten Fläche von unter 10 ha ist in industrienahen Gemeinden geringer als in industriefernen.

(4) Der Anteil der landwirtschaftlichen Erwerbstätigen an der Gesamtzahl der Erwerbstätigen in den einzelnen Altersklassen nimmt bei den jüngeren Jahrgängen in industrienahen Gemeinden ab. Eine ähnliche Entwicklung gilt für den Anteil der Landarbeiter und Pächter an der Gesamtzahl der landwirtschaftlichen Erwerbstätigen.

(5) Die Zahl der Landarbeiter, die sich aus Schuldabhängigkeit bei ihren Arbeitgebern befreit haben, nimmt in Industrienähe zu.

Forts. d. Fußnote von Seite 140
Pächter, der sein Haupteinkommen durch Bewirtschaftung solchen Landes erzielt, an dem Eigentumsrechte anderer bestehen. In Einzelfällen werden auch Landlords mit einbezogen, die ihr Land nicht selbst bewirtschaften sondern an Pächter weitergeben aber deren Produkte weitgehend bestimmen und überwachen.

__ad (1)__ Es ist sehr schwierig, ohne ein ganzjährig geführtes Arbeitstagebuch die Zahl der beschäftigungslosen Tage eines Arbeiters festzustellen. Der Versuch, durch direkte Befragung genauere Vorstellungen von dem Grad der Unterbeschäftigung zu erhalten, ergibt wegen des lückenhaften Erinnerungsvermögens der Befragten nur sehr grobe Schätzwerte[1].

Folgende Tabelle zeigt den in Arbeitstagen gemessenen durchschnittlichen Arbeitseinsatz der hauptberuflich Erwerbstätigen in der Landwirtschaft nach landwirtschaftlicher und außerlandwirtschaftlicher Beschäftigung:

Tabelle 19 Die Beschäftigung landwirtschaftlicher Erwerbspersonen in Arbeitstagen nach Wirtschaftsbereichen und Untersuchungsgemeinden (1963/64)

Unter-suchungs-gemeinde	selbständige Ld.Bewirtsch.			ständige Landarbeiter			Saisonarb. u.Taglöhner		
	Erw. pers.	ldw. Besch.	außer-ldw. Besch.	Erw. pers.	ldw. Besch.	außer-ldw. Besch.	Erw. pers.	ldw. Besch.	außer-ldw. Besch.
	a	b	c	d	e	f	g	h	i
DUGRI	34	236	16	5	290	13	17	103	106
JHAMAT	16	286	3	6	311	6	4	164	101
PANGLIAN	16	241	4	2	303	11	8	141	96
SAKRALI	80	288	3	39	315	5	29	98	64
SUNARI	28	256	8	1	304	10	4	138	132
JOGUPURA	39	240	11	1	296	3	3	125	136

Quelle: Eigene Erhebungen

Hieraus ergibt sich, daß in der Agrargemeinde SAKRALI die Arbeitslosigkeit bei den landwirtschaftlichen Saisonarbeitern offensichtlich höher ist als in den industrienahen Gemeinden. Allerdings sollte aus diesem Ergebnis nicht vorschnell der Schluß gezogen werden, daß mit dem Entstehen von Arbeitsplätzen in der Industrie der Umfang der Unterbeschäftigung bei den Landarbeitern reduziert wird. Dies ist auch eine Frage der Lohnrelation zwischen beiden Beschäftigungsalternativen.

---

[1] Die Angaben aus Tabelle 19 sind mathematische Durchschnittswerte, deren Exaktheit nicht übergroße Genauigkeit der Beschäftigungsdaten vortäuschen soll.

ad (2) Damit stellt sich die Frage, ob der Verzicht der ständigen landwirtschaftlichen Lohnarbeitskraft auf Erwerbschancen in der Industrie von der Landwirtschaft in Industrienähe höher entlohnt werden muß. Es wurde gezeigt, wie variabel diese Arbeitsverhältnisse zu den Landarbeitern gestaltet werden und daß vor allem bei Teilpächtern und Bewirtschaftungspartnern sehr differenzierte Bedingungen ausgehandelt werden können. Nur die Löhne der für die Dauer eines Jahres angestellten Landarbeiter (SEERI) sind deshalb zwischen den einzelnen Gemeinden vergleichbar:

Tabelle 20 Die Entlohnung der Landarbeiter mit fester Anstellung in den einzelnen Untersuchungsgemeinden (1963/64)

Untersuchungsgemeinde und Entfernung zum Industriestandort in km	Dauer des Arb.Vertr.	Entlohnung	
		entweder Geld- und Naturallohn	oder nur Geldlohn
LUDHIANA			
DUGRI 2	1 Jahr	500-700 Rs/J. dazu täglich zwei Mahlzeiten	12 mds Getreide (Weizen + Mais)
JHAMAT 11	1 Jahr	600 Rs/J. dazu täglich 2 Mahlzeiten u.Tee	-
PANGLIAN 19	1 Jahr	500 Rs/J. dazu täglich eine Mahlzeit	-
SAKRALI 60	1 Jahr	400-500 Rs/J. dazu täglich eine Mahlzeit	10 mds Getreide 2 Paar Schuhe, Kleider
AGRA			
SUNARI 10	6-7 Monate	60 Rs pro Monat	
JOGUPURA 11	5-12 Monate	60 Rs pro Monat	

ad (3) Die Tatsache, daß ständige landwirtschaftliche Lohnarbeitskräfte ebenso wie die Tagelöhner (vgl.Tab. 23, S.158) in Industrienähe höher entlohnt werden müssen, hat sich auch auf die Zahl der Fremdarbeitskräfte ausgewirkt, die von den einzelnen Haushalten zur Bewirtschaftung ihres Landes (unter 10 ha) herangezogen werden. Der ständige Arbeitskräfteeinsatz

TAB. 21 *Ständiger familieneigener und familienfremder Arbeitskräftebesatz in landwirtschaftlichen Betrieben nach Betriebsgrößengruppen und Gemeindegruppen (1963/64)*

Betriebs-größe in ha	Zusammenfassung der Ergebnisse aus DUGRI, JHAMAT, PANGLIAN			SAKRALI			Zusammenfassung der Ergebnisse aus SUNARI und JOGUPURA		
	Durch-schnittl. Familien-größe pro Betrieb	ständige männl. AK pro Betrieb		Durch-schnittl. Familien-größe pro Betrieb	ständige männl. AK pro Betrieb		Durch-schnittl. Familien-größe pro Betrieb	ständige männl. AK pro Betrieb	
		Fam.AK.	Fremd AK		Fam.AK	Fremd.AK		Fam.AK	Fremd. AK
unter 0,4	--	--	--	4,5	--	--	--	--	--
0,4-unter 2	6	1,3	0,2	6,5	--	--	8,4	1,6	0,1
2-unter 4	7,9	1,7	0,1	5,2	1,3	0,5	7,3	1,8	0,1
4-unter 6	8,3	2,5	--	8,2	1,4	0,3	8,0	1,9	0,2
6-unter 10	7,9	2,4	0,7	7,5	2,4	0,8	9,1	2,6	0,4
10-unter 25	8,4	1,2	2,2	8,3	2,8	0,8	11,0	3,1	0,6
25 und mehr	--	--	--	13,0	3,5	3,0	18,5	3,3	0,5

<u>Quelle</u>: Eigene Erhebungen

wies entsprechend der Größe der von den Haushalten bewirtschafteten Fläche folgende Unterschiede auf (vgl.Tab.21,S.145)

Es sollte berücksichtigt werden, daß der Umfang des Einsatzes landwirtschaftlicher Arbeitskräfte nicht nur von der Größe der bewirtschafteten Fläche, sondern auch von den Bewässerungsmöglichkeiten, den Anbauverhältnissen, der Anbauintensität und den klimatischen Bedingungen, dem Ausmaß der Frauen- und Kinderarbeit und der Verhaltensweise des Betriebsleiters und seiner Angehörigen innerhalb des betrieblichen Arbeitsbereichs abhängt. Wegen den relativ gleichartigen ökonomischen und sozialen Verhältnissen in den Gemeinden läßt sich das Ergebnis, daß der Einsatz ständiger Fremdarbeitskräfte in industrieferneren Gemeinden in den einzelnen Betrieben gleicher Größe zunimmt, dennoch rechtfertigen.

ad (4) Eine genauere Vorstellung von der abnehmenden Bedeutung landwirtschaftlicher Erwerbstätigkeit unter Industrieeinfluß läßt sich dann gewinnen, wenn man die Erwerbstätigen nach Altersklassen[1] aufteilt und innerhalb jeder Altersklasse den Anteil der landwirtschaftlich Erwerbstätigen gesondert ermittelt (vgl.hierzu die graphische Darstellung IV,S.147). Dieses Schaubild vermittelt am deutlichsten den Wandel der Berufsstruktur in den einzelnen Gemeinden. In Bezug auf den Anteil der landwirtschaftlichen Erwerbspersonen an der Gesamtzahl der Erwerbspersonen innerhalb jeder Altersgruppe ergeben sich folgende Änderungen:

(a) In den Gemeinden DUGRI, JHAMAT und PANGLIAN nimmt der Anteil der Erwerbstätigen in der Landwirtschaft von den höheren Altersgruppen zu den niedrigeren Altersgruppen hin ab. Das bedeutet, daß in den industrienahen Gemeinden jüngere Fremdarbeitskräfte entweder nicht bereit sind, Arbeit in der Landwirtschaft aufzunehmen (DUGRI, JHAMAT)

---

1) Die Ermittlung des Alters einer Erwerbsperson war in der uns geläufigen Genauigkeit nicht möglich. Es gibt weder ein Geburtenregister noch besitzen die Personen Ausweise, aus denen ihr Alter entnommen werden kann. Mit Ausnahme der Jugendlichen wurde das Alter von den Befragten in der überwiegenden Zahl der Fälle auf volle 5 Jahre auf- bzw. abgerundet angegeben, oder vom Dolmetscher unter Hinzuziehung von anderen Personen geschätzt. Daraus erklärt sich die unstetige Aufteilung der Altersgruppen.

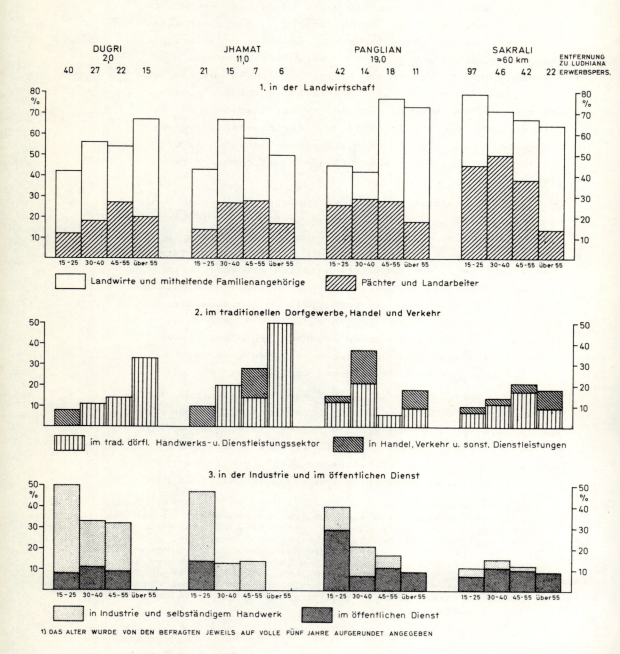

oder in der Landwirtschaft keine Arbeitsplätze mehr finden (PANGLIAN). Ursache für den relativen (und absoluten!) Rückgang der landwirtschaftlichen Arbeitskräfte ist das Abwandern jüngerer Lohnarbeitskräfte in außerlandwirtschaftliche Berufe.

Mit dieser Abwanderung geht auch ein Umschichtungsprozeß zwischen den landwirtschaftlichen Berufsgruppen innerhalb der einzelnen Altersklassen einher. Der Anteil der Landarbeiter und Pächter, der in industrienahen Dörfern in der Altersgruppe von 45-55 Jahren am höchsten ist, geht in jüngeren Altersgruppen zurück und steigt in industriefernen Gemeinden weiter an (vgl. Schaubild IV, 1). Diese älteren Landarbeiter und Pächter haben wegen ihres geringen Bildungsstandes und ihrer schlechten physischen Verfassung eine relativ geringe Chance, in der Industrie einen Arbeitsplatz zu finden. Nur die jüngeren Arbeitskräfte aus Landarbeiterhaushalten erhalten die Möglichkeit zu außerlandwirtschaftlicher Erwerbstätigkeit, finden deshalb die Landarbeit als nicht mehr lohnend oder werden durch die zuwachsenden familieneigenen Arbeitskräfte der Bauern verdrängt.

(b) Dagegen ist in der industriefernen Gemeinde SAKRALI der überwiegende Teil der neu in den Erwerbsprozeß eintretenden Arbeitskräfte auf die landwirtschaftliche Beschäftigung angewiesen, da nicht genügend alternative Erwerbsmöglichkeiten vorhanden sind. Damit wird der Landwirtschaft dieses Dorfes die Last auferlegt, immer mehr Menschen (absolut und relativ) den ausschließlichen Lebensunterhalt bieten zu müssen.

(c) In den beiden Gemeinden des AGRA-Distrikts ist der Anteil der in der Landwirtschaft Tätigen in den einzelnen Altersklassen nahezu konstant (vgl.Schaubild V). In diesen Gemeinden gibt es allerdings auch relativ wenige Landarbeiter und Pächter. Die Zahl der in der Landwirtschaft beschäftigten Menschen nimmt zwar mit wachsender Bevölkerung zu, ihr Anteil an der Gesamtzahl der Beschäftigten bleibt wegen den außerlandwirtschaftlichen Beschäftigungsmöglichkeiten im Dorf (SUNARI) oder außerhalb des Dorfes (JOGUPURA) relativ konstant.

SCHAUBILD V: Verteilung der Erwerbstätigen (männl.) auf die einzelnen Wirtschaftsbereiche (in %) nach Altersgruppen[1] in Gemeinden mit gleicher Entfernung zum Industriestandort Agra (1963/64)

	SUNARI 10,0				JOGUPURA 11,0 km				ENTFERNUNG ZU AGRA
	23	13	8	9	33	18	18	6	ERWERBSPERS.

1. in der Landwirtschaft

Landwirte u. mithelfende Familienangehörige — Pächter und Landarbeiter

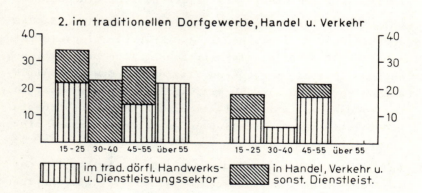

2. im traditionellen Dorfgewerbe, Handel u. Verkehr

im trad. dörfl. Handwerks- u. Dienstleistungssektor — in Handel, Verkehr u. sonst. Dienstleist.

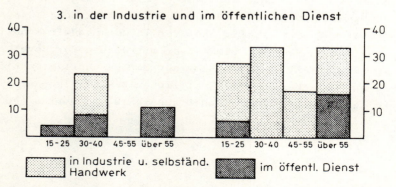

3. in der Industrie und im öffentlichen Dienst

in Industrie u. selbständ. Handwerk — im öffentl. Dienst

1) DAS ALTER WURDE VON DEN BEFRAGTEN JEWEILS AUF VOLLE FÜNF JAHRE AUFGERUNDET ANGEGEBEN

ad (5) Auffallend ist auch die zunehmende Mobilität derer,
die noch in industrienahen Dörfern von LUDHIANA Landarbeit
als Hauptberuf ausüben. Diese Landarbeiter verdienen sich
ihren Naturallohn zur Bestreitung ihres Lebensunterhalts
durch landwirtschaftliche Saison- und Gelegenheitsarbeit
im Dorf und ihren Barlohn durch Gelegenheitsarbeit in
LUDHIANA. Fest angestellte Landarbeiter sind in diesem Dorf
relativ selten. An ihre Stelle treten relativ mehr landwirtschaftliche Gelegenheitsarbeiter, die sowohl in der
Landwirtschaft als auch in der Industrie oder im Dienstleistungssektor zum jeweiligen Zeitpunkt des Bedarfs zur
Verfügung stehen.

Dieses sehr aufschlußreiche Strukturelement ergibt sich,
wenn man die in der Landwirtschaft Beschäftigten nach ihrer
Stellung im Beruf untergliedert. Die Beschäftigten werden
in Selbständige und Unselbständige aufgeteilt. Bei den
Unselbständigen wurde zwischen Arbeitern in Schuldabhängigkeit[1] und Arbeitern mit jederzeit kündbarem Arbeitsverhältnis (mit freiem Arbeitsvertrag) unterschieden. Das
Ergebnis zeigt wiederum einen sehr merklichen Einfluß der
Industrialisierung auf die Arbeitsvertragsformen der Unselbständigen und damit auf die Mobilität der Lohnarbeiter
(vgl. Tabelle 22).

Das Verhältnis von Selbständigen und ihren mithelfenden
männlichen Familienangehörigen im erwerbsfähigen Alter von
15 und mehr Jahren bleibt in allen Gemeinden mit geringer
Abweichung in JHAMAT und PANGLIAN relativ gleich, d.h. im
Durchschnitt kommt auf einen Landwirt je ein mithelfendes
männliches Familienmitglied. Die Zahl der unselbständig
Beschäftigten in Schuldabhängigkeit nimmt dagegen mit zunehmender Industrieferne bedeutend zu und die Zahl derjenigen mit freiem Arbeitsvertrag in Analogie entsprechend
stark ab. Daraus ergibt sich, daß die Mobilität der Land-

---

1) Vorliegen eines gestundeten zinsfreien Darlehens, das
   zum Zeitpunkt des Arbeitsabschlusses oder später vom
   Dienstherrn als Bestandteil des Arbeitsvertrages gegeben wurde.

TAB. 22 Erwerbstätige in der Landwirtschaft und ihre Stellung im Beruf in den einzelnen
Untersuchungsgemeinden (1963/64)

Untersuchungs-gemeinden	Landwirtschaftliche Erwerbstätige									
	Insgesamt		davon							
			Selbständige				Unselbständige			
			Landwirte		mithelfende männl. Familienangehörige		in Schuld-abhängigkeit		mit freiem Arbeitsvertrag	
	abs.	in %	abs.	in %	abs.	in %	abs.	in %	abs.	in %
DUGRI	57	54,8	16	28,1	18	31,6	1	1,7	22	38,6
JHAMAT	26	53,0	9	34,7	7	26,9	3	11,5	7	26,9
PANGLIAN	47	55,3	11	23,4	14	29,8	7	14,9	15	31,9
SAKRALI	152	73,4	40	26,3	41	27,0	54	35,5	17	11,2
SUNARI	33	62,3	14	42,4	14	42,4	2	6,1	3	9,1
JOGUPURA	43	57,3	20	46,5	20	46,5	2	4,7	1	2,2

Quelle: eigene Erhebungen

arbeiter im Zuge der Industrialisierung wächst.

Landarbeiter wechseln vor allem in Berufe des Bauhandwerks oder gehen als Tagelöhner, Aushilfsarbeiter oder ungelernte Arbeitskräfte in die Industrie; sie übernehmen vereinzelt auch Handelsberufe oder Berufe im Dienstleistungsgewerbe (Fahrrad-Rickshaw, Laufbursche usw.).

Die in industrieferneren Gemeinden beobachtete Abwanderung der unterbäuerlichen Schicht zum Militär und in Transportberufe und der Söhne reicherer Bauern in die Verwaltung und in den Bereich des Erziehungswesens stellt ein vergleichsweise geringes Phänomen dar, das im Zuge der beobachteten Immobilität der JAAT-Bauernschicht nur die Ausnahme darstellt.

2) Motive der in der Landwirtschaft verbleibenden Arbeitskräfte

Die in einem traditionellen dörflichen Beruf bereits arbeitenden Menschen, die über das Elternhaus bestimmte Bindungen zu bestimmten Familien eingehen, können sich aus dieser Arbeitswelt nicht beliebig lösen und sich auf eine industrielle Arbeitsverrichtung nur schwerlich einstellen. Gerade für ältere landwirtschaftliche Erwerbstätige gilt, daß sie nicht durch Familie, Erziehung, gesellschaftliche Umwelt in die moderne Arbeitswelt eingeführt werden. Die sich noch als vollberechtigte Gemeindemitglieder mit weitreichenden Machtbefugnissen im Dorf verstehende Bauernschicht der JAAT steht dieser industriellen Arbeitswelt fremd gegenüber. Ihre Sitten- und Wertvorstellungen, ihr Denk- und Einfühlungsvermögen ebenso wie ihre Pflicht- und Autoritätsauffassungen sind nicht mit der neuen Arbeits- und Lebensweise zu vereinbaren. Ihre bisherige Gestaltung des Arbeitsprozesses ist mehr spontaner Natur. Beginn und Ende der Arbeit auf dem Feld ist nicht exakt vorgeschrieben, mit Ausnahme der Bewässerungszeiten durch Kanalbewässerung (SAKRALI, JHAMAT, DUGRI). Im übrigen scheint kein genaues Zeitgefühl bzw. kein Gefühl für Pünktlichkeit vorhanden zu sein. Zwischen langen behaglichen Pausen liegen gewöhnlich auch Phasen der Überanstrengung. Ein fest umrissenes Tages- und Wochenprogramm fehlt weitgehend. Deshalb wird gerade ein stetiger regelmäßiger Arbeitsablauf innerhalb eines Tages, einer Woche, eines Jahres, wie es bei einem spezialisierten industriellen Arbeitsprozeß selbstverständlich ist, von den in der Landwirtschaft tätigen Personen als fremd empfunden. In vielen Diskussionen über die Einstellung zum industriellen Arbeitsprozeß wurde zum Ausdruck gebracht, daß diese Art der wirtschaftlichen Entwicklung wünschenswert sei, aber der industrielle Arbeitsprozeß als solcher übt noch keine Anziehungskraft auf diejenigen aus, die bereits im dörflichen Arbeitsprozeß stehen und aus ihrer landwirtschaftlichen Tätigkeit ein gesichertes Einkommen in Naturalien beziehen.

Eines der Hindernisse für den Berufswechsel stellen auch die neuen Bindungen dar, die man anstelle der Mitarbeit im Familienverband eintauschen müßte. Die Beziehungen zum Vorgesetzten und zu den Verwaltungsstellen sind betont sachlich. Gerade selbständige Landwirte empfinden diese Abhängigkeit als drückend.

Dagegen wurde sehr oft ein ökonomisches Element bei dieser Art von Berufswahl zum Untersuchungszeitpunkt erwähnt. Bei den ständig wiederkehrenden Versorgungskrisen mit Grundnahrungsmitteln, den sprunghaft steigenden Preisen und den wucherischen Methoden der Händler ist ein höheres Geldeinkommen aus industrieller Tätigkeit als ausschließliche Existenzgrundlage für die eigene Familie keine ernsthafte Alternative zu einer gesicherten landwirtschaftlichen Tätigkeit. Neben den vielen nichtökonomischen Kriterien zur Beurteilung außerlandwirtschaftlicher Tätigkeiten wiegt dieses Element der langfristigen Absicherung der Versorgung mit Grundnahrungsmitteln bei alternativen beruflichen Entscheidungsmöglichkeiten am schwersten.

*III   Der Strukturwandel bei traditionellen dörflichen Handwerks- und
       Dienstleistungsberufen unter Industrieeinfluß*

Mit dem Ansteigen des Anteils der Erwerbstätigen mit
Haupteinkommen aus nichtlandwirtschaftlichen Berufen in industrienahen Gemeinden ist ein auffallender Rückgang der
Erwerbspersonen in den traditionellen dörflichen Handwerks-
und Dienstleistungsberufen verbunden, die noch im JAJMANI-
System ausgeübt werden. Dieses Verdrängen der traditionellen
Erwerbstätigkeit im dörflichen Handwerk und im dörflichen
Dienstleistungsbereich durch industrielle Erwerbstätigkeit
und durch die Tätigkeit selbständiger Handwerker und Kleinindustrieller ist besonders bei den jüngeren Erwerbspersonen in industrienahen Gemeinden von LUDHIANA zu beobachten, wie aus Schaubild IV, 2. und 3. S. 147 ersichtlich
ist.

Wie erklärt sich dieser Rückgang der traditionellen
Handwerker und Dienstleute in den industrienahen Gemeinden
von LUDHIANA? Bei der Charakterisierung der traditionellen
Arbeitsverhältnisse wurde davon ausgegangen, daß die
Sozialstruktur der PUNJAB-Gemeinden durch die dominanten
Kasten der JAAT, der BRAHMANEN und der KHATRI (Händler)
geprägt war, denen die niederen Kasten weitgehend als Gefolgsleute mit erblichem Recht auf Arbeit zugeordnet waren.
Man muß diese überkommene Struktur zugrunde legen, wenn
man den heute in den Untersuchungsgemeinden zu beobachten-
den beruflichen Wandlungsprozeß unter dem Einfluß der Industrialisierung untersuchen will.

Bei der raschen Bevölkerungszunahme und dem von Dorf zu
Dorf mit unterschiedlichem Gewicht hervortretenden ökonomischen und technischen Wandel (z.B. bei der landwirtschaftlichen Produktion) konnten offensichtlich nicht mehr alle
Gefolgsleute eine ausreichende Existenzbasis finden. Ebenso

gerieten Landwirte mit abnehmender landwirtschaftlicher Betriebsgröße selbst an den Rand des Existenzminimums und mußten die Beschäftigung von Gefolgsleuten auf das ökonomisch Notwendigste beschränken. Die ökonomische Orientierung zwang sie vor allem, ihre Nachfrage nach rituellen und sonstigen Diensten einzuschränken, wenn sie nicht völlig verarmen wollten(Entlassung der Barbiere als Heiratsvermittler, ebenso der Wasserträger). Mit dem Entstehen funktionsfähiger Märkte für moderne Produktionsmittel gelangten qualitativ bessere Produkte in die Reichweite der Landwirte. Damit wurde eine Reihe von traditionell gewerblichen Diensten zunehmend bedeutungslos. Die Gefolgsleute konnten andererseits auch die Wartung und Reparatur der neuen Geräte und Maschinen (Eisenpflüge, Saatdrill, Rohrbrunnen, Dieselmotoren usw.) ohne zusätzliche Ausbildung nicht durchführen oder sie mußten sie wegen ihrer einfachen Durchführbarkeit (z. B. Auswechseln der eisernen Pflugschar) an die Landwirte selbst abgeben. Das alte System erwies sich in all diesen Fällen als Ballast, da man seine Dienstleute das ganze Jahr über ernähren mußte ungeachtet der Arbeit, die man von ihnen auch wirklich in Anspruch nahm oder neuerdings auch benötigte. Durch die Möglichkeit des Absatzes von Agrarprodukten bei ständig steigenden Preisen wurde den Landwirten auch bewußt, wieviel von der Produktion auf solche "unproduktive Weise" an Gefolgsleute abzuführen war, für die man am Markt einen entsprechenden Gewinn erzielt hätte. Die Aufwendungen, um einen spezialisierten Facharbeiter als Grobschmied, Zimmermann, Weber, Schuhmacher usw. das ganze Jahr über an sich zu binden, lohnten sich nicht mehr. Dieselbe Arbeit konnte man auch zu niederen Kosten und zwar dadurch erhalten, daß man zu <u>begrenzter Auftragsvergabe</u> überging, d. h. daß man bestimmte begrenzte Dienste von Handwerkern und Dienstleuten freier Wahl verlangte und sie direkt mit Nahrungsmitteln oder Bargeld entlohnte.

In Industrienähe kam diese veränderte Haltung der Landbewirtschafter zu ihren Gefolgsleuten dem Anliegen der Handwerker entgegen, die sich aus dieser Abhängigkeit freimachen wollten, um günstigere Erwerbsmöglichkeiten wahrnehmen zu können. Von diesen Arbeitsverhältnissen waren die eigentlichen Mobilitätshindernisse für die Gefolgsleute ausgegangen, die ihnen gleichzeitig die Möglichkeiten des sozialen Aufstiegs verschlossen. Mit der Entlassung aus traditionellen Diensten und dem Übergang zu neuen Tätigkeiten konnten sie ihren Lebensstandard denjenigen höherer Kasten anpassen und damit größere persönliche Handlungsfreiheiten gewinnen. Die untersuchten Handwerker und Dienstleute machten davon in verschiedener Weise Gebrauch.

Einige dieser Handwerker <u>begaben sich auf Wanderschaft</u>, um ihr hochspezialisiertes Können bei Arbeitgebern gegen Tages- oder Stückentlohnung anzubieten. Mit der Verbesserung der Qualität der Dienste wurde aber gleichzeitig eine größere Ausstattung mit Werkzeugen, Betriebsanlagen und verbesserten Rohstoffen erforderlich, die den Handwerker an seine Betriebsstätte binden. Der Ausbau einer eigenen Werkstatt ermöglichte es, für eine <u>größere Laufkundschaft auch von außerhalb des Dorfes auf Auftragsbasis</u> zu arbeiten. Die Kunden machen heute vor allem beim Bezug verbesserter Betriebsmittel, beim Haus- und Brunnenbau, beim Ölpressen und Weben von dem verbesserten Angebot einzelner fortschrittlicher Dorfhandwerker Gebrauch. Mit dieser Ausstattung konnten auch die modernen landwirtschaftlichen Geräte aus Eisen und aus Stahlblechen usw. bearbeitet werden.

Gleichzeitig war in einem Dorf der Versuch gemacht worden, (PANGLIAN), <u>Zuliefererleistungen für moderne Industrieunternehmen</u> durch Serienfertigung von Einzelteilen zu erbringen. Der Versuch, die Weber in JHAMAT genossenschaftlich zusammenzuschließen, sie zu günstigen Kreditbedingungen mit mechanischen Webstühlen auszustatten und die Textilproduktion im Dorf in Gang zu bringen, endete mit einem Fehlschlag. Über den Markt waren keine geeigneten maschinengefertigten Garne zur Verarbeitung verfügbar, so daß man schließlich wieder zur gelegentlichen Verarbeitung von Baumwolle der Bauern im Auftragsverfahren überging.

Ein weiterer Schritt zur Selbständigkeit bildete die <u>handwerkliche Serienproduktion</u> und der direkte Verkauf von landwirtschaftlichen Geräten an Kunden, wie z. B. die Herstellung von Spinnrädern, Ochsenkarren, persischen Schöpfbrunnen mit Behältern aus Weißblech usw. Diese Handwerksbetriebe entwickeln sich in Industrienähe (DUGRI) sehr rasch zu selbständigen Unternehmen mit Direktbelieferung bestehender Handelsorganisationen.

Zuletzt verbleibt damit dem einzelnen Handwerker auch die Möglichkeit, sich in diesen expandierenden Industrien als <u>Lohnarbeiter</u> zu verdingen. Schwieriger ist es dagegen für traditionelle Dienstleistungsberufe (Friseure, Wasserträger, Feger usw.), eine neue berufliche Tätigkeit im Falle der Freisetzung durch die Dienstherren zu finden. Durch Einschaltung von "labour contractors" wird gelegentlich eine größere Zahl von Arbeitern eines Dorfes (Handwerker, Dienstleute oder Landarbeiter) angeheuert und zur Erledigung einmaliger Aufträge oder zur saisonalen Aushilfe an Arbeitgeber vermittelt. Diese Form der Nutzung brachliegender ländlicher Arbeitskraft wird in der Untersuchungsgemeinde JOGUPURA festgestellt.

Mit der Differenzierung der Berufsausübung ändern sich auch die Entlohnungsformen in Höhe und Zusammensetzung. Mit dem Weiterbestehen der traditionellen Berufsausübung haben sich auch die überkommenen Entlohnungsformen erhalten, die den einzelnen Handwerkern und Dienstleuten einen genau bemessenen Anteil an der landwirtschaftlichen Produktion zusichern. Die Gegenüberstellung der Naturalmenge je Entlohnungseinheit (Pflug, Tier, Haushalt) für die einzelnen Berufe zeigen weiterhin die Verflechtung dieser Haushalte auf tauschwirtschaftlicher Basis. Mit der Änderung der Anbaustruktur ändert sich jeweils die Zusammensetzung der Naturalentlohnung für Handwerker und Dienstleute. Die Entscheidung über die Anbauplanung muß die Abgaben an die KAMIN und damit auch deren Einverständnis miteinbeziehen, was beim Übergang zu neuen Anbaufrüchten, die nicht zur traditionellen Selbstversorgung gehören, gelegentlich zu Friktionen zwischen JAJMAN und KAMIN führen kann. Vergleicht man diese naturalwirtschaftliche Entlohnung genauer dann zeigt sich, <u>daß mit zunehmender Industrienähe die Entlohnung auf wenige Grundnahrungsmittel beschränkt wird, wie Tabelle IX, Anhang S.190 zeigt</u>, während Gemüse und andere <u>Verkaufsfrüchte als Lohnbestandteil wegfallen</u>. Dafür steigt der Anteil des Geldeinkommens bei diesen Handwerkern an.

Ebenso steigen in Gemeinden des unmittelbaren städtischen Einflußbereichs die Tagelöhne für solche Arbeiten, die außerhalb des JAJMANI-Systems im Auftragsverfahren vergeben werden, wie folgende Übersicht 23 zeigt:

Tabelle 23: *Die Tagesentlohnung für Handwerker in den einzelnen Untersuchungsgemeinden in Rupien (1963/64)*

Unters.-Gemeinde	Erhebungs-Zeitpunkt	tägl. Arbeitsdauer in Std.	Zimmermann	Grobschmied	Maurer	Gelegenheitsarbeiter
DUGRI	Febr. 64	8	7.00	7.00	3.00	3.00
JHAMAT	Jan. 64	8	7.50	7.50	3.00	3.00
PANGLIAN	März 64	8	6.00	6.00	3.50	3.00
SAKRALI	April 64	8	5-6.00	5-6.00	3.00	2.50
SUNARI	Jan. 64	8	4-5.00	4-5.00	4.00	2.50
JOGUPURA	Jan. 64	8	6.00	6.00	6.00	2.50

Anmerkung: Bei Verabreichen zweier Mahlzeiten verringert sich der Tageslohn um 1.00 Rupie

Quelle: eigene Erhebungen

Insgesamt ergibt sich aus dieser tabellarischen Gegenüberstellung der Entlohnungsbasis in den einzelnen Gemeinden, daß das Lohnniveau für unselbständige Arbeiten in den Gemeinden von UTTAR PRADESH niedriger ist als dasjenige in den Gemeinden des PUNJAB. Ebenso ergibt sich ein Lohngefälle von industrienahen zu industriefernen Gemeinden. Diese Lohndifferenzierung ist aber auch das Ergebnis der Verknappung der Arbeitskraft in Industrienähe.

Damit deutet sich der Wandel der im JAJMANI-System festgelegten strengen Arbeitsverrichtungs- und Entlohnungsformen an. Diese Entwicklung läßt sich als Hinweis für die Richtigkeit der These ansehen, daß mit zunehmender Industrienähe die Nachfrageänderungen nach Gütern und Diensten traditionelle Dienste z.T. überflüssig machen. Gleichzeitig ist mit den neuen beruflichen Alternativen im städtisch-industriellen Bereich die Möglichkeit gegeben, sich von den Landbesitzern zu lösen und eine ungleich größere Unabhängigkeit, allerdings bei zunehmendem wirtschaftlichen Risiko, zu gewinnen.

Das Überwechseln traditioneller Handwerker in verwandte städtische oder industrielle Berufe ist primär ein <u>horizontaler Mobilitätsvorgang mit einer Änderung der Stellung im Beruf</u>. Er vollzieht sich vorwiegend im <u>Generationswechsel.</u> Der Vater bzw. die älteren Familienmitglieder geben diese traditionelle Bindung, die soziale Sicherheit bis ins Alter gewährt und die andere kleine Privilegien im Dorf miteinschließt, aus Sicherheitsgründen nur selten auf. Sie erfüllen weiter die Präsenzpflicht des Haushaltes bei den dörflichen JAJMAN, auch wenn ihre Funktionen allmählich eingeschränkt werden. Die Lockerung dieser Präsenzpflicht kommt auch schon im verstärkten Übergang zum Einzelauftragssystem gegen Tagesentlohnung anstelle einer Jahresentlohnung zum Ausdruck, das JAJMAN und KAMIN mehr Bewegungsfreiheit und höhere ökonomische Effizienz ermöglicht. Der damit einhergehende Druck der wirtschaftlichen Verhältnisse oder der Wunsch nach einem höheren liquiden Einkommen lassen es notwendig erscheinen, die neu ins Erwerbsleben Eintretenden zur Übernahme einer Tätigkeit außerhalb des Dorfes zu veranlassen.

IV   Der Einfluß der Schulbildung auf die Mobilität der Arbeitskraft

Mit der Hervorhebung von Alter und bisheriger Berufszugehörigkeit für den beruflichen Wandel sollte auch der Zusammenhang zwischen Mobilität der ländlichen Arbeitskraft und dem Stand ihrer schulischen Bildung berücksichtigt werden. Es ist zu erwarten, daß die Schulbildung bei weitgehend traditions- und sittengeleiteten Menschen die Bereitschaft zum Übergang in eine mehr rationale Arbeitswelt erhöht. Es ist jedenfalls ein Mindestmaß an schulischer Bildung erforderlich, um den psychologischen, technischen und kaufmännischen Anforderungen neuer beruflicher Aufgaben innerhalb und außerhalb des Dorfes gerecht zu werden.

In allen Untersuchungsgemeinden bestanden bereits vor 1947 Möglichkeiten zum Besuch allgemeinbildender Schulen in entfernt gelegenen Orten, bei denen Entfernungen bis zu 11 km (in SAKRALI) zu überbrücken waren. Die in den Gemeinden inzwischen erbauten 4-klassigen Elementarschulen (PRIMARY SCHOOL) wurden in DUGRI, JHAMAT und PANGLIAN in den Jahren 1951-1953 und in den restlichen Gemeinden zwischen 1956-1958 begründet. In der Dorfschule wurden üblicherweise die elementaren Kenntnisse des Schreibens, Lesens und Rechnens vermittelt. Trotz der Einführung einer auf 4-6 Jahre[1] bemessenen allgemeinen Schulpflicht wurde aus <u>allen</u> Gemeinden ein unregelmäßiger oder vernachlässigter Schulbesuch vor allem bei Kindern von Angehörigen dörflicher Dienstleistungsberufe und landwirtschaftlicher Berufe berichtet. Diese Schulpflicht schließt im PUNJAB inzwischen auch den Besuch einer weiterführenden 2-3-klassigen Mittelschule (MIDDLE-SCHOOL) ein. Es war zwar in keiner Untersuchungsgemeinde eine solche Schule anzutreffen, wohl aber in deren unmittelbarer Nähe. Zur Verwirklichung höherer Berufsziele oder zum Erwerb eines Immatrikulationszeugnisses (MATRICULATION CERTIFICATE) zum Beginn des Grundstudiums an der Universität ist der erfolgreiche Besuch einer HIGHER

---

1) Hinsichtlich der Dauer der Schulpflicht in den einzelnen Schulstufen gibt es in den Einzelstaaten - auch im PUNJAB und UTTAR PRADESH - größere Unterschiede.

SECONDARY SCHOOL oder HIGH SCHOOL erforderlich, die in den Untersuchungsgebieten nur in Städten vorhanden sind.

Im weiteren werden die erfaßten Erwerbspersonen innerhalb der einzelnen landwirtschaftlichen und nichtlandwirtschaftlichen Berufsgruppen in 2 Kategorien unterteilt. Die erste umfaßt innerhalb einer Berufsgruppe den Anteil derjenigen Erwerbspersonen die keine Schule besucht haben und weder lesen noch schreiben können; die zweite dagegen den Anteil der Erwerbspersonen, die zumindest die Mittelschule mit 7 bzw. 6 Klassen erfolgreich abgeschlossen haben. Aus der folgenden Tabelle wird ersichtlich, daß in den einzelnen Berufsgruppen der Gemeinden sehr wesentliche Bildungsunterschiede vorherrschen (vgl. Tab. 24).

Dabei zeigt sich, daß in allen Untersuchungsgemeinden unterschiedslos die Landrentenbezieher (meist ältere Menschen), die Landarbeiter und die Erwerbspersonen, die dörfliche Dienstleistungsberufe ausüben, den höchsten Anteil an Analphabeten haben. Ein ähnlich geringes Bildungsniveau haben Bauern, Pächter und traditionelle Dorfhandwerker, wobei sich zwischen den einzelnen Gemeinden Unterschiede ergeben. Wichtig ist die Feststellung, daß die als relativ mobil gekennzeichnete Schicht der selbständigen Handwerker den relativ höchsten Anteil an Schulabsolventen innerhalb der traditionellen Berufsgruppen im Dorf hat. Da offensichtlich der größte Teil dieser Handwerker mit Schulbildung in industrielle oder selbständige handwerkliche Berufe abgewandert ist, weist diese Berufsgruppe auch ein relativ hohes Bildungsniveau aus. Das höchste Bildungsniveau ist aber in allen Gemeinden bei solchen Erwerbspersonen gegeben, die im Verwaltungsdienst und Erziehungswesen beschäftigt sind - in jenen Berufen also, die vorwiegend von der Dorfoberschicht ausgeübt werden -. Dagegen ist die Zahl der Bauern, die trotz abgeschlossener Mittelschule oder gar mit Oberschulexamen in die Landwirtschaft zurückkehren, relativ gering.

Bemerkenswert ist, wie stark das Bildungsniveau bei industriell handwerklichen Berufen in Industrienähe zunimmt, was auch in dem Anteil derjenigen zum Ausdruck kommt, die die Mittelschule abgeschlossen haben. Dagegen verbessert

TAB. 24 Der Anteil der Erwerbstätigen ohne Schulbesuch (Analphabeten) und der Erwerbstätigen mit abgeschlossener Grundausbildung an der Gesamtzahl der Erwerbstätigen nach Berufsgruppen (1963/64)

	Anteil der Erwerbstätigen a) ohne Schulbesuch b) mit abgeschlossener Grundausbildung(Mittelschule)an der Gesamtzahl der Erw.tätigen			Nach Berufsabteilungen							
				Landwirtsch. Berufe				Tradt. Handwerkl. Berufe	Dörfl. Dienstleistungsberufe	Handelsberufe	Industr. Handwerkl. Berufe	Berufe im öfftl. Dienst	Sonstg. Berufe
	Erw.-tätige	Bildungsstand	in % aller ET.	Landlords 1 a	Bauern und mithelf. Fam. Ang. 1 b	Pächter 1 c	Landarbeiter 1 d	2	3	4	5	6	7
DUGRI	104	a	57,7	--	76,5	--	91,0	71,4	--	--	17,9	37,5	--
		b	13,5	--	11,8	--	--	--	--	--	21,4	5,0	--
JHAMAT	49	a	49,0	--	56,3	--	100,0	25,0	--	50,0	22,1	--	--
		b	10,2	--	6,2	--	--	25,0	--	--	11,1	33,3	--
PANGLIAN	85	a	65,9	--	72,7	--	86,2	66,6	100,0	--	50,0	37,6	--
		b	10,6	--	--	--	--	--	--	--	25,0	31,2	100
SAKRALI	207	a	76,5	--	83,8	72,2	95,6	72,7	100,0	33,3	85,7	27,2	--
		b	11,8	--	9,6	--	--	9,1	--	33,4	--	40,9	--
SUNARI	53	a	47,2	--	32,1	--	80,0	--	100,0	25,0	100,0	66,6	--
		b	5,7	--	--	--	--	--	--	--	--	32,4	100
JOGUPURA	75	a	57,3	--	59,0	--	75,0	--	66,6	40,0	64,7	66,6	--
		b	2,7	--	2,6	--	--	--	--	20,0	--	--	--

Quelle: eigene Erhebungen

sich das Bildungsniveau landwirtschaftlicher Berufe und der traditionellen Dorfhandwerker- und Dienstleistungsberufe auch in Industrienähe nur unwesentlich, wenn man von einigen Ausnahmen absieht (JHAMAT, SUNARI).

Im Gegensatz zu den allgemeinbildenden Schulen haben berufsbildende Schulen wie z. B. die INDUSTRIAL TRAINING INSTITUTES in LUDHIANA und AGRA keinen nachhaltigen Einfluß auf die technische Grundausbildung ländlicher Arbeitskräfte in den untersuchten Gemeinden gehabt. Dies hängt z.T. mit den hohen Anforderungen bei der Auswahl der Bewerber, zum anderen aber auch mit der angebotenen praktischen Ausbildung zusammen, die z. B. bei den Grobschmieden und Webern in DUGRI und JHAMAT relativ gering eingeschätzt wird. In diesen Berufen wird die praktische Ausbildung in den Produktionsbetrieben zumeist verwandter Kastenmitglieder vorgezogen.

Eine Zusammenfassung dieser Beobachtungen über die Beziehungen von Schulbildung und Mobilität der Arbeitskraft bestätigen die Hypothese, daß der Übergang in nichttraditionelle Berufe, die vorwiegend an außerdörflichen Arbeitsplätzen ausgeübt werden, durch bessere Ausbildung der Arbeitskräfte gefördert wird.

V. Die Bedeutung außerdörflicher Arbeitsplätze für die Erwerbstätigkeit von Arbeitskräften im Dorf

Als Ursache für die beruflichen Veränderungen im Dorf wurden die steigende Nachfrage nach Arbeitskräften und die Differenzierung der Berufsarten an solchen Arbeitsstätten bezeichnet, die weitgehend außerhalb des Dorfes liegen. Damit stellt sich die Frage, welche Bedeutung außerdörfliche Arbeitsplätze für die Beschäftigung und das Einkommen von männlichen Arbeitskräften in Gemeinden mit unterschiedlicher Entfernung zur Stadt haben[1]. Außerdem ist es von

---

[1] Aus der Darlegung der Verkehrsverhältnisse wurde deutlich, daß alle Gemeinden das ganze Jahr über auf befestigten Straßen erreicht werden konnten, wobei nur die jeweils kurze Verbindung vom Dorf zur befestigten Straße durch Witterungseinflüsse für schwerere Transporte unpassierbar war.

Bedeutung, wie sich diese Arbeiter beim Übergang zu außerdörflichen Arbeitsplätzen verhalten.

Wie Tabelle 25 zeigt, nimmt der Anteil der Erwerbspersonen mit außerdörflichem Arbeitsplatz an der Gesamtzahl der Erwerbspersonen mit zunehmender Industrieferne ab. Im weiteren wird eine Unterteilung der Erwerbspersonen mit außerdörflichem Arbeitsplatz vorgenommen, und zwar in solche, die in der Berichtsperiode die dörfliche Wohnung beibehalten haben (Pendler), und in solche, die am Arbeitsort wohnen und nur noch besuchsweise im Dorf erscheinen (vorübergehend Abwesende), aber ihre Zugehörigkeit zu einem dörflichen Haushalt durch regelmäßigen Einkommenstransfer zum Ausdruck bringen. In Stadt- und Industrienähe überwiegen die Pendler. Dabei fällt auf, daß Pendler in Industrienähe im Jahresdurchschnitt eine geringere Beschäftigungsdauer aufweisen als Pendler aus industriefernen Gemeinden. Ein entsprechendes Gefälle ergibt sich auch bei der durchschnittlichen Entlohnung pro Monat (vergl. Tabelle 26, Spalte 3 u. 4). Dies deutet darauf hin, daß sich unter diesen Pendlern in Industrienähe Saisonarbeitskräfte und Gelegenheitsarbeiter mit geringerer Entlohnung befinden, die primär als landwirtschaftliche Arbeitskräfte im Dorf tätig sind und sich in arbeitsruhigen Zeiten nach alternativen Beschäftigungen in der Stadt umsehen.

Dagegen steigen mit zunehmender Pendelentfernung sowohl die durchschnittlichen Monatsverdienste als auch die Beschäftigungsdauer der Pendler an. Offensichtlich wandern in der Entfernung von etwa 12 km nur noch solche Kräfte in städtische Arbeitsstätten ab, die höhere berufliche Qualifikationen und eine stärkere Bindung an ihre Arbeitsplätze besitzen und damit höher entlohnt werden können, was gleichzeitig ein Ausgleich für die vergleichsweise längere Pendelentfernung darstellt.

Mit dem Rückgang der Zahl der Pendler nimmt in industriefernen Gemeinden die Zahl der vorübergehend abwesenden Erwerbspersonen erheblich zu. Diese Erwerbspersonen verlassen die dörfliche Wohngemeinschaft für die Dauer ihrer beruflichen Aktivität. Sie sind vor allem in der öffentlichen Verwaltung, im Lehramt und bei der Armee beschäftigt, wo

TAB. 25 Erwerbspersonen mit Haupterwerb außerhalb des Dorfes (1963)

Untersuchungs-gemeinde	Erfaßte EP insges.	insg. in %	Davon Erwerbspersonen mit Arbeitsplatz außerhalb des Dorfes							
			Pendler						vorübergehend Abw.	
			Pendler insges.	Nach Beförderungsart			Durchschnitt. Pendelentferng. zw. Wohng. u. Arbeitsplatz in km	Besch.-Dauer 1963 in Monaten	EP. insges.	Durchschnittl. Dauer d. bisherig. Abwesenh. i. Jahren
				Fußg.	Fahrr.	Sonst.				
DUGRI	104	36 34,6	32	12	19	1	1,5	8,5	4	5,2
JHAMAT	49	15 30,6	15	4	11	-	6,0	9,0	-	-
PANGLIAN	85	21 24,7	5	-	5	-	12,4	10,0	16	7,0
SAKRALI	207	42(1) 20,2	33	20	11	2	4,1	7,5	9	5,5
SUNARI	53	10 18,9	10	1	7	2	6,5	6,0	-	-
JOGUPURA	75	28 37,3	28	7	21	-	6,9	8,1	-	-

(1) = davon 10 Landarbeiter
<u>Quelle:</u> eigene Erhebungen

TAB. 26 *Einkommensbeitrag von außerhalb des Dorfes Beschäftigten in Rupien (Rs) (1963/64)*

Untersuchungs-gemeinde	Pendler nach Stellung im Beruf							Vorübergehend Abwesende			
	Selbst. Er-werbspers.		Arbeiter Angestellte		Arbeiter, Angest. Beamte im öff.D.		öff. Dienst		Sonstige	
	insg.	ØMonats-verdienst in Rs	insg.	ØMonats-verdienst in Rs	insg.	ØMonats-verdienst in Rs	insg.	ØEinkommens-beitrag zum HH-Budget pro Jahr	insg.	ØEinkommens-beitrag zum HH-Budget pro Jahr
	1	2	3	4	5	6	7	8	9	10
DUGRI	20	91	12	61	1	175	2	300	2	600
JHAMAT	–	–	13	76	2	100	–	–	–	–
PANGLIAN	–	–	5	77	–	–	12	560	4	235
SAKRALI	2	130	20	50	11	102	4	775	5	480
SUNARI	–	–	8	89	2	50	–	–	–	–
JOGUPURA	4	111	21	66	4	88	–	–	–	–

Quelle: eigene Erhebungen

Familien keine Unterkunft gewährt wird. Die hohen Lebenshaltungskosten außerhalb des Dorfes veranlassen diese Erwerbspersonen, ihre Familien im Haushalt des Bruders oder Vaters im Dorf zu belassen und durch Einkommenstransfer zur Bestreitung ihres Lebensunterhaltes beizutragen. Diese Einkommenstransfers an dörfliche Haushalte sind in Gemeinden mit vorwiegend agrarischer Existenzbasis höher als in industrienahen Gemeinden (vgl. Tabelle 26). Andere vorübergehend Abgewanderte sind meist jugendlichen Alters und arbeiten in industriellen Berufen. Sie wohnen bei Verwandten in der Stadt, die ihnen die Arbeitsplätze vermittelt haben und für ihre Versorgung aufkommen. Die meisten vorübergehend Abgewanderten halten auch deshalb den Kontakt zu ihren Familienangehörigen im Dorf aufrecht, weil man sich im Falle des Arbeitsplatzverlustes oder im Alter mit Vorliebe dorthin zurückzieht.

Die eigentliche <u>Abwanderung</u> im Sinne eines Wohn- und Arbeitsplatzwechsels mit gleichzeitiger ökonomischer Separierung und Verselbständigung des Abwandernden einschließlich Frau und Kindern hat in den Untersuchungsgemeinden in den zurückliegenden 12 Jahren keinen nennenswerten Umfang erreicht. Die Tabelle 27 gibt eine ungefähre Vorstellung von der während der Zeit von 1951 bis 1963 erfolgten Ab- und Zuwanderung in den Untersuchungsgemeinden[1].

Wichtig ist dabei festzuhalten, daß ein Teil der abgewanderten Personen, die nach Afrika und England auswanderten, dort als College-Lehrer, Buchhalter und Industriefacharbeiter beschäftigt sind. Ihre Abwanderung wurde von Angehörigen auf einen Mangel an sozialökonomischen Entfaltungsmöglichkeiten innerhalb der gegebenen sozialen und ökonomischen Umwelt zurückgeführt. Ähnlich bedeutend ist die bereits beobachtete Abwanderung von Handwerkern und Dienstleuten (CHAMAR und JATAV) in die Stadt, wobei die Städte in unmittelbarer Dorfnähe bevorzugt werden. Dagegen

---

[1] Die Zuverlässigkeit dieser Daten ist deshalb erheblich eingeschränkt, weil bei dem unterschiedlichen Erinnerungsvermögen der Befragten kein einheitliches Bild von den Ab- und Zuwanderungsvorgängen zurückliegender Jahre zu gewinnen war.

TAB. 27 Die Ab- und Zuwanderung in den Untersuchungsgemeinden von 1951 - 1963

Untersuchungs-gemeinde	Abwanderung				Zuwanderung			
	E=Einzelp. F=Familie	Anzahl	Kaste	abgewandert nach	E=Einzelp. F=Familie	Anzahl	Kaste	zugewandert von
DUGRI	E	4	Jaat	England	F	2	Ramdasia	Dorf 27 Meilen
	E	2	Ramgharia	England	F	1	Jaat	Dorf 41 Meilen
	E	3	Jaat	Bombay				
	F	1	Jaat	Dorf (36 M.)				
	F	1	Ramgharia	England				
JHAMAT	E	1	Ramgharia	Ludhiana	F	4	Mazhibi	Dorf 30 Meilen
	F	2	Jaat	Dorf (23 M.)				
	F	3	Chamar	Ludhiana				
PANGLIAN	F	3	Jaat	Afrika				
SAKRALI	F	2	Khatri	Patiala	F	1	Nai	Dorf 13 Meilen
SUNARI	E	1	Jatav	unbekannt	F	1	Mazhibi	Dorf 12 Meilen
	F	3	Jaat	Dorf (180 M.)	F	1	Kumhar	Dorf 25 Meilen
	F	1	Jatav	Agra				
JOGUPURA	-	-	-	-	-	-	-	-

Quelle: eigene Erhebungen

sind die Abwanderungsvorgänge in andere Dörfer vorwiegend
als Arbeitsplatzwechsel ohne eigentlichen Berufswechsel anzusehen. Solche Ab- und Zuwanderungen zwischen Dorfgemeinden
kommen durch Eintreten von verwandten dorffremden Kastenangehörigen in bestehende berufliche Aufgaben wie z. B. die
Bewirtschaftung des Landes, die Ausübung bestehender JAJMANI-
Verpflichtungen oder durch Landtausch und Landerwerb zustande.

Der Prozeß der Zuwanderung in andere Gemeinden und der
Auswanderung nach Afrika oder England ist weitgehend auf
Zufälligkeiten oder besondere Einzelinitiative zurückzuführen, und läßt sich nicht aus der Wirtschaftsstruktur
der Gemeinden oder der bisherigen erwerbswirtschaftlichen
Orientierung der betreffenden Haushalte ableiten. Die
größere Zahl von Ab- und Zuwanderern in industrienahen Gemeinden ist wiederum ein Beweis für die relativ höhere Mobilität der Menschen in der Nähe städtisch-industrieller
Standorte als in entfernteren Orten.

VI. Zusammenfassung

Damit ist eine Reihe von Merkmalen zur Charakterisierung
des beruflichen Wandels behandelt worden. Es wurde gezeigt,
welche Berufs- und Altersgruppen sich am ehesten von der traditionellen Beschäftigung im Dorf lösen und zu modernen
Tätigkeiten im Handel und Transport, in der Industrie und
im öffentlichen Dienst übergehen. Ebenso wurde auf die
Bedeutung der Schulbildung und der Entfernung zu städtischen Arbeitsplätzen für den Berufswechsel hingewiesen.
In industrienahen Gemeinden sind es vorwiegend die Angehörigen der traditionellen Dorfhandwerker und der landwirtschaftlichen Berufsgruppen mit vergleichsweise hoher Schulbildung, die sich von der traditionellen Berufsausübung
ihrer Familie lösen und neue Berufe ergreifen. Bei den
Dorfhandwerkern handelt es sich hierbei zum Teil um einen
Berufswechsel mit Anstellung in der Industrie, zum Teil
aber auch um eine bloße Änderung der Stellung im Beruf,

der durch ökonomisch-technische Veränderungen in der Produktions- und Nachfragestruktur ausgelöst wird. Diesem vorwiegend horizontalen Mobilitätsvorgang steht ein vertikaler Mobilitätsvorgang beim Berufswechsel der landwirtschaftlichen Arbeitskräfte gegenüber. Landarbeiter ergreifen außerlandwirtschaftliche Berufe entweder aus Mangel an ausreichenden Beschäftigungsmöglichkeiten in der Landwirtschaft oder zur Wahrnehmung besserer Verdienstmöglichkeiten in Industrie und Bauwirtschaft, Handel und Transport. Allerdings ereignet sich ein Übertritt von Pächtern und Landarbeitern aus ihren bisherigen Tätigkeiten in andere Berufe relativ selten wie z.B. bei denjenigen, die im Zuge der Bodenreform ihr Land oder ihre bisherige Funktion verloren haben. Die Aufnahme von nichttraditionellen beruflichen Tätigkeiten innerhalb und außerhalb des Dorfes erfolgt überwiegend von jungen Menschen beim Eintritt ins Erwerbsleben, d.h. berufliche Veränderungen vollziehen sich überwiegend im Generationswechsel. Auf diese Weise stocken auch andere dörfliche Haushalte ihr Haupteinkommen aus traditionellen Berufen im Dorf durch außerlandwirtschaftlichen Zuerwerb auf. Die älteren Mitglieder solcher Haushalte üben ihren traditionellen Beruf zur Nahrungssicherung im Dorf weiter aus, jüngere Mitglieder solcher Haushalte gehen einem Erwerb in außerlandwirtschaftlichen Berufszweigen nach und verdienen bares Einkommen hinzu. Andererseits nutzen auch die Haushalte mit nichtlandwirtschaftlichem Haupterwerb in saisonalen Arbeitsspitzen die Gelegenheit zum landwirtschaftlichen Zuverdienst in Form von Naturalien. Die bisherigen landwirtschaftlichen Arbeitgeber suchen der Abwanderung ihrer Handwerker und Landarbeiter in Industrienähe vereinzelt durch Konzessionen, wie höhere Löhne und Lockerung der ständigen Präsenzpflicht entgegenzuwirken, ohne aber damit den Berufsstrukturwandel aufhalten zu können.

Teil IV: Schlußfolgerungen

Ein wesentliches Strukturmerkmal der ländlichen Wirtschaftsverhältnisse Indiens ist der Überbesatz mit Arbeitskräften. Die Strategien zur produktiven Verwendung der ländlichen Arbeitskräfte im Wirtschaftsprozeß bildeten den Ausgangspunkt der vorliegenden Analyse des beruflichen Wandels. Hierbei wurden zwei Konzeptionen einander gegenübergestellt, von denen die eine die Verwendung der unterbeschäftigten ländlichen Arbeitskräfte zur Intensivierung der landwirtschaftlichen Produktion und die andere deren Absaugung aus der Landwirtschaft über den Markt im Zuge anfänglicher Industrialisierung vorsah. Mit dem Hinweis auf die sozialen Verhältnisse, die Knappheit von Nahrungsmitteln und die begrenzte Arbeiternachfrage von seiten der Industrie hat der Verfasser die Brauchbarkeit der Konzeption vom Arbeitskräftetransfer in städtisch- industrielle Arbeitsstätten und Berufe in Frage gestellt.

Zur empirischen Überprüfung dieser Einwände wurden 6 Gemeinden in Nordindien ausgewählt, die in unterschiedlicher Entfernung zu zentralen Orten mit wachsender Kleinindustrie liegen. In dieser Kleinindustrie werden u.a. auch Güter hergestellt, deren Produktion bisher im traditionellen dörflichen Handwerk mit primitiverer technischer Ausstattung erfolgte. Die ausgewählten Gemeinden wurden von diesem Industrialisierungsprozeß nicht in gleicher Intensität erfaßt, was sich aus ihrer unterschiedlichen Entfernung zu industriellen Entwicklungszentren ergab. Damit ließen sich die differenzierten sozialökonomischen Anpassungsvorgänge bei dörflichen Haushalten und bei männlichen Arbeitskräften in den einzelnen Gemeinden beobachten, die in der Veränderung der Erwerbs- und Berufsstruktur ihren Niederschlag fanden. Diese Veränderungen wurden aus der überkommenen sozialökonomischen Struktur der Gemeinde, der Landausstattung und aus der Lage des Dorfes zum Industriezentrum abgeleitet.

Aus den Ergebnissen dieser Fallstudien wurde dann versucht, Aussagen über die Mobilität der ländlichen Arbeitskräfte und den damit zusammenhängenden wirtschaftlichen und sozialen Wandlungen im Zuge der Industrialisierung zu machen. Ausgehend von der überkommenen relativ starren Berufsstruktur, die in den Gemeinden jedes Untersuchungsgebietes vergleichbare Merkmale aufwies, wurde der berufliche Wandlungsprozeß und seine Merkmale aufgezeigt, der mit dem Beginn der Industrialisierung zu einer Änderung der Erwerbsstruktur auf dem Lande führte.

Die dargestellte Entwicklung macht deutlich, daß der Einwand, es ließen sich keine überschüssigen ländlichen Arbeitskräfte absaugen, nur auf wenige soziale Gruppen und auf solche Personen größtenteils zutrifft, die bereits seit längerer Zeit im Erwerbsprozeß stehen. Ein eigentlicher Berufswechsel ist bei solchen Personen nur gegeben, wenn sie ihre bisherige Erwerbstätigkeit aufgeben mußten (z.B. vertriebene Pächter), wenn sie nicht voll beschäftigt waren (Gelegenheitsarbeiter) oder wenn sie einem Abhängigkeitsverhältnis entrinnen wollten. Damit ist fast immer der Wunsch nach einer Verbesserung der Lebensverhältnisse verbunden.

Traditionsfremde und dorffremde berufliche Tätigkeiten werden überwiegend von jungen Menschen beim Eintritt in das Erwerbsleben ergriffen. Nicht der Haushaltsvorstand, sondern seine Söhne gehen in die Industrie, um zusätzliches Bargeld für das gesamte Haushaltsbudget zu verdienen. Bei diesen jungen Menschen besteht ohnehin der Wunsch nach größerer Unabhängigkeit und nach besserer Verdienstmöglichkeiten. Sie sind für die Bewältigung neuer Berufsaufgaben nicht nur auf Grund des Alters, der vorhandenen beruflichen und technischen Fähigkeiten, sondern auch wegen der besseren Schulbildung geeignet. Diese in moderne Berufe hineinwachsenden Arbeitskräfte wechseln öfter ihren Arbeitsplatz und die Art ihrer beruflichen Tätigkeit auf der Suche nach günstigeren Arbeitsbedingungen und besserer Bezahlung. Es handelt sich um eine teilweise sehr mobile Arbeiterschicht, die den Kontakt mit dem Dorf bei Abwanderung aufrechterhält und sich an den Festlichkeiten beteiligt.

Der Übergang in traditions- und dorffremde Berufe vollzieht sich im Rahmen der bestehenden Institutionen der Kaste und der Familie. Die Überführung in die neue Berufswelt erfolgt meist durch Familien- und Kastenangehörige. Dabei zeigt sich, daß die Einheit und der Zusammenhalt der Großfamilie ein wichtiger Faktor für die Elastizität des ländlichen Arbeitskräfteangebots sein kann. Das gilt sowohl für die Aufnahme einer neuen Erwerbstätigkeit als auch für die Rückgliederung der Mitglieder bei Krankheit, Arbeitslosigkeit und Alter. Die damit gegebene hohe Arbeitsangebotselastizität ist für die Beschäftigungs- und Sozialpolitik von großer Bedeutung.

Hierbei sollte aber berücksichtigt werden, daß beim Berufswandel solche Berufe bevorzugt werden, die der bisherigen Tätigkeit verwandt sind und an die Tradition und das Sozialprestige der Kaste anknüpfen. Dies ist neben den Einkommensüberlegungen der eigentliche Grund, warum die traditionell landbewirtschaftenden JAAT nicht von industriellen Erwerbsmöglichkeiten Gebrauch machen. Nur beim Berufswandel der untersten Kasten bleiben Prestigehindernisse weitgehend unberücksichtigt.

Mit dem Verbleiben der älteren Erwerbspersonen im dörflichen Haushalt wird trotz erwerbswirtschaftlicher Neuorientierung im Zuge der Industrialisierung der bisherige landwirtschaftliche Haupt- oder Nebenerwerb des Haushalts beibehalten. Diese Art der Nahrungsmittelsicherung ist vorwiegend die Folge der zunehmenden Verknappung der Nahrungsmittel. Deshalb stellt auch der Verzicht auf die Bewirtschaftung eigenen Landes bei der erwerbswirtschaftlichen Neuorientierung eine seltene Ausnahme dar. Die davon betroffenen Kümmerbetriebe wurden von den Familienangehörigen auf Ernteanteilsbasis mitbewirtschaftet.

Die Auswirkung des Berufswandels unter Industrieeinfluß auf die landwirtschaftliche Produktion besteht darin, daß zwar kaum Land zur Aufstockung bestehender Betriebe frei wird, daß aber mit dem stärkeren Übergang der jüngeren Erwerbstätigen in traditionsfremde Berufe die landwirtschaftlichen Arbeitskräfte, die Handwerker und Dienstleute im Dorf knapper und teurer werden. Die Folge ist eine Mehrauslastung familieneigener Arbeitskräfte, weshalb in Industrienähe der nichtlandwirtschaftliche Nebenerwerb bei landwirtschaftlichen Haushalten eine geringe Bedeutung hat. In Arbeitsspitzen wird aber in stärkerem Umfang auf Saisonarbeitskräfte zurückgegriffen, die für diese Zeit industrielle Tätigkeit und Gelegenheitsarbeiten aufgeben, um sich auf diese Weise Nahrungsmittel zu beschaffen. Bei den landwirtschaftlichen Vollarbeitskräften steigt mit dem Lohn auch der Anteil, der in Bargeld ausbezahlt wird.

Daraus ergeben sich Hinweise zur Beurteilung wirtschaftspolitischer Maßnahmen, die auf die Mobilisierung der ländlichen Arbeitskraftreserven und auf die Verbesserung der ländlichen Wirtschaftsverhältnisse abzielen. Hält man direkte Maßnahmen produktionstechnischer oder steuer- und preispolitischer Art usw. zur Steigerung der landwirtschaftlichen Produktion als geeignete Ansätze zur Ausweitung des Beschäftigungsumfanges, dann sollte nicht übersehen werden, daß selbst in industriefernen Gemeinden eine größere Zahl von Erwerbspersonen weder Landbesitz hat noch direkt in der Landwirtschaft tätig ist. Landwirtschaftliche Entwicklungsprogramme erfassen nicht alle Berufsgruppen im Dorf gleichermaßen. Das Abdrängen von Erwerbspersonen aus Handwerks- und Dienstleistungskasten in landwirtschaftliche Lohnarbeit würde möglicherweise zu weiterer Entlastung von Familienarbeitskräften der Bauern führen und die im Dorf vorhandenen handwerklichen Fertigkeiten weiter verkümmern lassen. Landwirtschaftliche Lohnarbeit ließe sich nur bei Angehörigen der untersten Kaste der Unberührbaren vertreten, bei denen ohnehin gleitende Übergänge zwischen landwirtschaftlicher und außerlandwirtschaftlicher Beschäftigung bestehen. Angehörige der Handwerkskasten sollten aber im Zuge einer arbeitsintensiven Produktionsausweitung der Kleinindustrie an weit über das Land verstreuten zentralen Orten produktivere Verwendung finden.

Eine einseitige Bevorzugung und Stärkung der landwirtschaftlichen Bevölkerung würde auch die im Dorf vorhandene Kastenordnung mit den dominanten landbesitzenden Kasten zementieren. Es bestünde die Gefahr, daß die starre Begrenzung des beruflichen Tätigkeitsbereichs, die Regelung der Arbeitskonditionen und die Festlegung des Kundenkreises weiter bestehen bleiben. Dagegen könnte die Mobilisierung der Handwerks- und Dienstleistungskasten, die durch Änderung der Erwerbstätigkeit größere Unabhängigkeit erlangen, die stationären Elemente des überkommenen Produktionsprozesses ablösen. Die Stimulierung der sozialen Konkurrenz zwischen den Kasten zur Durchsetzung des wirtschaftlichen Fortschritts sollte deshalb Bestandteil der Entwicklungsstrategie sein. Den weiterhin im Dorf verbleibenden Haushalten, die sich auf traditionsfremde Erwerbstätigkeiten einstellen, würde mit der gleichzeitigen Verbesserung der landwirtschaftlichen Produktion die Möglichkeit des günstigen Nahrungsmittelbezugs auf der Basis saisonellen Zuerwerbs eröffnet, zu denen auch Frauen und Kinder beitragen könnten.

Mit dem landwirtschaftlichen Entwicklungsprogramm sollte deshalb die Schaffung nichtlandwirtschaftlicher Arbeitsplätze vor allem in der Industrie einhergehen. Die Industrialisierung an zentralen ländlichen Orten kann durchaus auf die Zerschlagung der traditionell gewerblichen Existenzbasis der Berufskasten ausgerichtet sein. Damit kommt es zu einer stärkeren Arbeitsteilung zwischen Stadt und Land, wobei die Starrheit der überkommenen Sozial- und Produktionsverhältnisse durch eine flexiblere Ordnung ersetzt wird.

Summary

An important obstacle to the promotion of economic progress in rural India is the rapid increase in population and the pressure upon scarce land resources. Therefore considerable unemployment and underemployment in rural areas is becoming an urgent social und economic problem. The question arises whether this present rural labour surplus which makes little useful contribution to output (the marginal product of labour having fallen to zero) could be mobilized to promote economic progress.

Recent models and strategies for economic development of underdeveloped countries, in particular those of LEWIS, NURKSE, JORGENSON, FEI and RANIS explicitly are based on the idea of more productive employment of the rural labour surplus to accelerate the process of economic development. One alternative is the absorption of this underemployed labour in capital formation within the agricultural sector (to improve rural infrastructure and to cultivate the land more intensively), the other is their absorption into the industrial sector. A. M. KHUSRO has proved this second theoretical concept to be unrealistic under the present demographic and economic conditions in India.

Within the limited scope of this empirical study, undertaken in 6 Jaat villages of Northern India, the general possibility of mobilizing rural labour surplus in order to expand the industrial sector has been tested at a very localized level. In this connection the greatest problem cropping up is whether it will be possible at all to detach labour from its present rural or agricultural working conditions by creating - in the course of industrialisation - opportunities for work outside agriculture.

This depends above all on industry's demand for rural labour, quantity being as equally important as quality. The problem of finding the appropriate means for mobilizing rural labour surplus is connected with the question of whether to encourage small-scale or large-scale enterprises, whether to build up urban industry or to decentralize industry into rural areas, whether to scatter industry thinly in rural areas or to develop industrial clusters, and whether to concentrate on modern or traditional industries. A popular justification for establishing labour-intensive rural industries is that with a given amount of capital the expansion of employment would be higher although productivity per worker could be lower in contrast to capital goods industries in big units and to capital-intensive production techniques in cities. Income per capital would also be higher with a given amount of capital investment. Rural industries would also lower the cost of labour transfer.

Since rural infrastructure is, however, insufficiently developed and since sources of energy, the advantages of external economies in marketing, in utilizing by-products and in expanding engineering and managerial techniques are missing, one has envisaged the construction of small-scale industries in industrial estates with semi-urban location and use of machines, power and modern techniques rather than a revitalisation of traditional village and cottage industry; the intention was to transfer the location of the former industrial production of the villages thus having the opportunity to promote its development. This industrial production programme was aimed at incorporating the highest possible amount of skilled rural labour. In this connection the question of how to mobilize this labour force is of great importance.

In order to find an answer to the question in how far the establishment of centrally located small-scale industries in small or district towns had an effect on the occupational mobility of rural labour force, a comparison has been made in this empirical study between the professional structure of four village communities situated close to industrial areas (in the vicinity of LUDHIANA) and two village communities situated far from industrial areas, these two groups having relatively homogeneous economic and social conditions. In the case of the latter two communities with no industrial influence, it was possible to reconstruct in detail the traditional rural working conditions within the Jajmani system. Thus it became apparent to what an extent the individual labourer is bound to institutions such as caste and family or to individual persons. An example for the latter is the relationship between landlord and tenant, master and servant, creditor and debtor, patron and client, relationships which bind together people who are unequal. Furthermore occupational immobility and underemployment in these villages was shown to be the consequence of self-sufficiency, lack of social contacts and information about job opportunities, poverty, insufficient education and technological abilities, emotional ties to a working environment marked by tradition and habits, and aversion to the rather abstract industrial working environment determined by rationalism and social risks.

In village communities with industry nearby, however, a change can be observed in the strict form of payment and performance of work which were formerly laid down in the Jajmani-system. Nowadays the duty of landless workmen and servants (barber, sweeper etc.) to be always available to the members of the dominant landowning castes of Jaat, Brahmins and Khatri is performed mostly by only the older members of the family. In the course of the rapidly advancing technological and economic evolution Jajmans are also tending to undertake a limited number of orders in return for direct payment and thus forgo complete engagement during the whole year. Disengaged workmen are starting to set up independent trading enterprises, partly with mechanical multiple production. Only a few of these workmen leave to join expanding industries as paid workers. The rates of pay as well as their total income are higher than that of their fellow-workers in village communities away from industry.

In village communities with industry nearby a decline in the percentage of rural workers and tenants in the total number of those employed in agriculture can be observed. In the case of rural workers who earn the major part of their income in agriculture, the personal or debt obligation to the agricultural employer plays only a minor role. In most cases the workers hold free, short-term contracts of employment which may be terminated, and they often even take on seasonal work outside agriculture (construction work, trade, transport). On the whole the rate of actual underemployment is decreasing while income of these workers is increasing despite agricultural wages having to a large extent remained unchanged. Within farm enterprises outside workers are substituted by own family members, since agricultural labourers are becoming scarce. This is one of the reasons for the little occupational mobility of the Jaat farmers whose secure economic base in the village and high social position combined with far-reaching powers does not promote a migration, all the more since their way of thinking and living does not conform to the industrial working environment. This assured position within the village as well as the present possibilities for economic expansion of their farm enterprises does not necessitate a change of occupation. The only exceptions are the educated sons of richer farmers, who, in most cases, enter upon a career in administration and education.

Persons who had already been in their profession for a longer period did not change their occupation unless - for instance as a consequence of land reform - they had to leave their jobs, or unless they had been working only part-time with insufficient income, or they wanted to escape from an oppressive dependency. Taking into consideration the age structure of the men who enter upon non-traditional careers, or who take jobs outside the village, it is striking that these are mostly young people who have just started out in professional life. This development is launched by the fact that the sons, mostly with the consent of the head of the family are required to help earn additional cash income for the household. Once away from the family environment these young people yearn for more independence and better earning opportunities. Not only for reasons of age, but also because of better education and consequently higher technological and commercial abilities they are better suited for mastering new professional tasks. While the group of agricultural workers and tenants, village servants and traditional village craftsmen and farmers are mostly illiterate, the independent workmen and industrial workers (with the exception of casual labourers) have on the average a higher educational level, while those working in administration and education have naturally the highest educational standard.

The study of transition to new occupations in villages near towns or industry gives evidence of the striking fact that a great number of workers travel daily between their home in the village and their place of work. The relatively small number of these workers from communities further away from industry show on an average longer periods of employment and thus more income than mobile workers from villages close to industry, some of whom are seasonal or casual workers. In communities further away from industry the number of temporarily absent working persons is, however, relatively higher. In all communities complete migration of labour force is of very minor significance.

It is a striking fact that in the case of occupation changes preference is given to those occupations which are similar to their previous ones and to those connected with tradition and social prestige of the caste. Only the economically weaker depressed classes hardly take into consideration questions of prestige when changing their occupation. Thus it can be said that transition to non-traditional occupations is realised in the framework of the existing institutions of the caste and the family, i. e. with the assistance of the family and caste members. Thereby it becomes evident that for instance, cohesion of the joint family can be an important factor for the elasticity of supply of rural labour force. This concept is valid when a member of the family takes up a new occupation, or when, due to illness, unemployment or old age he is unable to carry on working and must return to the family. Despite occupational reorientation in the course of industrialisation, the present household occupation within the village is maintained by older members of the family in order to maintain as far as possible the food supply; this is all the more important since food is scarce. Therefore it is very rare that in the case of occupational reorientation of a household the cultivated land is surrendered. In cases where the number of workers no longer suffices to run the farm enterprise independently, it is run by relatives in exchange for delivery of about half of the crop. Therefore it can be said that only in exceptional cases does land become available for the expansion of existing enterprises as a consequence of occupational change induced by industry.

Therefore the observations described in this study make it clear that under the socio-economic conditions as they presented themselves in the village communities under examination, the occupational mobility of rural manpower is determined by such factors as availability of alternative occupations, provision of information about job opportunities, transport facilities, professional traditions and customs of the caste to which one belongs, by the skill acquired in traditional occupation, by forces such as poverty, unemployment and personal dependency or other social factors. As far as individual mobility is concerned younger people or those with a higher education are able to move more readily. There is a correlation between the size of owned land and labour mobility. The movement from farms of medium size is negligible. There are a few more cases of moving from households with the smallest farms, and more, but still relatively few cases of moving from the biggest farms due to the education of some of the family members.

LITERATURVERZEICHNIS

1. AUBREY, H.G., — Small Industry in Economic Development, in: Social Research, Vol. 18, 1951, S. 296 ff.
2. BAADE, F., — Die Beziehungen zwischen landwirtschaftlicher und industrieller Entwicklung, in: Landwirtschaft und Industrialisierung in den Entwicklungsländern, Beihefte der Konjunkturpolitik, Heft 6, Berlin 1960
3. BADEN-POWELL, H.B., — Origin and Growth of Village Communities in India, London 1899
4. derselbe, — Land Systems of British India, Vol.I und Vol.II, London 1892
5. BARBER, W.A., — Disguised Unemployment in Underdeveloped countries, in: Oxford Economic Papers 1961, Bd. 13
6. BARBER, W.J., — The Economy of British Central Africa, Oxford 1961
7. BEIDELMANN, Th.O., — A Comparative Analysis of the JAJMANI System, New York 1959
8. BERGMANN, Th., — Funktionen und Wirkungsgrenzen von Produktionsgenossenschaften in Entwicklungsländern, Frankfurt/M. 1967
9. BHATTACHARJEE, J.B., — Agricultural Economics and the Agriculturist, in: Indian Journal of Agricultural Economics, Vol. XXI, No. 1
10. BILLERBECK, K., — Mobilisierung des asiatischen und afrikanischen Arbeitskräfte-Potentials, Hamburg 1961
11. derselbe, — Mobilisierung brachliegender Arbeitskräfte in den ländlichen Gebieten asiatischer und afrikanischer Entwicklungsländer, in: Landwirtschaft und Industrialisierung in den Entwicklungsländern, Beihefte der Konjunkturpolitik, Heft 6, Berlin 1960, S. 120 ff.
12. BLUNT, E., — Social Service in India, London 1939
13. BOEKE, J.H., — Economics and Economic Policy of Dual Societies, New York 1953
14. BREDO, W., — Industrial Estates, Tool for Industrialisation, Glencoe 1960
15. CLARK, C., — The Conditions of Economic Progress, 3.ed., London 1960
16. COALE, A.J. and HOOVER, E.M., — Population Growth and Economic Development in Low-Income-Countries, Princetown 1958
17. COX, O.C., — Caste, Class and Race, New York 1948

18. DANTWALA, M.L., Notes on some Aspects of Rural Employment, in: Selected Readings, Indian Journal of Agricultural Economics 1940-1964, Bombay 1965, S.273ff.

19. DOVRING, F., The Share of Agriculture in a Growing Population, FAO Monthly Bulletin of Agricultural Economics and Statistics, Aug.-Sept. 1959, S. 1-11

20. DUBE, S.C., Indian Villages, London 1961

21. DUMONT, L., The Functional Equivalents of the Inividual in Caste Society, in: Contributions to Indian Sociology, No. VIII, Paris 1965, S. 85-99

22. EPSTEIN, S., A Customary System of Reward and Improved Production Techniques, in: The Economic Weekly, Vol. XV, No. 11, 1963, S. 475 ff.

23. FEI, C.H. und RANIS, G., Development of the Labour Surplus Economy: Theory and Policy, Homewood 1964

24. GEORGESCU-ROEGEN, N., Economic Theory and Agrarian Economics, in: Oxford Economic Papers, Vol.12, 1960, S. 1-40

25. Government of India, Census of India, 1961 Census, Paper No.1 of 1962, Final Population Totals, New Delhi 1962

26. Government of India, Ministry of Food and Agriculture, Studies in the Economics of Farm Management in PUNJAB, UTTAR PRADESH, BOMBAY, WEST BENGAL, Delhi 1958

27. Government of India, Ministry of Industrial Development and Company Affairs, Development Commissioner(Small Scale Industries) Industrial Estates in India, New Delhi 1967

28. Government of India, Ministry of Labour and Employment, Agricultural Labour Enquiry: Agricultural Wages in India, Vol. I, 1954

29. dasselbe, Agricultural Labour in India, Labour Bureau Pamphlet Series 7, Simla 1963

30. Government of India, Planning Commission, The First Five Year Plan, New Delhi 1960 (repr)

31. dieselbe The Second Five Year Plan, New Delhi 1956

32. dieselbe The Third Five Year Plan, New Delhi 1961

33. Government of India, Planning Commission (Labour and Employment Division). Employment Perspectives for the Forth Plan, unveröffentl.Manuskripte: U.O.No. L u. E (E) 12-1/63 vom 30.4.1963

34. dieselbe Report of the Working Group on Employment and Training, unveröffentl.Manuskript, Cir.No. L. u. E (E) 12-2/63 vom 22.5.1964

35. GUPTA, S.C., Agrarian Relations and Early British Rule in India, London 1963

36. HIGGINS, B., The Dualistic Theory of Underdeveloped Areas, Economic Development and Cultural Change, Vol. 4, 1956, S. 99-115

37. HOPPER, W.D., Seasonal Labour Cycles in an Eastern UTTAR PRADESH Village, Eastern Anthropologist, Vol. 8, No. 3 and 4

38. HUTTON, J.H., Caste in India, Cambridge 1946, S. 27

39. INAYAT, U., Kaste, Patti und Faktion im Leben eines Punjab-Dorfes, in: Sociologus, 1958, H. 2, S. 174 ff.

40. JOCHIMSEN, R., Theorie der Infrastruktur-Grundlagen der marktwirtschaftlichen Entwicklung, Tübingen 1966, S. 79-85

41. JOHNSTON, B.F., and MELLOR, J.W., Die Rolle der Landwirtschaft in der wirtschaftlichen Entwicklung, in: Zeitschrift für ausländische Landwirtschaft, Jhg. 1, Heft 1, 1962

42. JORGENSON, D.W., The Development of a Dual Economy, The Economic Journal, March 1961, Vol. LXXI, S. 309-334

43. KALRA, B.R., The 1961 Census and its Implication in Terms of Labour Force Growth. Employment and Income, in: Indian Journal of Agricultural Economics, Vol. XX, No. 3, 1965, S. 40 ff.

44. KHUSRO, A.M., Economic Development with no Population Transfer, Institute of Economic Growth, Occasional Papers No. 4, Bombay 1962

45. KINDLEBERGER, Ch., Europe's Postwar Growth. The Role of Labour Supply, Cambridge, Mass. 1967

46. KUHNEN, F., Landwirtschaft und anfängliche Industrialisierung, sozialökonomische Untersuchung in 5 pakistanischen Dörfern, Göttingen 1965 (unveröffentlicht)

47. LEWIS, O., Village Life in Northern India, Urbana 1958

48. LEWIS, W.A., Die Theorie des wirtschaftlichen Wachstums, Tübingen 1956

49. derselbe, Economic Development with Unlimited Supplies of Labour, in: Agarwala, Singh (Ed.) The Economics of Underdevelopment, Oxford 1958

50. derselbe, Unlimited Labour, Further Notes, in: The Manchester School of Economic and Social Studies, Bd. 26, 1958

51. LORENZO, A.M., Agricultural Labour Conditions in Northern India, Bombay, 1949

52. MAHALANOBIS, P.C., Capital for Medium and Small Scale Industries, in: Khadi Gramodyog, The Journal of Rural Economy, Annual Number, Vol. 6, No. 1, Oct. 1959, S. 104 ff.

53.	MAINE, H.S.,	Lectures on the Early History of Institutions, London 1875
54.	MAJUMDAR, D.N.,	Caste and Communication in an Indian Village, Bombay 1962
55.	MAJUMDAR, Dipar,	The Marginal Productivity Theory of Wages and Disguised Unemployment, in: Review of Economic Studies, Vol. 26, Juni 1959, S. 190-197
56.	MANDAL, G.C.,	A note on the Concept of Disguised Unemployment with Reference to the Productivity of Farm Family Labour, in: Indian Journal of Agricultural Economics, Vol. XXI, No. 1, S. 23-24
57.	MANDELBAUM, D.G.,	Social Organisation and Planned Culture Change, in: SRINIVAS, M.N. (ed.): India's Villages, Bombay 1963, S. 15 ff.
58.	MELLOR, J.W.,	Toward a Theory of Agricultural Development, in: Southworth, H.M. and Johnston, B.F. (ed.) Agricultural Development and Economic Growth, New York 1967, S. 23
59.	derselbe	The Use and Productivity of Farm Family Labour in Early Stages of Agricultural Development, Journal of Farm Economics, Vol. 45, No. 3, August 1963
60.	derselbe	The Economics of Agricultural Development, New York 1966
61.	derselbe	The Process of Agricultural Development in Low Income Countries, Journal of Farm Economics, August 1962
62.	MELLOR, J.W. and MOORTI, T.V.,	Farm Business Analysis of 30 Farms, Research Bulletin I, Balwant Vidyapath, Bichpuri, India, April 1960
63.	MUJUMDAR, N.A.,	Überlegungen zur Unterbeschäftigung, Zeitschrift für ausländische Landwirtschaft, Frankfurt/Main, Jhg. 2, 1963
64.	MUKHERJEE, R.,	The Dynamics of a Rural Society, Berlin 1957, Kap. II: Social Organisation and Economic Structure
65.	NANAVATI, M.B., and ANJARIA, J.J.,	The Indian Rural Problem, Bombay 1947, S. 283-295 und die Einzelbeiträge bei Desai, A.R., Rural Sociology in India, Bombay 1961, S. 213-264
66.	National Council of Applied Economic Research,	Income and Structure of Manufacturing Industry 1960-61, New Delhi 1964
67.	derselbe,	Techno Economic Survey of PUNJAB, New Delhi 1962
68.	NEALE, C.W.,	Economic Change in Rural India, Land Tenure and Reform in UTTAR PRADESH, 1800-1955, London 1962

69. NURKSE, R., Problems of Capital Formation in Underdeveloped Countries, Oxford 1962

70. OPLER, M.E., and RUDRA DATT SINGH, The Division of Labour in an Indian Village, in: A Reader in General Anthropology, ed. by Coon, C.S. New York 1948

71. derselbe Two Villages of Eastern UTTAR PRADESH, Am. Anthropologist, 54, 2, S. 17-90

72. OSTERKAMP, H., Zum Problem der ländlichen Unterbeschäftigung in den Entwicklungsländern, in: Zeitschrift für ausländische Landwirtschaft, Materialsammlungen Heft 8, Frankfurt/M. 1967

73. PARSONS, T., Soziologische Theorie, Neuwied 1964

74. PATEL, S.J., Agricultural Labourers in Modern India and Pakistan, Bombay 1952

75. PETROW, A.J., Grundriß der Wirtschaftsstatistik, Berlin 1954, S. 51

76. PUNEKAR, S.D., Labour in Asia, in: United Asia, Special Number on Labour in Asia, Vol. 12, No. 3, 1960, S. 197 ff.

77. RANDHAWA, M.S., and NATH, P., Farmers of India, Vol. I, Hrsg: Indian Council of Agricultural Research, New Delhi 1959

78. RAO, Ch. U., Small Scale Industries, Bombay 1965

79. RAO, Mohana, R.M., Unemployment and the Demand for Leisure, in: Indian Journal of Agricultural Economics, Vol. XXI, No. 1, 1966, S. 26-30

80. RAO, V.K.R.V., Economic Growth and Rural-Urban Income Distribution 1950/51 - 1960/61, in: The Economic Weekly, Vol. XVII, 1965, No. 8

81. RATTIGAN, W.H., A Digest of Customary Law in the PUNJAB, 14. ed., Allahabad 1966

82. REDDY, N.S., Functional Relations of LOHARS in an North Indian Village, in: Rural Profiles ed. by Majumdar, D.N., Lucknow 1955

83. RETZLAFF, R.H., Village Government in India, London 1962

84. RUDRA, A., The Indian Economy in 1975, in: Planning and Economic Development, Studies on Developing Countries, Vol. I, Warszawa 1964, S. 45

85. RUTHENBERG, H., Landwirtschaft und anfängliche Kapitalbildung, in: Zeitschrift für ausländische Landwirtschaft, Sonderheft 1, Frankfurt/M. 1964

86. derselbe Ländliche Arbeitslosigkeit in Entwicklungsländern, in: Agrarwirtschaft, Jhg. 9, Heft 5, 1960, S. 157 ff.

87. SCHILLER, O., Agrarstruktur und Agrarreform in den Ländern Süd- und Südostasiens, Hamburg 1964
88. derselbe Gemeinschaftsformen im landwirtschaftlichen Produktionsbereich, Zeitschrift für ausländische Landwirtschaft, Sonderheft Nr. 5, Frankfurt/M., 1966
89. derselbe Das Agrarproblem der übervölkerten Gebiete Südasiens, Berichte über Landwirtschaft, Bd. 32, Heft 2, 1954
90. derselbe The Significance of the Soviet Agrarian System in Asian Countries, International Affairs, Vol. 32, No. 3, London 1956
91. derselbe Die Agrarfrage in den Ländern Süd- und Ostasiens, Heft 2 der Schriftenreihe des Instituts für Asienkunde, Hamburg 1958
92. derselbe Probleme der Landwirtschaft und Agrarstruktur, in: Die wirtschaftlich und gesellschaftlich unterentwickelten Länder und wir, Berner Beiträge zur Soziologie, Bd.7, 1961, Bern-Stuttgart
93. derselbe Die Überbevölkerung in der Welt - ein Ernährungsproblem, dargestellt am Beispiel asiatischer Entwicklungsländer, Tagungsbericht, Beiträge zur Begegnung von Kirche und Welt, Nr. 52-53, 1960
94. derselbe Die Feldforschung in Entwicklungsländern - ihre Möglichkeiten und Probleme, in: Jahrbuch des Südasien-Instituts der Universität Heidelberg 1966, Wiesbaden 1967
95. SCHILLER, K., Zur Wachstumsproblematik der Entwicklungsländer, Kieler Vorträge N.F. 15, Kiel 1960
96. SINGH, Mohinder, The Depressed Classes, Bombay 1947
97. SMITHIES, Arthur, Rising Expectations and Economic Development, in: The Economic Journal, Vol. LXXI, London 1961
98. SOUTHWORTH, H.M. and JOHNSTON, B.F., (ed.), Agricultural Development and Economic Growth, New York 1967, S.25
99. SRINIVAS, M.N., India's Villages, Bombay 1963
100. STOKES, E., The English Utilitarians and India, Oxford 1959
101. THORNER, D. and A., Land and Labour in India, London 1962
102. THORNER, D., The Agrarian Prospect in India, New Delhi 1956

103. von URFF, W., Die Rolle des Agrarsektors im Wachstumsprozeß der Entwicklungsländer, in: Agrarwirtschaft, Jhg. 16, 1967, Heft 1, S. 1-11

104. VAMEY, B.S., Capital Saving and Credit in Peasant Societies. Studies from Asia, Oceania, The Caribbean and Middle America, Chicago 1964

105. WEBER, M., Gesammelte Aufsätze zur Religionssoziologie II, Tübingen 1963

106. WISER, W.H., The Hindu JAJMANI System, Lucknow 1936

TABELLENANHANG

Tabelle I: Die Verteilung der männlichen Beschäftigten auf die verschiedenen Wirtschafts- und Berufsgruppen in ausgewählten Staaten in den Jahren 1951 und 1961:

Wirtschaftszweige und Berufsgruppen	in den Regionen					
	Punjab[1]		Uttar Pradesh[2]		Gesamtindien[3]	
	1951	1961	1951	1961	1951	1961
	1	2	3	4	5	6
Beschäftigte insg. davon (in v.H.):	100	100	100	100	100	100
I Landwirte	54,48	51,86	66,86	63,62	51,90	51,46
II Landwirtsch. Arbeiter	9,79	8,38	6,47	9,06	14,96	13,42
III a Forst-, Fischerei-, Jagdwesen, Tierhaltung, Plantagen	0,85	1,05	0,88	0,66	2,35	3,70
b Bergbau					0,48	0,58
IV Hausgewerbe	8,26	7,30	8,27	5,87	9,74	5,01
V Verarbeitende Industrie		5,88		3,43		5,09
VI Bauwirtschaft					1,11	1,41
VII Handel	9,61	8,94	5,59	5,36	6,21	5,29
VIII Transport, Nachrichtenwesen	2,16	2,46	1,53	1,76	2,03	2,29
IX Sonstige Dienstleistungen	14,85	14,13	10,40	10,24	11,22	11,77

1) und
2) Census of India, Paper No. 1 of 1962, Final Population Totals, S. XXVII - XXIX.
3) KALRA, B.R.: The 1961 Census and its Implication in Terms of Labour Force Growth, Employment and Income, in: Indian Journal of Agricultural Economics, Vol. XX, No. 3, 1965, S. 40.

TAB. II Bevölkerungs- und Beschäftigten-Zuwachs zwischen 1951 und 1961 in Indien und seine Aufteilung auf die einzelnen Wirtschafts- und Berufsgruppen.

	Männer und Frauen insges.			Männer			Frauen		
	absolut in Mill	in % d.Bevölk. zuwachses	in % des Beschäftigtenzuwachses	absolut in Mill	in % Bevölk. zuwachses	in % des Beschäftigtenzuwachses	absolut in Mill	in % Bevölk. zuwachses	in % des Beschäftigtenzuwachses
	1.	2	3	4	5	6	7	8	9
Bevölkerungszuwachs[1]	77,404	100.00		40,372	100.00		37,031	100.00	
Beschäftigtenzuwachs (I-IX),der sich verteilt auf:	47,173	60,94	100.00	28,691	71,07	100.00	18,481	49,91	100.00
I. Landwirte	28,516	36,84	60,46	14,153	35,06	49,33	14,363	38,79	72,72
II. Landw. Arbeiter	3,909	5,05	8,28	2,453	6,08	8,55	1,455	3,93	7,88
III.Forst-u.Plantagenwirtsch.,Fischerei und Bergbau	1,032	1,33	2,19	1,210	3,00	4,23	-0,177	-0,48	-0,96
IV. Hausgewerbe,Dorfhandwerk	7,278	9,40	15,43	4,691	11,62	16,35	2,586	6,98	14,00
V. Verarbeit.Industrie	0,573	0,74	1,21	0,622	1,54	2,17	-0,049	-0,13	-0,27
VI. Bauwirtschaft	0,282	0,37	0,60	0,623	1,54	2,17	-0,341	-0,92	-1,85
VII.Handel	0,849	1,10	1,80	0,907	2,25	13,16	-0,058	-0,16	-0,32
VIII Transport, Nachrichtenwesen	4,731	6,11	10,03	4,029	9,98	14,04	-0,702	+1,90	-0,32
IX. Sonstige Dienstleistungen									+3,38
X. Nichtbeschäftigte	30,230	39,06		11,681	28,93		18,549	50,09	

[1] jeweils ausschließlich Jammu und Kashmir, Dadra und Nagar Havali, Nefa und Pondicherry
Quelle: Census of India, 1961 Census, Paper No. 1 of 1962, S. XXI

TAB. III Vergleich zwischen Beschäftigungswachstum und Einkommenswachstum in Indien von 1951 bis 1961

Wirtschaftszweig	Einkommensindex 1961 (1951=100)	Beschäftigungs- index 1961 (1951=100)	Nettoproduktion pro Arbeiter zu laufenden Preisen		
			1950-1951	1960-61	Index d.Veränderung von 1951-1961 (1951=100)
Insgesamt	148,59	133,65	676,50	752,08	111,17
I. Landwirtschaft					
Land u.Viehwirtsch.	139,75	135,37	472,23	487,50	103,23
Forstwirtschaft	157,14	130,80	2440,29	2931,68	120,14
Fischereiwesen	250,00	120,32	835,35	1735,62	207,77
Gesamtlandwirtsch.	140,90	135,29	479,46	499,35	104,15
II. Bergbau, Produzie- rendes Gewerbe					
Bergbau	228,57	155,91	1188,56	1742,44	146,60
Industrielle Prod.	240,00	140,50	1066,50	1268,63	118,95
Hausgewerbe,Handwerk	123,08	141,13	1071,53	1290,22	120,41
insgesamt	169,93				
III.Handel,Transport Nachrichtenwesen					
Nachrichtenwesen	150,00	185,66	2545,84	2056,84	80,79
Eisenbahn	200,00	169,11	2468,23	2919,07	118,27
Bank u.Versichw.	228,57	170,72	5733,66	7676,77	133,89
anderes Handels-u.	125,71	105,47	1480,46	1764,66	119,20
Transportwesen insgesamt	138,46	111,87	1614,91	1998,81	123,77
IV: Sonstige Dienst- leistungen					
öffentl.Dienst	209,30	150,26	1714,24	2387,89	139,30
bäuerl.Dienste	146,15	55,02	459,74	1221,20	265,63
insgesamt	177,67	113,06	1031,24	1652,59	160,25

Quelle: Government of India Central Statistical Organisation,Growth of Income based on Estimates of National Income 1963-64, zitiert nach: Kalra,B.R.: The 1961 Census and its implication in terms of Labour Force Growth, Employment and Income,in IJAE,Vol. XX No.3, 1965 S. 43 - 44.

Tabelle IV   Industriebetriebe (Distrikt LUDHIANA) nach Produktionszweig und Beschäftigung (1963)

Produktionszweig	Betriebs-einheiten	durchschnittl. Beschäft.-Zahl
I. Betriebe mit elektr. Energie		
(1) Baumwollspinnereien	22	1154
(2) Baumwollverarbeitung	24	340
(3) Wollherstellung	8	1775
(4) Strickereien	65	2515
(5) Seidenherst.u. -verarbeitg.	74	1220
(6) andere Textilherstellung	9	159
(7) Getreide- u.Ölmühlen	3	139
(8) Mühle f.Hülsenfrüchte (DAL)	1	220
(9) Speiseölgewinnung	9	288
(10) Möbel-,Bilderrahmenherst.	1	20
(11) Druckereien	3	40
(12) Kautschukprodukte	2	37
(13) Chemische Produkte	1	12
(14) Petroleumpumpen	1	10
(15) Mineralölprodukte	1	15
(16) Gießereien	7	184
(17) Eisenrohr- u.Drahtherst.	1	2
(18) Formereien	9	134
(19) Türschlösserherstellung	1	7
(20) Schraubenherstellung	8	233
(21) Metallgalvanisierung	16	260
(22) Sonst.Metallverarbeitung	3	55
(23) Hydraulische Ventilierung	1	14
(24) Kesselbau	5	97
(25) Landwirtschaftl. Geräte	9	198
(26) Werkzeugherstellung	133	2744
(27) Textilmaschinen	12	248
(28) Maschinenbau allg.	52	1887
(29) andere eisenverarb.Industr.	27	691
(30) Elektroindustrie	4	85
(31) Autoherst. u. -reparatur	16	253
(32) Fahrradherstellung	1	82
(33) Sonstige	11	208
	541	15126
II. Betriebe ohne elektr. Energie		
(1) Kleiderherstellung	1	32
(2) Baumwollfabriken	1	17
(3) Strickereien	24	487
(4) Färbereien,Druckereien	3	39
(5) Druckereierzeugnisse	1	4
(6) andere	1	20
(7) Schmierseife	1	35
(8) Nähereien	44	86
	76	720
insgesamt:	617	15846

Quelle: Auskunft des Engeneering Industry Officer in LUDHIANA.

TAB. V Vergleich der von Angehörigen ausgewählter Haushalte im Jahre 1947 und zum Untersuchungszeitpunkt 1963/64 ausgeübten Berufe nach Untersuchungsgemeinden

Wirtschaftszweig	Berufe der männl. Haush.-Angehörigen im Jahre 1947	Untersuchungsgemeinde[1] Punjab				U.P.		Berufe männl.Haush.-Angeh. zum Untersuchungszeitpunkt	Untersuchungsgemeinde[1] Punjab				U.P.	
		1	2	3	4	5	6		1	2	3	4	5	6
I. Landwirtschaft	Landbewirtschafter	x	x		x			Landbewirtschafter	x		x	x	x	x
	Teilpächter	x	x	x	x			Teilpächter		x		x	x	x
	Pächter (selbst)	x			x	x	x	Pächter	x	x	x	x	x	x
	Landw.Lohnarbeiter	x	x	x	x	x	x	Landw. Lohnarbeiter	x	x	x	x	x	x
	Tagelöhner	x	x	x	x	x	x	Tagelöhner	x	x	x	x	x	x
	Hirten	x	x	x	x	x	x	Hirten	x	x				
								Bewirtschaftspartner				x	x	
								Traktorfahrer				x	x	
								Schweinehirtmäster	x					
								Hühnerzüchter	x			x		
								Nutzviehhalter (Milch)						
								Baumpfleger- u. -fäller						
II. Verarbeiten des Gewerbes	Grobschmied	x	x	x	x	x		Grobschmied	x	x	x	x	x	
	Goldschmied	x						Schlosser	x	x				
1. Metallbe- und Verarbeitung								Autoschlosser	x	x				
								Fahrradschlosser	x					
								Installateur	x					
								Eisengießer	x					
								Schraubenbohrer (Dreher)	x					
								Löter	x					
								Hilfs- u.angelernte Arb.	x	x		x		x
2. Holz- und Faserbe- und Verarbeitung	Zimmermann	x	x	x	x	x	x	Zimmermann	x	x	x	x	x	x

Anmerkung: 1 = DUGRI, 2 = JHAMAT, 3 = PANGLIAN, 4 = SAKRALI, 5 = SUNARI, 6 = JOGUPURA

- 198 -

Kategorie	Beruf	1	2	3	4	5	6
	Korbflechter	x		x	x		
	Besenmacher	x		x	x		
3. Lederbe- und Verarbeitung	Schuhmacher	x	x	x	x	x	x
	Abdecker	x	x	x	x	x	x
4. Textilverarbeitung	Wollreiniger	x					
	Weber (trad. Webstuhl)		x	x	x		
	Schneider						
5. Bau, Steine Erde	Töpfer	x	x	x	x	x	x
	Ziegelbrenner	x	x	x	x	x	x
	Maurer	x	x	x	x		
	Brunnenbohrer					x	x
6. Nahrungsmittelverarbeitung	Kornröster	x	x		x		x
	Butterfetthersteller	x	x		x		
	Ölpresser (trad. Ölpr.)				x		

Beruf	1	2	3	4	5	6
Korbflechter	x					
Besenmacher	x			x		
Möbelschreiner		x	x	x		
Ochsenwagen-Hersteller						
Holztempelschnitzer						x
Schuhmacher (trad.)	x	x	x	x	x	x
Abdecker (trad.)	x	x	x	x	x	x
Schuhlederzuschneider					x	x
Schuhstanzer						x
Schuhnäher						x
Gerber						x
Wollreiniger			x			
Weber (trad. Webstuhl)	x			x	x	x
Schneider		x	x			
Weber (mech. Webstuhl)	x	x			x	
Weber (Textilfabrik)	x	x				
Hilfs- u. angelernte Arbeiter (Textilfabrik)					x	
Töpfer	x	x	x	x	x	x
Ziegelbrenner		x	x	x	x	x
Maurer		x	x	x	x	x
Brunnenbohrer	x					
Gipser	x					
Maler	x					
Tüncher						
Kornröster	x	x				x
Butterfetthersteller				x		
Ölpresser (Dieselmotor)			x			
Ölpressenreiniger						x
Rohrzuckerherst. (GUR)			x			x
Molkereiarbeiter			x			

	1	2	3	4	5	6		1	2	3	4	5	6
7. Selbständige Gewerbetreibende													
Giessereibesitzer								x					
Schraubenfabrikant								x					
Fahrradersatzteilfabr.										x			
Müller								x					x
Ölfabrikbesitzer													
Webereibesitzer								x	x	x	x		
Fabrikant landw. Spezialgeräte											x		
Ochsenkarrenhersteller								x	x				
Fahrradreparatur								x					
III. Handel und Kreditgewerbe													
Kolonialwarenhändler	x	x		x	x	x		x	x	x	x	x	x
Landhändler (landw. Prod.)	x		x	x	x	x		x	x	x	x	x	x
Geldverleiher	x	x	x	x	x	x		x	x	x	x		
Baumwollmakler			x	x				x					
Viehhändler	x	x	x					x	x	x	x		
Milchhändler								x	x				
Gemüsehändler								x					x
Motorersatzteilhändler								x					
Immobilienhändler								x	x				
Seifenhändler												x	x
Brennstoff-Holzhändler												x	x
Textilhändler												x	x
IV. Transport													
Eseltransport (Lehm, Ziegelsteine)				x	x	x					x	x	x
Eseltransport (Brennstoffe, Futter, landw. Produkte)					x							x	x
Pferdetransport (Pers. u. Güter)				x							x		
Lastkraftwagenfahrer								x		x			
Busfahrer								x					
Rickshawfahrer (Pers.)								x	x	x		x	
Fahrradtransp. (Milch, Gemüse)								x		x	x		x
Privatchauffeur								x		x		x	x

		1	2	3	4	5	6		1	2	3	4	5	6
V. Dienstleistungen														
1. Häusliche Dienste	Feger	x	x	x	x	x	x	Feger	x		x	x	x	x
	Wasserträger	x	x	x	x	x	x	Wasserträger	x	x	x	x	x	x
	Barbier	x	x	x	x	x	x	Barbier	x	x	x	x	x	x
	Musiker	x			x			Musiker	x			x		
	Sänger							Sänger	x		x		x	x
	Vaid (ind. Mediziner)							Vaid						
								Hausdiener u. Wachmann						
2. Dienste in der Industrie	Büroangestellte	x						Büroangestellte		x			x	
	Wasserträger	x						Wasserträger (nicht Teekocher)						
								Coolie (Träger)	x	x			x	x
								Feger	x	x		x		
								Wachmann	x	x				
								Empfangsdiener					x	
3. Öffentl. Dienste	Angestellte (Stadtverw.)	x						Angestellte (Stadtverw.)	x	x	x	x	x	x
	Bürgermeister (PRADHAN, SURPANCH)	x	x		x	x	x	Bürgermeister (PRADHAN, SURPANCH)	x	x		x		
	Nambardar	x	x	x	x			Nambardar (Grundst.einn.)	x	x	x	x	x	x
	Chowkidar	x	x	x	x			Chowkidar (Gemeindediener)	x	x	x	x	x	x
	Militärdienst			x	x	x	x	Militärdienst	x	x	x			
								Polizist						
								Angestellte (Comm.Developm. Office)	x	x			x	x
								Bürodiener (Comm.Developm.)						
								Bahnwärter	x		x			
								Bahnarbeiter						x
								Postangestellte	x					x
								Briefträger				x		
								Feuerwehrmann	x				x	x
								Lehrer	x		x	x	x	
								Professor (College)						
								Angestellte (Kanalbeh.)			x	x	x	
								Angestellte (Public work Div.)					x	x
								Bibliothekar					x	

	1	2	3	4	5	6		1	2	3	4	5	6
VI. Sonstige													
Priester (Harijan)	x						Priester (Harijan)	x					
Priester (Hindu)	x	x	x	x	x	x	Priester (Hindu)			x	x	x	
Priester (Jaat)	x						Priester (Jaat)	x			x		
Bettler						x	Tempel-Wanderpriester						
							Arbeitsgruppenvermittler (labour contractor)						
							Rechtsanwalt	x					x

TAB. VI: *Haupterwerbstätigkeit der Kastenhaushalte nach Berufsabteilungen in den Untersuchungsgemeinden des Punjab (1963/64)*

Berufsbezeichnung	DUGRI Kasten mit Haupterwerb aus dieser Berufstätigkeit	Zahl der HH	JHAMAT Kasten mit Haupterwerb aus dieser Berufstätigkeit	Zahl der HH	PANGLIAN Kasten mit Haupterwerb aus dieser Berufstätigkeit	Zahl der HH	SAKRALI Kasten mit Haupterwerb aus dieser Berufstätigkeit	Zahl der HH
Priester	Ramdasiapriester	3					Brahmanen	2
Händler allgemein	Khatri	1			Nai	1	Khatri	4
	Brahmanen	2						
	Sunar	1						
Seifenhändler	Ramdasia	2	Ramdasia	2	Ramdasia	1		
Milchhändler	Ramdasia	1	Ramdasia	1				
Viehhändler	Ramdasia	2			Ramdasia	1	Bhazigar	1
Gemüsehändler	Bhazigar	1						
Landbewirtschafter	Jaat	47	Jaat	20	Jaat	33	Jaat	28
			Brahmane	1			Brahmane	1
			Ramgarhia	1			Nai	1
			Ramdasia	2			Chamar	1
Pächter ohne eigenes Land								
a) Festpacht					Brahmane	1	Jheewar	1
							Chura	1
							Jaat	1
							Brahmane	1
							Nai	1
							Chamar	1
b) Teilpacht							Mazhibi	2
Landw.Rentenbez.	Jaat	17	Jaat	1	Jaat	6	Jaat	4
Landw.Arbeiter	Ramdasia	8	Ramdasia	10	Ramdasia	3	Chamar	7
	Chura	1	Mazhibi	2	Saini	3	Mazhibi	12
	Bhazigar	2			Kumhar	2	Jheewar	6
	Jaat	1			Jaat	2	Teli	2
							Bhazigar	3
							Nai	1
							Bharyea	1
							Mahaul	1

- 203 -

Berufsbezeichnung	DUGRI Kasten mit Haupterwerb aus dieser Berufstätigkeit	Zahl der HH	JHAMAT Kasten mit Haupterwerb aus dieser Berufstätigkeit	Zahl der HH	PANGLIAN Kasten mit Haupterwerb aus dieser Berufstätigkeit	Zahl der HH	SAKRALI Kasten mit Haupterwerb aus dieser Berufstätigkeit	Zahl der HH
Nichtlandw.+landw. Gelegenheitsarb.	Ramdasia Chura	38 4	Ramdasia	10	Chura	1	Mazhibi	3
Vieh-u.Ziegenhirte	Ramdasia	2	Mazhibi	1				
Dorfgrobschmiede	Ramgarhia	1	Ramgarhia	2	Ramgarhia	2	Ramgarhia	4
Zimmermann							Turkhan	1
Maurer	Ramdasia	4						
Töpfer	Kumhar (alt)	1	Kumhar (alt)	1			Kumhar	2
Friseur			Nai Ramdasia(f.eig.K.)	2 1	Nai	1		
Schneider	Sunar	1	Ramdasia	1			Meerasi	1
Abdecker, Gerber, Schuhmacher			Ramdasia	2	Ramdasia	1	Chamar	1
Weber	Ramdasia	1	Mazhibi	1	Chuhra	2	Mazhibi	1
Feger	Chura	1			Mazhibi	1		1
Korbmacher, Besenmacher					Saini			3
Sänger, Tänzer	Meerasi	1						
Angestellte, Beamte, öff.Dienste								
a) Angest.Comm.Dev.	Jaat	1					Jaat	1
b) Angest. PWD							Brahmane	1
c) Angest. Post	Nai	2					Brahmane Brahmanen	1 2
d) Lehrer							Khatri	1
e) Militär	Jaat	4	Ramdasia	4	Ramdasia	4	Mazhibi	4
f) Chowkidar	Ramdasia	1	Ramdasia	1				
Arbeiter öff. Dienste	Nai	1						
a) Arb.Agr.Coll.	Ramdasia	2	Ramdasia	2	Ramdasia	2	Nai	1
b) Arb.Public Work Div.							Chura	1

- 204 -

Berufsbezeichnung	DUGRI		JHAMAT		PANGLIAN		SAKRALI	
	Kasten mit Haupterwerb aus dieser Berufstätigkeit	Zahl der HH	Kasten mit Haupterwerb aus dieser Berufstätigkeit	Zahl der HH	Kasten mit Haupterwerb aus dieser Berufstätigkeit	Zahl der HH	Kasten mit Haupterwerb aus dieser Berufstätigkeit	Zahl der HH
Industrie								
1. Selbständige								
a) Produktion								
Fahrradteile, Nägel-Schraubenproduktion	Ramgarhia	5						
Müller (Getr.)	Sunar	1			Mehra	1		
Weberei	Jaat	1						
Schreinerei	Ramdasia	1	Ramdasia	1	Kashmiri Muslim	1		
Maler	Ramgarhia	1			Brahmane	1		
b) Reparatur								
Autoreparatur	Jaat	2						
Fahrradrep.	Nai	1						
2. Arbeitnehmer	Ramgarhia	11	Ramdasia	2				
Schlosser, Dreher	Sunar	1						
Löter, Schreiner	Chura	1						
Weber	Ramdasia	5	Ramdasia	5	Ramdasia	1		
ungelernte u. angelernte Arb.	Ramdasia	4	Ramdasia	12				
	Sunar	2						
	Mehra	3						
Maurer, Gipser	Ramdasia	3						
	Bhaligar	1						
Transport								
Lastkraftwagenfahrer	Jaat	8			Jaat	3		
Pferdewagenfahrer							Bharyea	1

Haupterwerbstätigkeit der Kastenhaushalte nach Berufsabteilungen in den Untersuchungsgemeinden von Uttar Pradesh

Berufsbezeichnung	SUNARI		JOGUPURA	
	Kasten mit Haupterwerb aus dieser Berufstätigkeit	Anzahl der HH	Kasten mit Haupterwerb aus dieser Berufstätigkeit	Anzahl der HH
Priester			Faquir	1
			Jogi	1
Händler (allg.)	Bania	2	Jaat	1
Brennstoff-, Futterhandel	Kumhar	1	Kumhar	1
Geldverleiher			Jaat	1
			Jogi	1
Milchverkäufer			Gadaria	1
			Jatav	1
Textilhändler			Jaat	1
Landbewirtschafter	Jaat	38	Jaat	23
	Brahmanen	4	Barahi	1
	Nai	2	Gadaria	4
	Kumhar	1	Dhimar	9
	Chamar	4	Brahmane	1
			Sakka	1
			Kumhar	1
			Nai	4
			Faquir	2
			Jogi	3
			Jatav	19
Teilpächter	Jaat	2	Bharbuje	1
	Kumhar	2	Jatav	2
	Chamar	1		
Landw.Rentenbezieher			Jaat	1
			Dhimar	1
Landw.Arbeiter	Jaat	2	Jaat	1
	Brahmanen	2	Dhimar	4
	Chamar	6	Sakka	1
			Nai	1
			Jatav	3
Schweinehirt	Mehta	1		
Vieh-Ziegenhirt	Chamar	1	Jatav	2

Haupterwerbstätigkeit der Kasten nach Berufsarten
(1963/64)

Berufsbezeichnung	SUNARI		JOGUPURA	
	Kasten mit Haupterwerb aus dieser Berufstätigkeit	Anzahl der HH	Kasten mit Haupterwerb aus dieser Berufstätigkeit	Anzahl der HH
Dörfliche Dienste:				
Dorfgrobschmied	Jaat	1		
Dorfzimmermann	Barahi	1	Barahi	1
Maurer	Chamar	1	Gadaria	1
			Bharbuje	1
			Jatav	1
Töpfer	Kumhar	1	Kumhar	1
Friseur			Nai	2
Schneider	Chamar	1	Jatav	2
Abdecker, Schuhmacher	Chamar	1	Jatav	1
Feger	Mehta	2	Mehta	4
Korb-, Besenmacher			Bharbuje	2
Angestellte, Beamte, öff. Dienste:				
Angest. Stadtverwaltung			Jaat	1
Lehrer	Jaat	1	Jaat	1
Bahnbeamter	Jaat	1		
Postangest.	Nai	1		
Arbeiter im öff. Dienst Eisenbahn	Gadaria	1	Nai	1
Straßenarbeiter (PWD)			Jatav	1
Industrie:				
a) Selbständige Ölfabrikbesitz.			Jaat	1
b) Arbeitnehmer Weizensiloarb.			Jaat	3
Ölmühlenarbeit.			Bharbuje	1
Vorarb. (Fabrik)			Jogi	1
Textilarb. (Fab.)			Gadaria	1
Schuhfabrikarb.			Gadaria	2
Ziegelarbeiter	Chamar	3	Jatav	5
Transport:				
Ochsenkarrentrans.			Jatav	3
Eseltransport	Kumhar	13	Kumhar	3
Rickshawfahrer			Bharbuje	1
Sonstige:				
Arbeitsgruppenvermittler			Jaat	1
Bettler			Dhimar	1

TAB. VII: Die Untersuchungshaushalte nach überwiegendem Lebensunterhalt, Wirtschaftsbereichen und Untersuchungsgemeinden im Punjab (1963/64)

	UNTERSUCHUNGSGEMEINDEN															
	DUGRI				JHAMAT				PANGLIAN				SAKRALI			
	Dorfhaush. insg. abs in %		Erhe- bungs- haush. in %	Männl. Erwerb pers. aus c	Dorfhaush. insg. abs. in %		Erhe- bungs- haush. in %	Männl. Erwerb pers. aus c	Dorfhaush. insg. abs.in %		Erhe- bungs- haush in %	Männl. Erwerb pers. aus c	Dorfhaush. insg. abs in %		Erhe- bungs haush in %	Männl. Erwerb pers. aus c
	a	b	c	d	a	b	c	d	a	b	c	d	a	b	c	d
Erwerbseinheiten insg.	213		48	104	82		28	49	74		24	85	116		109	207
Mit Haupteinkommen aus folg. Wirtsch.zweigen																
1. Landwirtschaft																
a)Rentenbezieher	20	9,4	2,1	0,9	1	1,2			10	13,5		1,1	7	6,0	3,7	1,9
b)Landwirte	56	26,3	33,3	32,7	25	32,8	32,1	32,7	24	32,4	33,3	28,2	31	26,7	25,7	30,0
c)Pächter													10	8,6	6,4	8,7
d)Landarbeiter	55	25,8	20,8	21,0	22	26,8	28,5	20,4	19	25,7	20,8	25,9	42	36,2	33,0	32,9
2. Trad.Dorfhandwerk	12	5,6	6,3	4,9	13	15,8	7,2	16,3	8	10,8	12,5	11,8	7	6,0	5,5	5,3
3. Dörfl.Dienste(Transp)	10	4,7					3,6	2,0			4,2	2,4	2	1,7	4,6	3,9
4. Handel(incl.Geldverl.)	9	4,2	4,2	3,8	4	4,9	3,6	4,1	2	2,7			4	3,5	4,6	2,8
5. Selbst.Gewerbe+Ind.	36	16,9	25,0	28,9	8	9,6	21,4	18,4	7	9,4	4,2	9,4	3	2,8	2,8	3,4
6. Öffentlicher Dienst	11	5,2	8,3	7,8	9	10,9	3,6	6,1	4	5,5	20,8	18,8	8	6,8	12,8	10,6
7. Sonstiges	4	1,9									4,2	2,4	2	1,7	0,9	0,5

Quelle: eigene Erhebungen

TAB. VII: *Die Untersuchungshaushalte nach überwiegendem Lebensunterhalt, Wirtschaftsbereichen und Untersuchungsgemeinden in Uttar Pradesh (1963/64)*

	UNTERSUCHUNGSGEMEINDEN							
	SUNARI				JOGUPURA			
	Dorfhaushalte insgesamt		Erhebungs- haushalte	Männliche Erwerbstä- tige aus Erhebungs- haushalten	Dorfhaushalte insgesamt		Erhebungs- haushalte	Männliche Erwerbstä- tige aus Erhebungs- haushalten
	abs.	in %			abs.	in %		
	a	b	c	d	a	b	c	d
Erwerbseinheiten insgesamt	97		28	53	139		32	75
Mit Haupteinkommen aus fol- genden Wirtschaftszweigen								
1. Landwirtschaft								
a) Rentenbezieher	42	43,3	46,4	52,5	63	45,3	50,0	52,0
b) Landwirte	2	4,1	10,7	6,3	6	4,4	3,1	5,3
c) Pächter	14	14,4	7,1	5,7	8	5,8	3,1	1,3
d) Landarbeiter	4	4,1			14	10,0	3,1	4,0
2. Trad. Dorfhandwerk	14	14,4	14,3	13,2	7	5,0		
3. Dörfliche Dienste (Transp.)	6	6,3	7,1	7,6	2	1,4	9,5	6,7
4. Handel (incl. Geldverleih)	4	4,1	7,2	3,8	26	18,7	25,0	22,7
5. Selbst. Gewerbe u. Ind.	7	7,2	7,2	5,7	10	7,2	6,2	4,0
6. Öffentlicher Dienst	2	2,1		1,9	3	2,2		4,0
7. Sonstige								

Quelle: eigene Erhebungen

TAB. VIII: *Männliche Erwerbspersonen nach Berufsgruppen und Untersuchungsgemeinden*

Berufsgruppen nach Wirtschaftsbereichen	DUGRI Männl. Erwerbspers. insg.	DUGRI in %	JHAMAT Männl. Erwerbspers. insg.	JHAMAT in %	PANGLIAN Männl. Erwerbspers. insg.	PANGLIAN in %	SAKRALI Männl. Erwerbspers. insg.	SAKRALI in %	SUNARI Männl. Erwerbspers. insg.	SUNARI in %	JOGUPORA Männl. Erwerbspers. insg.	JOGUPORA in %
Erwerbspersonen insgesamt	104	100	49	100	85	100	207	100	53	100	75	100
Mit Haupteinkommen aus folg. Berufsausübung												
1. Landwirtsch.Berufe												
a) Landlord	1	0,9	-	-	1	1,1	4	1,9	-	-	-	-
b) Bauern	34	37,7	16	32,7	24	28,2	62	30,0	28	52,5	39	52,0
c) Pächter	-	-	-	-	-	-	18	8,7	-	-	-	-
d) Landarbeiter	22	21,0	10	20,4	22	25,9	68	32,9	5	6,3	4	5,3
2. Trad. handwerkliche Berufe im Dorf	5	4,9	8	16,3	10	11,8	11	5,3	3	5,7	1	1,3
3. Trad. Dienstleistungsberufe	-	-	1	2,0	2	2,4	8	3,9	7	13,2	5	4,0
4. Handelsberufe	4	3,8	2	4,1	-	-	6	2,8	4	7,6	3	6,7
5. Industrielle und handwerkliche Berufe	30	28,9	9	18,4	8	9,4	7	3,4	2	3,8	17	22,7
6. Berufe im öffentlichen Dienst	8	7,8	3	6,1	16	18,8	22	10,6	3	5,7	3	4,0
7. Sonstige Berufe	-	-	-	-	2	2,4	1	0,5	1	1,9	3	4,0

Quelle: eigene Erhebungen

TAB. IX: Entlohnung traditioneller Berufe nach Untersuchungsgemeinden (1963/64)

Trad. Berufe	PUNJAB				UTTAR PRADESH	
	DUGRI	JHAMAT	PANGLIAN	SAKRALI	SUNARI	JOGUPURA
BARBIER	1 md Getreide/Jahr, gelegentl. Naturalien/Rasur	1 md Getreide/Jahr, gelegentl. Naturalien/Rasur		1 md Getreide/Jahr für Haareschneiden	0,5 md Getreide/Jahr + 2 chapati/Rasur +bes.Entlohng. bei Hochzeiten	0,5 md Getreide/Jahr + 2 chapati/Rasur
TÖPFER		Naturalien od. Geld in Abhängigkeit v. Größe des Gefäßes	Getreidemenge nach Größe des bemessenen Gefäßes	früher 1-1,5 md/Familie heute: für kleinere Getreidemenge, für größere Gefäße Bargeld best. Ge-	0,5 md Getreide/Jahr + 2 seers/Gefäß separat	Naturallöhng. je nach Größe des Gefäßes
SCHUHMACHER	Barentlohng. +Haut verendeter Tiere (Abdecker)	30 srs Getreide Pflug+Haut verendeter Tiere	pro Pflug: 16 srs Weizen 16 srs Maiskolben 16 srs Maiskörner 1 Bündel Futter	2 md Getreide/Pflug/Jahr + Haut verendeter Tiere	75 srs Getreide./Pflug+Haut verendeter Tiere	75 srs Getreide/Pflug + Haut verendeter Tiere
WEBER		5 yds gesponnenes Garn od.2 RS pro seer Garn+ 1 seer Getreide/ 1 seer gesponnenes Garn	10 yds Garn od. 10 srs Getreide u.8,00 RS/ Kleidungsstücke	Bargeld, früher nach Gewicht d.gewebten Produkte in Getreide bew.		
FEGER	pro Büffel=20srs " Zugochse " + Kuh=10srs " Kleinvieh=5srs extra/ Haushalt =5srs	Getreide =15srs/Jahr =7srs =3srs =+2chapati/Tag +1 Handvoll Getreide	=20srs/Jahr =10srs =2,5 srs	= 1 md/Jahr = 0,5 md/Jahr = 0,25md/Jahr	= 1 chapati/ Haushalt täglich	= 1 chapati/ Haus täglich

TAB. IX: Entlohnung von Grobschmied und Zimmermann nach Untersuchungsgemeinden (1963/64)

Entloh-nungsart	PUNJAB				UTTAR PRADESH	
	DUGRI	JHAMAT	PANGLIAN	SAKRALI	SUNARI	JOGUPURA
Jahresent-lohnung nach Pflug bzw. Zug-ochsenpaar für tradi-tionelle Dienste	0,5 kg Weizen/40 md Gesamt-prod. 4 Bündel Mais mit Kölben 1 Bündel Mais-futter, 1 1/2 seer Zucker-saft, 2 kg Gur, 2 Bündel Grünfutter	3 md Getreide (Weizen und Mais)/Pflug 1 Bündel Weizenstroh, 1 Bündel Maisfutter	3 Bündel ungedroschenen Weizen(16srs) 1 Bündel Wei-zenstroh, 4 Bündel Mais mit Kolben 1 Bündel Mais-futter, 10-12 srs. Gur/acre 1 seer Chillie 1,00 RS/acre Baumwolleanbau 1 md Erdnüsse 1 seer Zwiebel 1 Bündel Grün-futter	45 srs Getrei-de, 0,5 md Weizenfutter 40 Maiskolben 1 Bündel Mais-futter, 1 md Erdnüsse 1 seer Zwiebel 1-5 seer Ge-müse,Kartoffel 1,5 seer Chil-lie, 1,5 seer Baumwolle 0,5 seer Gur/ 3 h Zucker-pressenleistg. 1,0 kg Baumwoll-stöcke 2 Bündel Grün-futter	1,25 mds Getreide und unbe-deutende Zugaben (Gemüse, Gur, usw.) nach freiem Ermessen	1,25 mds Getreide Rest nach freiem Ermessen
Zeitlohn (Tageslohn) für zusätz-liche Dienste außerhalb des Jajmani-systems	7,00 RS + Tee oder: 6,00 RS + 2 Mahlzeiten + Tee	7,50 RS 6,50 RS + 2 Mahlzeiten + Tee	5,00 RS + 2 Mahlzeiten	5,00 - 6,00 RS (je nach Lei-stung) + 2 Mahl-zeiten	4,00-5,00 RS	6,00 RS (wandernde Grob-schmiede)

Quelle: eigene Erhebungen

TAB. X: Arbeitskräftebesatz in landwirtschaftlichen Betrieben nach Betriebsgrößengruppen in SAKRALI (1964/65)

Betriebsgröße in ha	unter 0,4	0,4-unter 2	2-unter 4	4-unter 6	6-unter 10	10-unter 25	25 und mehr
Betriebsgröße in acres	unter 1	1-unter 5	5-unter10	10-unter15	15-unter 25	25-unter 60	60 und mehr
1 Zahl der Betrieb	2	2	10	10	12	6	2
2 Größe der insg.bewirtschafteten Fläche in ha	0,72	3,96	32,40	56,97	100,44	92,34	64,98
3 in % der Gesamtfläche	0,2 %	1,1 %	9,2 %	16,2 %	28,5 %	26,3 %	18,5 %
4 Größe der bewässerten Fläche in ha	0,27	3,96	30,60	52,47	82,62	65,88	60,48
5 Zahl der Familienmitglieder pro Betrieb	4,5	6,5	5,2	8,2	7,5	8,3	13,0
6 Zahl der ständigen familieneigenen AK/Betrieb	0	0	1,3	1,4	2,4	2,8	3,5
7 Zahl der ständigen Fremd-AK pro Betrieb	0	0,5	0,3	0,8	0,83	0,83	3
8 Ständie AK:							
9 1. pro 100 ha LN insg.		25,3	49,4	38,6	38,8	23,8	29,2
2. pro 1 ha LN in Arbeitstagen		80	145	115	114	69	60
10 Einsatz nichtständiger familien-eig.AK/Betrieb in Arbeitstagen	32,0	64,2	41,1	4,6	4,0	14,3	0
11 Einsatz nichtständiger Fremdarbeitskräfte/Betrieb in Arbeitstagen a) männlich b) weiblich	22,5 -	33,5 3,5	30,2 5,8	54,8 12,9	69,4 20,4	120,5 35,0	115 54
12 Nichtständige AK pro1ha LN in Arbeitstagen	151	51	24	13	11	11	6
13 Ges.Arb.Aufw./1 ha LN in Arb.Tg.(Zeile 9 + 12)	151	131	169	128	125	80	66

TAB. XI: *Ständiger Arbeitskräftebesatz in landwirtschaftlichen Betrieben nach Betriebsgrößengruppen: zusammengefaßte Ergebnisse einer Stichprobe in 3 Untersuchungsgemeinden im LUDHIANA-Distrikt*

Betriebsgröße in ha Betriebsgröße in acres	0,4 - unter 2 1 - unter 5	2 - unter 4 5 - unter 10	4 - unter 6 10 - unter 15	6 - unter 10 15 - unter 25	10 - unter 25 25 - unter 60
1 Zahl der Betriebe	4	7	8	10	5
2 Bewirtschaftete Fläche insg. (ha)	4,92	20,09	39,9	72,16	65,19
3 Größe der bewässerten Fläche (ha)	2,05	11,07	32,9	47,97	51,66
4 Zahl der Fam.mitgl./ Betrieb	6	7,9	8,25	7,9	8,4
Zahl der ständigen familieneigenen AK/Betrieb	1,25	1,7	2,5	2,4	1,2
6 Zahl der ständigen Fremd-AK / Betrieb	0,25	0,14	---	0,7	2,2
7 Ständige AK/100 ha LN	121,9	64,7	50,1	42,9	26,1

Quelle: eigene Erhebungen

E R H E B U N G S B O G E N

Schedule I   *General Village Questionnaire*

A. Particulars of Identification
   (expect oc. and Phys.features)

   1. Village
   2. District
   3. State

B. Population   19...   1965

   1. Total Population
   2. Total Households

C. Land utilisation   19...   1964/65

   1. Area
      a) Total area
      b) Gross area under cultivation
      c) Area sown more than once
      d) Gross area in this village cultivated by Hh. residing outside the village
      e) Gross area in other villages cultivated by Hh. residing in this village
      f) average size of operational holding

   2. Improvements in agriculture
      % of farmers using:
      a) fertilizers
      b) insecticides
      c) manure pits
      d) Improved Implements like:
         aa) ....
         bb) ....
         cc) ....
      e) Improved methods like:
         aa) ....
         bb) ....

D. Principle crops   Total area under the crop

                                            19.. average   1964/65 average
                                               yield/ac.   yield ac.

      a) ....
      b) ....

	Agricultural Operations according to every crop			
months	Wheat	Sugar cane		
January				
February				
March				
April				
May				
June				
July				
August				
September				
October				
November				
December				

<u>Operations:</u> Ploughing, clod crushing, Harrowing, Preparation of raised beds, Preparations of seedings, Sowing, Interculturing, Transplanting, Weeding, Manuring, Irrigating, Harvesting (Cutting, Threshing, Winnowing) etc.

E. Livestock	19...	1965
1. Bullocks		
2. Buffaloes		
3. Cows		
4. Sheep and goats		
5. Poultry		
6.		
7.		

F. Cottage Craft and Village Ind.

Type of activity	when started	when given up	Hh engaged	
			19..	1965
1.				
2.				
3.				
4.				
5.				
6.				
7.				
8.				
9.				
10.				

G. Transport, Trade and Service

Type of activity	
1.	
2.	
3.	
4.	
5.	
6.	
7.	
8.	
9.	
10.	

H. Village Institutions   Comments

1. Panchayat
   (members, their caste composition, their activities)

2. Cooperative society
   (type, members, activities, significance for the village economy)

3. Others (schools etc.)

HOUSEHOLD - LIST

Name of the Head of the Household	Caste	Age	Land owned	Land cultivated	Present Occupation of the Head of the Household	Traditional Occup. of the Head of the Household	Family size	Nr. of Fam. members doing other work than He inside the vill	outside the vill

Schedule II

<u>Opinions and Views</u>

(to be collected in the course of discussions and interviews with a village official and with knowledgeable persons of every socio-economic group in the village)

I. Basic changes in the economic structure of the village and their impact on occupational structure

   1. What changes occured after the Zamindari abolition and tenancy legislation in your village:

      a) in regard to:

         proprietory rights
         cultivating rights
         security of tenure
         availability of land on crop share; begar
         (forced Labour)

      b) what were the activities of the previous landlords, did they combine money-lending and trading?

      c) what has happened now to previous landlords, are they staying on in the village?

      d) If yes, what are they doing now?

      e) If not, who has taken over their previous functions?

---

   2. As an effect of Zamindari abolition do you think that the number of

      a) agricultural owners

      b) tenants & crop sharers

      c) agricultural labourers

      decreased, increased or remained constant?
      If there was any decrease what did these people do before?

---

   3. What improvements (specify) and changes in techniques of cultivation have transpired in recent years?
      ....
      ....
      ....
      ....
      ....
      ....

---

   4. What size of holding do you think is necessary for full utilisation of an average farmer's family (three working members, one pair of bullocks, the village soil and the actual average croping pattern)?

---

   5. How many acres do you think this average farmer's family could manage under the conditions given .... years ago?

6. What in your opinion are the reasons that an average farmer's family of today can cultivate less/more/same acreage than ... years ago? How was employment affected especially by changes in: a) cropping pattern b) irrigation c) consolidation of holdings d) fertilizer, manure pits, insecticides e) improved implements f) improved methods of farming			
7. Are there some holdings where substitution of bullock power for cultivation and irrigation has taken place by tractors and diesel pumps. If so, with what effects on employment ?			
8. Did the village experience labour shortage for different activities during any part of the last years?	type of activity for which shortage occurred		month
9. How did the different soctions of the village economy (farmers, arts- and craftsmen etc. face these problem?			
10. Do you think that any change has taken place in regard of availibility of labour for such activities within the last ..... years? If so what an when?			
11. What type of traditional labour contracts did farmers use ... years ago to engage: a) agricultural labour b) general labour (construction, transport etc.) c) craftsmen (blacksmith, carpenter, potter etc.) d) sweepers, cattle remover, dobies etc. e) others	type of contracts (attached labour c. piece work c. casual labour c.)	lenght of contract	type of payment

	type of contracts	length of the contract	type of payment
12. What type of labour contracts exist today to engage a) agricultural labourers b) general labour c) craftsmen etc. d) sweepers, cattle removers, dobies etc. e) others			
13. If some change in the labour contract system has taken place what are the reasons?			
14. Do you think that land and house contracts or indebtedness resulting from monetary loans have resulted in forced labour servitude? If yes, has there been any change meanwhile?			
15. What type of activities are done by women of the following caste groups: a) .... b) .... c) .... d) .... e) .... f)	.....years ago	last year	
16. What are the reasons for the changing labour contributions of women to different activities?			
17. What type of activities were done by children below 15 years?	.....years ago	last year	
18. If there is any change what are the reasons?			
19. It is said that in some villages there is both involuntary unemployment of farmers on smaller farms and voluntary unemployment on larger farms, what is true for your village?			
20. Has there been any change in this behavior during the last ..... years?			

II. Economic change and labour mobility

1. What changes have occured which have facilitated the conveyance of passengers and goods?	
2. What are the means of conveyance available for villagers to go outside the village?	

3. Permanent Immigration / Emmigration

   a) How many labourers/families residing in this village have emigrated in the last .... years?

caste	number of labourers/families		reason of migration	distance of their stay from the village	education standard
	owning land	landless			

   b) How many labourers/families from outside the village immigrated to this village in the last ..... years?

caste	number of labourers/families		reason for immigration	from which distance	education standard
	owning land	landless			

4. Casual Immigration/Emigration of labour force

   a) Do any labourers/families migrate to the village for casual employment (agricultural general labour, craft and industrial work)?

caste	nature of the work	time when they come	duration of their stay	total number of labourers/families	wages paid

b) Do any persons/fam.of this village emigrate to nearby villages or towns for casual employment?

caste	nature of work	time when leaving	duration of stay outside	total number of labourers/families	wages paid

5. Are there any caste restrictions which prevent taking jobs outside the traditional caste occupation:

if one takes an occupation	of a higher caste	of a lower caste	an industrial activity as worker	an office job
a) inside the village				
b) outside the village				

6. What other hinderances are there for members of a caste preventing from a shifting to another job?
   a) resource limitations
   b) institutional factors other than caste
   c) lack of economic incentives
   d) lack of education
   e) lack of special training
   f) other reasons

Schedule III

Household - Questionnaire

PART I Details about the Household			
1. Name of the village			
2. Name of the Head of the Household		son of:	
3. Caste			
4. Number of family members	earners:		non earners:
5. Number of fam. members ...years ago	earners:		non earners:

6. Type of family (nucl., joint)	
7. Change in the type of family since the last ... year	
8. Reasons for change	

10. If the Household owns/cultivates any land, give following particulars:

type of land	owned	taken on cash/ share rent	leased out on cash/ share rent	operational holding
total cultivatted land				
out of which irrigated				

11. What was the land owning/cultivating status of the family ... years ago

type of land	owned	taken on cash/ share rent	leased out on cash/ share rent	operational holding
total cultivated land				
out of which irrigated				

12. If the household owns some livestock give following particulars:

	19....	1965
a) bullocks		
b) buffaloes		
c) cows		
d) calves		
e) sheep and goats		
f) poultry		
g) others		

13. What are the particulars crops cultivated by the family during the last year ?
   1. _____
   2. _____
   3. _____
   4. _____
   5. _____
   6. _____
   7. _____
   8. _____

14. Give type and number of workers or servicemen you were engaging from outside (not belonging to the household)

type of workers	number		nature of their work	duration of employment	wages paid
	males	females			
a) farm servants (attached labbourers)					
b) casual labourers (agric. and non-agricultural)					
c) others					

15. Has the Household any traditional occupations (occupation of grandfather and father of the Head of Household)?
   1. _____
   2. _____
   3. _____

16. If traditional occupation of the Household is not continued, why was it given up?

Part II: **Details about members of the household including the Head**
     A) **Earners**

	1	2	3	4
1. Name				
2. Sex				
3. Age				
4. Relationship to the Head of the Household				
5. Marital status				
6. Educational standard				
7. Any skill ot technical training acquired				
8. Worker in joint (i) or in individual occup.(ii)				
9. Occupations:				
1. main				
2. subsidiary				
3.				
4.				
10. Give reasons for adopting subsidiary occup. (inadequacy of income in the main occup. (i) or for better living conditions (ii) etc.)				
11. Approximate net annual income from: 1. main occupation 2. subsidiary occup.				
12. Which were particularly slack periods from the point of view of getting work during the last year?				
13. Did you do any work to a person to whom you are indebted or from whom you have got land for cultivation? If yes, what activities?				
14. What types of activities you have done ....years ago? 1. .... 2. .... 3.				
15. If there is any change in your occupations, what are the reasons?				

	1	2	3	4
20. Place of present main occupation: inside (i) or outside (ii) the village?				
21. If the place of present main occupation is <u>inside</u> the village:				
a) did you go out for casual work last year?				
b) for how long?				
c) what type of work you have done?				
d) reasons for going out				
22. Are you willing to accept a permanent job outside the village?				
a) If yes, what job?				
b) Did you try to get a job during the last ....years?				
c) Why could you not get this job?				
23. If you did not go out for work last year, what have been the reasons?				
24. If the place of present occupation is <u>outside</u> the village (but <u>living inside</u> the village)				
a) when did you get this job?				
b) how could you manage to get this job?				
c) what were you doing before getting the job?				
d) reasons for giving up the village occupation				
e) usual mode of conveyance				
25. Are you content with your present occupation?				
26. If not, give reasons				

B) Dependents

1. Name											
2. Sex											
3. Age											
4. Relationship to the Head of the Household											
5. Marital Status											
6. Educational Standard											
7. Economic Status a) Helper b) Domestic work c) Not working											
8. Were you engaged in some casual/permanent work during the last year? If yes											
a) for how long											
b) type of work											
c) inside or outside the village											
d) wage rate											
9. What kind of job the family would like for this person to do?											
10. Contribution of dependents to the household work											

Part III: Temporary or permanent migration of household members

30. Did any person from your household migrate temporarily or permanently to any other place within the last ... years. If yes, give following particulars:

a) Name				
b) Sex				
c) Age				
d) Educational Standard				
e) When did she/he migrate from the village?				
f) What was she/he doing before leaving?				
g) period of migration				
h) nature of work having done/ doing outside				
i) reason for migration				
j) does he/she send money home?				
k) if yes, how much?				